신방수 세무사의

부동산 세무
가이드북
|실전 편|

부동산 거래 전에 세금부터 확인하라!

신방수 세무사의

부동산 세무 가이드북

|실전 편|

신방수 지음

개정판

두드림미디어

머리말

　부동산을 보유하고 있거나 투자를 하기 전에 세금을 제대로 알아야
한다. 부동산에 있어서 세금은 현금지출을 의미하기 때문이다. 실제 부
동산을 취득하거나 처분하는 경우에는 취득세와 양도소득세(양도세)가
줄줄이 부과된다. 또 부동산을 상속이나 증여 등의 방식으로 이전해도
마찬가지다. 이처럼 거래단계마다 세금이 많으면 예기치 않은 손해를
볼 가능성이 크다.

　이 책은 이러한 환경에서 부동산에 대한 세금관리를 과학적·전략적
으로 할 방법을 제시하기 위해 태어났다. 알다시피 부동산을 순조롭게
관리하기 위해서는 세무위험을 예방하고 부동산 가치를 최대한 끌어올
리는 것이 무엇보다도 중요하다. 하지만 이것이 말처럼 쉽게 되는 경우
가 많지 않다. 그래서 뭔가 색다른 접근방법이 필요함을 느끼고, 긴 시
간 동안 이를 연구한 끝에 이 책을 기획하게 되었다.

　그렇다면 이 책 《부동산 세무 가이드북 실전 편》은 다른 책에 비해
어떤 점들이 뛰어날까?

　첫째, 부동산 투자 및 관리에 꼭 필요한 세무 문제를 모두 다루었다.
　이 책은 총 7개의 장으로 구성되었다. 제1장과 제2장은 일반인은 물

론이고 부동산 업계와 세무 업계 종사자 등이 부동산 세금을 알아야 하는 이유와 실전에서 절세전략을 수행하는 데 필요한 모든 부동산 세금의 절세원리를 다루었다. 제3장부터 제6장까지 주택에 관한 다양한 세무상 쟁점을 다루고 있다. 이 중 제3장에서는 주택의 개념, 주택 수 산정방법, 그리고 1세대 1주택에 대한 비과세 적용법을, 제4장은 일시적 2주택부터 일시적 3주택까지 각종 비과세 적용법을 유형별로 상세히 설명하고 있다. 제5장에서는 조합원 입주권과 분양권을 둘러싼 각종 비과세 적용법을, 제6장에서는 다가구주택이나 상가겸용주택, 단독주택 등과 관련된 세무상 쟁점을 다루고 있다. 한편 마지막 제7장은 상업용 부동산과 토지 등에 대한 주요 세무상 쟁점을 다루고 있다.

둘째, 실전에 필요한 다양한 사례를 들어 문제해결을 쉽게 하도록 했다.

모름지기 책은 정보를 단순하게 나열하는 것보다는 입체적으로 전달하는 것이 훨씬 값어치가 있을 것이다. 이에 책의 모든 부분을 'Case → Consulting → 실전연습'의 체계에 따라 집필했다. 장마다 제시된 'Case(사례)'는 실무에서 아주 중요하게 다루어지는 내용으로 문제해결을 어떤 식으로 하는지 이에 대한 해법을 제시하고 있다. 한편 'Consulting'은 부동산 관리에서 좀 더 세련된 업무처리를 위해 알아야 할 지식을, 그리고 '실전연습'은 공부한 내용을 실전에 적용하는 과정을 그리고 있다. 이 외에도 'Tip'이나 '실력 더하기' 같은 코너를 신설해 정보의 가치를 더했다.

셋째, 개정세법 등 최신의 고급정보를 모두 다루었다.

부동산 세제는 부동산 경기 상황에 따라 수시로 개편되곤 한다. 그런데 이러한 일들이 수시로 발생하다 보니 일일이 따라다니지 않으면 전체 흐름을 놓치기 쉽다. 그렇게 해서는 완벽한 솔루션(Solution)을 얻을 수가 없다. 따라서 전체 흐름의 바탕 위에 최신의 정보를 결합하는 작업이 무엇보다도 필요하다. 이를 위해 최근의 변화가 심한 주택에 관한 취득세, 보유세, 양도세를 입체적으로 살펴보고, 세제의 변화에 따른 맞춤별 전략을 스스로 찾을 수 있도록 했다.

이번에 업그레이드된 《부동산 세무 가이드북 실전 편》은 부동산 세금에 관심 있는 분들이라면 누구라도 볼 수 있도록 체계적으로 집필되었다. 따라서 일반인은 물론이고 부동산 업계, 세무 상담과 신고를 도맡아 하는 세무 업계의 종사자 등이 보면 좋을 책으로 손색이 없을 것으로 확신한다.

만약 책을 읽다가 궁금한 내용이나 세무 상담이 필요한 경우 저자가 운영하는 네이버 카페(신방수세무아카데미)를 활용하기 바란다. 이 카페에는 부동산 세금 계산기 및 세무회계에 관한 고급정보도 아울러 제공하고 있다.

이 책은 많은 분의 도움을 받았다. 우선 이 책의 오류 등을 지적해주신 권진수 회계사님과 늘 아낌없이 응원해주는 카페 회원분, 가족의 행복을 위해 늘 노력하고 있는 아내 배순자와 대학생으로 각자의 본분을 다하고 있는 두 딸 하영과 주영에게 감사의 말씀을 드린다.

아무쪼록 이 책이 부동산 세금에 잘 대처하고자 하는 분들에게 도움이 되었으면 한다.

독자들의 건승을 기원한다.

역삼동 사무실에서
세무사 신방수

차례

제1장 부동산 세금 기초지식 쌓기

제2장 부동산 세금 절세원리의 모든 것

제5장 조합원 입주권(분양권)과 비과세 적용법

제6장 다가구주택·다중주택·상가겸용주택·별장· 감면주택 등과 절세법

제7장 상업용 부동산과 토지에 대한 세무상 쟁점

이 책을 읽을 때는 아래 사항에 주의하시기 바랍니다.

1. 개정세법의 확인

이 책은 2023년 12월 말에 적용되고 있는 세법을 기준으로 집필되었습니다. 실무에 적용 시에는 그 당시에 적용되고 있는 세법을 확인하는 것이 좋습니다. 세법 개정이 수시로 일어나기 때문입니다.

2. 용어의 사용

이 책은 아래와 같이 용어를 사용하고 있습니다.

- 소득세법(시행령) → 소법(소령)
- 지방세법(시행령) → 지법(지령)
- 상속세 및 증여세법(시행령) → 상증세(상증령)
- 조세특례제한법 → 조특법
- 지방세특례제한법 → 지특법
- 농어촌특별세(법) → 농특세(법)
- 민간임대주택법 → 민특법
- 양도소득세 → 양도세
- 종합부동산세 → 종부세 등

3. 각종 부동산 관련 세무정보

- 투기과열지구 및 조정대상지역(조정지역)에 관한 정보는 '대한민국 전자관보' 홈페이지에서 검색할 수 있습니다.
- 부동산 세금 계산기는 홈택스 홈페이지나 저자의 카페를 활용할 수 있습니다.

4. 책 내용 및 세무 상담 등에 대한 문의

책 표지의 앞쪽 날개 하단을 참조하시기 바랍니다. 특히 세무 상담은 저자의 카페에서 자유롭게 할 수 있으니 잘 활용하시기 바랍니다.

제1장

부동산 세금
기초지식 쌓기

거래 전에
세금부터 점검하라

최근 부동산 세금이 상당히 복잡해졌다. 따라서 부동산 매매에 나서는 일반인은 물론이고 이 과정에서 중개를 담당하는 사무소, 거래 전 상담과 사후 세금 신고를 책임지는 세무 업계에서는 한 치의 소홀함이 없이 거래 전에 세금 문제부터 파악해야 한다. 계약을 끝내 놓고 세금을 다루다가는 뒤로 밀지는 경우가 많을 것이다. 자, 지금부터 온 국민이 관심 있는 부동산 세금 정복에 나서보자.

Case

서울 마포구에서 거주하고 있는 K 씨는 보유하고 있는 주택을 처분하기 위해 동분서주하고 있다. 요즘 변화무쌍한 세금 정보에 특히 관심이 많기 때문이다. 그는 두 곳의 중개사무소를 찾아 이런저런 정보를 습득했다. 이 중 A 중개사무소는 자신이 궁금한 세무 문제에 대한 답변을 제대로 듣지 못했다. 그러나 B 중개사무소는 처분 시 발생하는 양도세 문제는 물론이고, 새로운 주택을 취득하면서 취득세 등에 대해서도 자세한 안내가 이어졌다.

K 씨는 누구를 더 신뢰하고 업무를 위임했을까?

다른 상황을 무시한다면 B 중개사무소에 업무를 위임할 가능성이 크다. 고객이 관심 있어 하는 세금에 대한 정보도 즉각적으로 제공을 하기 때문이다.

≫ 최근에는 부동산 세법이 너무 복잡해 현장에서 바로 해결되는 경우가 많지 않다. 그래서 세무회계사무소를 통한 세무 상담을 진행한 후에 거래에 나서는 경우가 많다.

Consulting

고객의 자산을 중개하는 사무소나 세무 상담과 신고를 도맡아 하는 세무회계사무소로서는 힘들겠지만 모든 세법에 능통한 것이 중요하다. 거래와 관련된 세금이 상당히 복잡해졌기 때문이다. 이를 제대로 알지 못하면 언제든지 손해를 볼 가능성이 큰 것이 작금의 현실이다. 그렇다면 이들은 어떻게 세금 지식을 끌어올릴 것인가?

첫째, 부동산 세금의 체계에 대해 이해할 필요가 있다.

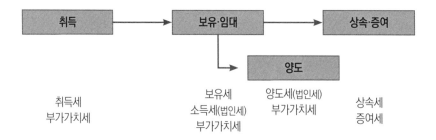

≫ 이에 대한 세부적인 내용은 순차적으로 살펴볼 것이다.

둘째, 양도자와 양수자가 궁금해하는 세금에 대해 답을 할 수 있어야 한다.

양도자는 일반적으로 양도세에 대해, 양수자는 취득세에 대해 궁금하게 생각한다. 그런데도 그 자리에서 자신 있는 답변을 하지 못하고 뒤로 물러서게 되면 더 발전이 없다. 따라서 어떤 식으로든 실력을 키울 수밖에 없다.

셋째, 양도자와 양수자에게 자유자재로 세금 컨설팅을 할 수 있어야 한다.

현재의 부동산 업계의 업무추세는 부동산 거래부터 사후관리까지를 책임지는 원스톱 시스템으로 되어가고 있다. 세금은 이러한 과정에서 가장 중요한 요소 중 하나가 된다. 또한, 세무 업계의 경우 사업과 부동산 등이 결합해서 움직이는 추세에 있으므로 문제를 진단하고 그에 대한 대안을 만들 수 있어야 한다. 결국, 세금 컨설팅을 자유자재로 할 수 있다면 업무성과는 상당히 좋아질 수밖에 없을 것이다.

| 실전연습 |

B 씨는 현재 기준시가 5억 원짜리 1주택과 상가를 가지고 있다. 또 이 외 농지를 보유하고 있다. 그가 이러한 자산을 보유하거나 처분한 경우 만나게 되는 세금에는 어떤 것들이 있을까? 세무 업계 종사자의 관점에서 답을 해보라.

Step 1. 먼저, 앞의 물음에 대한 답을 내리기 위해서는 부동산 세금의 형태부터 알아보자.

구분	국세	지방세제	
		지방세	부가세
취득 시	인지세(계약서 작성 시)	취득세	농특세(국세)
	상속세(상속받은 경우)		지방교육세
	증여세(증여받은 경우)		
보유 시	종부세(일정 기준금액 초과 시) 농특세(종부세의 부가세)	재산세	지방교육세 지역자원시설세 재산세 과세특례 (재산세에 통합과세)
처분 시	양도세	지방소득세(소득세할)	해당 없음.

* 자료 : 국세청

Step 2. 다음으로, 앞의 내용을 토대로 B 씨가 만나는 세금 종류를 파악해보자.

부동산 보유 중에는 보유세가 부과되며, 양도 시에는 양도세가 부과되는 것이 원칙이다. 사례의 경우 보유세 중 재산세는 모든 부동산에 대해 부과되나 종합부동산세(종부세)는 일정한 기준에 해당해야 부과된다. 주택은 기준시가*가 9억 원(1주택자 중 단독명의자는 12억 원), 상가는 부속 토지의 공시지가가 80억 원이 넘어야 한다. 농지는 종부세 과세대상이 아니다. 양도의 경우 1주택은 실거래가액 12억 원까지는 비과세가 적용되며, 상가는 양도차익에 대해 일반세율이 적용된다. 농지의 경우에는 8년 이상 자경한 경우 100% 감면이 적용된다. 부동산에 대한 세금은 각 개인의 상황에 따라 여러 형태로 과세가 결정되므로 세부적인 내용까지도 공부해둘 필요가 있다.

* 정부가 발표한 가격을 말한다. 주택과 토지에 대한 공시가격은 매년 4~5월에 발표된다.

☑ 세대분리를 하지 않고 양도하는 경우

☑ 증여받은 재산을 5년(2023년 이후 증여분은 10년) 이내에 양도하는 경우

☑ 오피스텔을 주거용으로 사용하는 경우

☑ 재건축·재개발 입주권을 보유하는 중에 주택을 양도하는 경우

☑ 할아버지의 유산을 자녀가 있음에도 불구하고 손자가 상속받은 경우

☑ 과세를 비과세로 오판하는 경우

☑ 1년에 2회 이상 양도해 합산과세를 받는 경우

☑ 부동산을 상속받았으나 시가로 신고해두지 않는 경우

≫ 그 결과 안 내도 될 세금을 내거나 잘못 신고한 경우에는 신고불성실가산세(10%, 20%, 40%), 납부지연가산세(미납기간 2.2/10,000) 등이 부과된다.

일반인도
전문가가 되어야 하는 이유

일반인이 스스로 부동산 세금을 풀어내는 것이 만만치가 않다. 생각보다 복잡하기 때문이다. 그래서 자칫 잘못하다가는 손해를 보기 딱 알맞다. 이제부터는 본인의 재산은 본인 스스로 지킨다는 마음으로 부동산 세금을 공부하자. 어떻게 하면 실력이 늘어날까?

Case

서울에 거주하고 있는 L 씨는 2003년 아파트 구매 시에 다운계약서에 서명했다. 현재 1세대 2주택자인데, 이중 다운계약서로 작성된 주택을 팔려고 한다. 그런데 문제는 취득 당시의 실거래가액과 현재의 실제 거래가격이 거의 비슷한데 세금이 나올 수 있다는 것이다. L 씨는 다음 내용이 궁금하다. 일반인의 관점에서 다음 물음에 대해 답변하면?

Q1 양도세 계산 시 취득가액은 다운계약서상의 금액으로 할 수밖에 없는가?

현재는 양도가액과 취득가액 모두 실거래가액을 기준으로 신고하도록 하고 있다. 따라서 L 씨는 취득가액을 실제 거래가격으로 입증해야 한다. 하지만 그렇지 못한 경우에는 다운계약서상의 금액으로 신고를 할 수밖에 없다. 다만, 실무적으로 계약서를 분실한 경우에는 다음과 같이 취득가액을 환산할 수 있도록 하고 있다.

※ 취득가액 환산방법

• 취득가액 = 양도가액 × $\dfrac{\text{취득 시의 기준시가}}{\text{양도 시의 기준시가}}$

예) 양도가액이 1억 원이고 기준시가가 취득 시 2,000만 원, 양도 시 4,000만 원인 경우

• 취득가액=1억 원×(2,000만 원/4,000만 원)=5,000만 원

≫ 참고로 2020년 1월 1일 이후 양도하는 분부터 신축·증축(85㎡ 초과 증축에 한함)일로부터 5년 이내에 건물의 취득가액을 감정가액·환산취득가액으로 해서 양도세 신고 시 5%의 가산세를 부과한다.

Q2 통장에서 인출된 금액이 있는데 이 금액으로 거래금액을 입증하면 되는가?

통장에서 찾은 금액이 있다고 해서 이 금액이 취득 당시의 거래금액이라고 단정 지을 수 없다. 사인 간에 부동산 계약이 아닌 금전거래가 얼마든지 있을 수 있기 때문이다. 따라서 통장 거래금액이 취득가액으로 인정되기 위해서는 다른 증거들이 있어야 한다. 예를 들어 거래 사실 확인서 등이 이에 해당한다.

Q3 취득 당시의 취득계약서를 소급해서 만들면 안 되는가?

매매계약서의 내용이 거래 당시의 현황을 정확히 반영하고 있다면 문제가 없다. 하지만 거래 사실이 왜곡되었다면 이를 인정받기 힘들 것이다. 요즘 과세관청에서는 문서 감정 등을 통해 허위계약서 여부를 밝혀내고 있으므로 주의해야 한다.

일반인들이 부동산 세금에서 손해를 보는 경우와 이를 방지하기 위한 해법(Solution)을 정리하면 다음과 같다.

첫째, 계약 전에 세금을 생각하지 않는 경우

부동산 세금은 계약서 작성 전에 검토해야 한다. 계약서를 작성한 후에 검토하면 이미 때는 늦다.

≫ 중개사무소에 들르기 전 또는 상속이나 증여 시에는 등기하기 전에 반드시 세금 문제를 검토하자.

둘째, 거래 시기가 오래된 경우

거래 시기가 오래된 경우에는 일반적으로 양도차익이 크게 발생해 세금이 많이 나온다.

≫ 매매계약 전에 예상 세금을 반드시 도출해봐야 한다. 많이 나올 때는 대책을 세우도록 한다. 대책에는 소유자인 A가 배우자 B에게 시가로 증여한 후 5년(2023년 이후 증여분은 10년, 이하 동일) 후에 처분하는 방법 등이 있다. 예를 들어 A가 취득한 가액은 1억 원인데 현재 시세는 5억 원이라고 하자. 이를 5년 후에 5억 원에 양도하면 다음과 같이 세금을 줄일 수 있다.

구분	현재 처분	증여 후 5년 뒤 처분	비고
양도자	A	B	증여 후 5년(2023년 이후 증여분은 10년) 이내에 처분 시 취득가액을 1억 원으로 함에 주의!
양도가액	5억 원	5억 원	
−취득가액	1억 원	5억 원	
=양도차익	4억 원	0원	

하지만 2023년 이후 증여분부터는 앞의 5년이 10년으로 연장되었다. 가족 간의 증여를 통해 세 부담을 줄이려는 행위를 방지하기 위해서다.*

* 부동산 세금이 어려운 이유 중 하나는 이처럼 세법의 개정이 수시로 일어난다는 점이다.

셋째, 다운계약서를 작성한 경우

다운계약서를 작성한 경우에는 이 계약서상의 금액으로 신고해야 하거나 취득가액을 환산할 수밖에 없다. 이렇게 되면 세금이 증가할 가능성이 크다.

≫ 다운계약서를 작성한 경우에는 다양한 세금 문제가 파생하므로 스스로 공부하되 해결은 세무 전문가와 함께하도록 한다.

넷째, 취득가액 및 필요경비를 입증하지 못한 경우

자금거래가 불투명하거나 필요한 영수증을 받지 못해 취득가액 등을 입증하지 못하는 경우가 많다. 이렇게 되면 쓸데없는 세금을 부담할 가능성이 크다.

≫ 취득가액의 경우 실제 계약서 및 자금거래 내역 정도만 있으면 이를 입증하는 데 문제가 없다. 특히 부동산 거래금액이 큰 경우에는 향후 자금출처조사를 대비하는 관점에서 자금의 원천관리에 관심을 둬야 한다. 한편 필요경비(부동산의 취득과 양도 시에 필수적으로 발생하는 비용들. 취득세, 인테리어비용 등)는 양도가액에서 차감되는 범위를 명확히 이해한 후 계약서와 영수증(세금계산서 등), 그리고 자금거래명세를 준비해두도록 한다.

다섯째, 가족 간에 거래하는 경우

가족 간에 거래해도 다양한 문제들이 파생한다. 거래당사자들의 이해관계가 일치해서 비정상적인 거래들이 자주 발생하기 때문이다. 그래서 세법은 부당행위계산, 증여세 과세 등 다양한 규제 장치를 두어 이를 위반하는 경우에 세금을 추징하고 있다.

➡ 가족 간에 매매하거나 증여할 때는 예기치 못한 세금 문제가 발생한다. 이에 대해서는 조만간 별도의 책을 선보일 예정이다.

| 실전연습 |

1. 경기도 용인시에 거주하고 있는 심영철 씨는 집을 지으면서 3억 5,000만 원짜리 도급계약서를 작성했다. 그런데 도급금액 이외에 건축비용이 추가로 5,000만 원 발생했으나 영수증을 받지 못했다. 이 경우 5,000만 원을 양도세 필요경비로 인정받으려면 어떻게 해야 하나?

실무적으로 이러한 상황에서는 지출 근거(계약서, 송금영수증 등)를 최대한 갖추도록 한다. 만약 지출 사실이 입증되지 않으면 필요경비로 공제받기 어려울 가능성이 크다.

2. 서울 강남에 거주하고 있는 김영미 씨는 배우자가 1억 원에 취득한 부동산을 3년 전에 5억 원에 증여받아 최근 4억 원에 매도했다. 양도차익이 마이너스가 나 양도세를 신고하지 않았는데 담당 세무서에서는 1억 원 상당의 세금을 물리겠다고 한다. 왜 그럴까?

현행 세법에서는 가족 간에 증여하고 증여일로부터 5년(2023년 이후 증여분은 10년) 이내에 해당 재산을 양도하면 이월과세라는 제도를 적용해 규제하고 있다. 이 제도가 적용되면 수증자의 양도세 계산 시 취득가액을 당초 증여한 배우자의 취득가액으로 하게 된다.

구분	이월과세	비고
양도가액	4억 원	
-취득가액	1억 원	증여받은 후 5년(10년) 이내에 처분한 경우에는 이월과세가 적용됨.
=양도차익	3억 원	

≫ 이월과세 등 가족 간의 거래(상속, 증여, 매매 등)로 발생하는 다양한 세무상 쟁점에 대해서는 별도의 책에서 다룰 예정이다.

☀️Tip 일반인의 부동산 세금 해법

일반인들은 다음과 같은 방법으로 부동산 세금을 해결해보자.

1. 일반인 스스로 문제해결을 하는 경우
일반인 스스로가 부동산 세금 문제를 해결하는 절차는 다음과 같다. 이 책은 일반인들이 스스로 부동산 세금을 해결하는 데 초점을 맞추고 있다.

Step 1. 사실관계 및 세무상 쟁점파악
본인이 겪고 있는 상황에 대한 사실관계를 정확히 파악한다. 그런 후 세무상 쟁점을 파악한다. 예를 들어 주택을 양도하는 경우 세대 내 주택 수, 취득시기 등을 파악해 비과세를 받을 수 있는지 점검한다.

Step 2. 대안 수립
앞의 1단계에서 문제해결이 되지 않으면 대안을 수립한다. 이때 혼자 해결하기 힘든 경우에는 세무 전문가와 함께하도록 한다.

Step 3. 실행 및 피드백
앞에서 검토된 대안에 따라 실행하고 사후관리를 한다. 참고로 양도세 신고는 본인이 직접 국세청 홈택스(www.hometax.go.kr)*를 통해 할 수 있다. 물론 세무회계사무소에 의뢰할 수도 있다.

* 홈택스에서는 양도세 등에 대해 모의계산을 할 수 있다. 물론 저자의 카페에서도 모의계산이 가능하다.

2. 전문가를 통해 문제해결을 하는 경우

일반인들이 세금 쟁점 사항을 확인한 후에는 세무 전문가와 상담하는 경우가 많다. 이때는 다음과 같은 절차에 따라 상담하도록 한다.

절차	내용
방문 예약	전화나 이메일 등으로 방문 예약을 신청한다.
사실관계 및 상담 의뢰내용 메모	상담할 내용에 대한 기초자료 등을 수집한다. – 가족관계 – 보유 부동산 현황 – 취득내용 – 양도내용 – 계약서 준비 등
상담	방문 상담 외에 국세청 인터넷 상담도 동시에 병행한다 (전화번호 126번).
실행	상담내용에 따라 의사결정을 내린다.

부동산 업계는
전략으로 승부해야 한다

부동산 세금은 부동산 소유자의 투자 수익률에 많은 영향을 미친다. 그래서 부동산 업계 종사자들은 세금을 제대로 통제하는 것이 중요하다. 그렇다면 어떻게 임해야 하는가?

Case

부산에 거주하고 있는 성기찬 씨는 서울과 부산에 각각 1주택을 보유하고 있다. 이 상황에서 2015년에 취득한 서울 집을 팔고자 한다. 서울 집은 가격이 10억 원, 부산 집은 5억 원이라고 할 때 어떻게 처분하는 것이 수익률을 극대화할 수 있는지 부동산 업계 종사자로서 조언한다면? 단, 이 주택들을 모두 2년 이상 보유했으며, 서울에서는 거주하지 않았다. 물음에 답하면?

앞의 성 씨는 현재 2주택을 보유한 상황에 있다. 그런데 문제는 성 씨는 서울 집을 팔고 싶어 한다는 것이다. 그렇다면 성 씨의 생각대로 서울 집을 먼저 팔면 어떻게 될까? 단, 서울 집은 과세표준이 2억 원이고 세율은 6~45%로 적용된다고 하자.

구분	서울 집 양도	부산 집 양도
과세 여부	과세	비과세
산출세액	5,606만 원*	0원
계산근거	2억 원×38%−1,994만 원(누진공제)	−

* 지방소득세 10%를 포함하면 6,166만 원임.

서울 집을 먼저 팔면 10억 원을 받아 이 중 6,000여만 원을 세금으로 내야 한다. 물론 부산 집은 1세대 1주택으로 2년 보유 요건을 충족한 경우라면 비과세를 적용받을 수 있다.

그렇다면 다른 대안은 없는가?

우선 성 씨가 생각해볼 수 있는 대안은 처분순서를 바꿔보는 것이다. 즉 부산 집을 먼저 판 후 서울 집을 나중에 파는 식이다. 이렇게 하면 다음과 같이 세금 관계가 바뀐다. 단, 부산 집의 과세표준은 5,000만 원이라고 하자.

구분	부산 집 양도	서울 집 양도
과세 여부	과세	비과세
산출세액	624만 원*	0원
계산근거	5,000만 원×15%−126만 원(누진공제)	−

* 지방소득세 10%를 포함하면 686만 원임(반올림).

이처럼 처분순서를 바꿈으로 세금이 약 5,000만 원(지방소득세 포함)이 줄어든다.

Consulting

부동산에 있어서 세금은 수익률을 줄이는 역할을 하므로, 수요자로서는 이를 낮추는 일에 관심을 기울일 수밖에 없다. 1세대 2주택인 상황에서는 어떤 방법으로 절세 대안들을 찾아가는지 알아보자. 이러한 도구는 부동산 업계든, 세무 업계든, 일반 국민이든 모두가 공통으로 알아둬야 한다.

비과세/감면이 적용되는가?	• 1세대 2주택이더라도 비과세되는 경우가 있다. 　예) 일시적 2주택, 상속주택 또는 동거봉양주택 등에 해당하는 경우 • 1세대 2주택이더라도 감면이 되는 경우가 있다. 　예) 조세특례제한법(조특법)상 감면주택에 해당하는 경우

대안은 있는가?	• 비과세를 만들기 위한 대안을 만든다. 　예) 주택임대사업자로 등록하는 안/증여 후 양도하는 안 등 • 비과세가 되지 않는 경우 양도세가 적게 나오는 주택을 먼저 처분하고, 나중의 주택에 대해서는 비과세를 받는 전략을 취한다.

신고 시 절세방법은 있는가?	• 양도 전에 장기보유특별공제율, 세율 등을 확인한다. • 처분 후에는 세금을 최대한 줄일 수 있는 수단을 취한다. 　예) 취득가액 환산, 필요경비의 추가 등

※ 부동산 양도세 비과세·감면·중과세 등

양도세에 있어 비과세는 국가가 과세권을 포기한 것, 중과세는 세금을 무겁게 부과하는 것을 말하며, 감면은 일반 또는 중과세는 하나 정책적으로 세금을 낮추는 것을 말한다.

구분	비과세*	일반과세	중과세	감면
주택(주거용 오피스텔 포함)	○	○	○	○
상가(업무용 오피스텔 포함)	X	○	X	X
토지	○	○	○	○

* 주거용 오피스텔은 양도세 비과세가 가능하다.

참고로 표에서 수익률을 가장 많이 감소시키는 것은 중과세 제도다. 2023년 12월 현재 중과세 제도는 주택과 토지에만 적용되고 있는데, 이를 정리해보면 다음과 같다.

구분	주택	토지
대상	· 2주택 · 3주택 이상	비사업용 토지
적용지역	조정대상지역(조정지역)*	전국
세율	6~45%+20~30%P	6~45%+10%P
장기보유특별공제	X	○

* 주택가격이 상승률이 높은 지역으로 2023년 12월 현재 서울 강남·서초·송파·용산구 4곳만 지정되어 있다(대한민국 전자관보 참조). 이렇게 조정지역이 대폭 축소되는 경우에는 중과세의 중요성이 상대적으로 떨어지게 된다.

| 실전연습 |

K 중개사무소에서는 다음과 같은 주택을 중개하려고 한다. 물음에 답하면?

자료

① 양도자
- 현재 2주택을 보유 중임.
  - A 주택은 서울에 소재(3년 전에 취득함)
  - B 주택은 제주도 서귀포시 표선면에 소재(10년 전에 상속받은 주택임)

② 양수자
- 현재 1주택자에 해당함.
- 매수하고자 하는 신규주택은 서울시 서초구에 소재함.

Q1 양도자는 A 주택을 양도하고자 한다. 이 경우 비과세를 받을 수 있는가?
이 경우 세 가지 비과세 특례규정을 동시에 살펴봐야 한다.

① 일시적 2주택 : 해당 사항 없음(비과세 처분기한인 3년을 경과함).

② 상속주택 비과세 특례 : 해당 사항 없음(상속 전에 일반주택이 있어야 함).

③ 농어촌주택* 비과세 특례 : 비과세 가능함(다만, 해당 주택에서 피상속인 이 5년 이상 거주한 주택 등의 요건을 충족해야 함).

* 수도권 밖의 지역 중 읍 지역(도시지역 안의 지역을 제외한다) 또는 면 지역에 소재하는 주택을 말한다.

≫ 사례의 경우 해당 주택은 앞의 ③에 해당할 가능성이 크다. 물론 세부적인 요건을 확인해야 한다.

Q2 만일 A 주택에 대해 비과세가 성립하지 않으면 어떻게 해야 하는가?

이 경우에는 비과세하고자 하는 주택 외의 주택을 먼저 처분(증여 포함) 한 후 1세대 1주택으로 양도해야 한다.

Q3 양수자는 취득세를 얼마나 부담해야 할까?

2023년 12월 현재 서울 서초구는 조정지역으로 지정되어 있다. 따라서 이 경우 일시적 2주택에 해당하므로 신규주택을 취득한 날로부터 3년 이내에 종전주택을 양도하면 1~3%의 세율을 적용받을 수 있다.

※ 2주택자의 절세방법

☑ 비과세 혜택을 누릴 수 있는지를 점검한다.

☑ 비과세 혜택이 적용되지 않는다면 양도차익이 적은 것을 먼저 처분한다.

☑ 아파트 외 주택은 10년 이상 임대할 자신이 있다면 주택임대사업 자등록을 한다(이러한 상황에서 2년 이상 거주한 주택을 처분하면 비과세를 받을 수 있다).

세무 업계는 모든 부동산 세금에 능통해야 한다

고객의 소득과 자산을 관리하는 세무 업계는 부동산 세금에 대해 능통해야 업무성과가 올라간다. 고객들은 늘 변화무쌍한 세금 정보에 목말라하기 때문이다.

Case

K 씨는 아래와 같은 상황에 부닥쳐 있다. 물음에 대해 답을 하면?

자료

H 씨는 현재 32세인 평범한 직장인으로 부모와 함께 살고 있다. 그러던 중 회사가 지방으로 이전하는 바람에 하는 수 없이 지방으로 거주지를 옮기게 되었다. H 씨는 지금까지 모아놓은 돈을 가지고 조그마한 ① 오피스텔 하나를 그곳에서 샀다. 그런데 이 와중에 ② 할아버지가 돌아가셨다. 부모는 ③ 주택을 상속받은 후 그 주택을 처분하려고 한다.

이 같은 상황에서 H 씨와 그의 부모님이 겪게 되는 세금 문제는 무엇일까?

H 씨 등의 세금 문제를 ①부터 ③까지 상황별로 정리하면 다음과 같다.

① 오피스텔의 취득 : 취득세 문제가 발생한다.
② 상속의 발생 : 상속세 문제가 발생한다.
③ 주택의 처분 : 양도세 문제가 발생한다.

그렇다면 앞의 H 씨 부모의 세금 문제는 어떤 식으로 해결해야 할까? 이때 H 씨 부모는 상속받은 주택을 먼저 처분하고자 한다.

Step 1. 과세방식의 이해

• 일반주택을 먼저 양도하면 양도세 비과세를 적용한다(∵상속은 부득이하게 발생하므로 일반주택의 비과세에 영향을 주지 않게 하기 위해서다). 단, 일반주택은 상속주택보다 먼저 취득(2013년 2월 15일 이후)해야 하는 등의 요건이 있다.
• 상속주택을 먼저 양도하면 양도세를 비과세하지 아니한다(∵상속주택에 대해 비과세를 적용할 이유가 없기 때문이다).

따라서 H 씨의 부모님이 처분하고자 하는 상속주택에 대해서는 과세하는 것이 원칙이다.

Step 2. 대안 마련

• 상속주택을 상속 개시일이 속하는 달의 말일로부터 6개월 이내에 처분한다.
• 이렇게 처분하면 양도차익이 발생하지 않는다(∵양도가액과 취득가액이 같아지기 때문이다. 세법에서는 상속 개시일로부터 6개월 이내에 처분한 가액을 양도 시 취득가액으로 본다). 이때 상속세가 증가하는지를 확인해야 한다.

Step 3. 실행

- 앞에서 검토한 대로 실행한다.
- 양도세는 양도일(잔금청산일)이 속하는 달의 말일로부터 2개월 이내에 신고한다.

Consulting

세무 업계는 부동산 세금의 전반적인 과세체계 및 관련 내용을 숙지해야 한다. 그래야 다양한 사례의 문제점을 해결할 수 있다.

구분	취득	보유/임대	양도	상속/증여*
주택 등	취득세	보유세/임대소득세	양도세	상속세/증여세
쟁점	· 취득세율 체계 · 취득세 감면 · 취득세 중과세	· 종부세 중과세 · 임대소득세 절세 대안	· 양도세 비과세 · 양도세 중과세 · 양도세 감면	· 면세점 · 증여 이월과세 · 절세 대안

* 최근 상속/증여에 대한 중요성이 매우 높아지고 있다. 따라서 이에 대한 지식도 매우 중요하다.

※ 소득의 구분과 과세방식

구분		부동산 관련 소득
종합과세	이자소득	–
	배당소득	–
	사업소득 (부동산 임대소득 포함)	주택임대소득(2,000만 원 이하는 분리과세와 종합과세 중 선택), 상가 등 상업용 부동산 임대소득
	근로소득	–
	연금소득	–
	기타소득	–
분류과세	양도소득	주택, 토지, 상가 등
	퇴직소득	–
분류과세	금융투자소득 (2025년 이후 과세)	

※ 소득세 집행기준 94-0-2 [자산 이전으로 발생한 소득의 과세구분]

대가 유무	소득 내용	납세의무자	사업 관련성	과세구분
유상이전	양도차익	양도자	사업 무관 (일시적·비반복적)	양도세
			사업 목적	종합소득세
무상이전	자산수증익	수증자	사업성 여부와 무관	증여세

≫ 부동산의 매매로 인한 소득이 사업소득 또는 양도소득인지 여부는 그 매매
가 수익을 목적으로 하고 있는지 또는 규모·횟수·태양(態樣) 등에 비추어 사업 활동
으로 볼 수 있을 정도의 계속성과 반복성이 있는지 등을 고려해서 판단한다(소득세
집행기준 94-0-3).

| 실전연습 |

1. 서울 마포구에 거주하고 있는 J 씨는 3년 전에 상속받은 부동산을 양도
하고자 한다. 현재 이 부동산 가격은 대략 3억 원 정도다. 그런데 3년 전의 가
격은 지금과 같은데 양도세를 내야 한다는 말을 들었다. 왜 그런가?

상속 부동산의 양도세를 계산하는 것은 취득가액 때문이다. 알다시
피 상속이나 증여의 경우 시장에서 거래되는 것이 아니므로 시가를 확
인할 방법이 제한되어 있다. 따라서 이러한 상황에서는 정부에서 정한
기준시가로 양도세를 신고할 수밖에 없다. 이렇게 되면 양도가액은 시
가, 취득가액은 기준시가로 계산되어 양도차익이 증가해 세금이 늘어
나게 된다(불합리한 세법 규정으로 향후 입법적인 개선이 요구된다).

※ J 씨는 상속 때 어떻게 해야 했을까?

☑ 향후 양도를 고려해 상속 당시의 시가로 상속재산을 담당 세무서에 신고해두었어야 한다.

☑ 시가는 2개(단, 기준시가 10억 원 이하는 1개)의 감정평가법인으로부터 감정을 받아 이를 평균가격으로 신고하는 것을 말한다.

☑ 아파트의 경우에는 상속 전후 6개월 이내에 유사한 아파트의 매매사례 가액이 있다면 이를 기준으로 신고하면 된다.

2. A 씨는 현재 2주택자에 해당한다. 그중 한 채를 양도하고자 한다. 그런데 문제는 이에 대해서는 양도세가 나온다는 것이다. 그래서 이에 대해 비과세하고자 다음과 같은 안을 생각했다. 그렇다면 세무 업계 종사자는 이에 대해 어떤 조언을 해야 할까?

• 1안 : 1채를 자녀에게 증여(또는 부담부 증여)한 후에 양도하는 방법
• 2안 : 1채를 자녀에게 매도한 후에 양도하는 방법

위의 안은 크게 세 가지 유형인데, 일단 일반 증여 대 부담부 증여 그리고 매도에 따른 세 부담의 크기 및 이와 관련된 세무상 쟁점들을 모두 해결할 수 있어야 답을 내릴 수 있다. 이때 다음과 같은 식으로 관련 세금을 파악한다.

구분	① 증여	② 부담부 증여	③ 매매
취득세	XXX	XXX	XXX
증여세/양도세	XXX	XXX	XXX
세무상 쟁점			

만일 앞의 A 씨가 1채를 자신이 세운 법인에 양도하면 어떤 문제점
이 발생할까?

이 경우 법인은 12%의 취득세를 부담하게 되며, 향후 주택을 양도하
면 일반 법인세 외에 추가 법인세를 내야 한다. 전자의 세율은 9~24%
이며, 후자는 양도차익의 20%(토지는 10%)가 적용된다.

≫ 이처럼 세무 업계 종사자는 상황변화에 따른 세제의 검토 및 그에 대한 대안
을 마련할 수 있어야 한다.

☀Tip 부동산 의사결정을 위해 필요한 것들

세무 업계는 고객의 부동산과 관련된 의사결정을 할 때 재산 규모나 앞으로 예상되는
문제들을 점검해서 고객이 유리한 대안을 선택할 수 있어야 조언할 수 있어야 한다.

의사결정 종류	현 보유상태		현재 및 향후 발생하는 세금 문제들	
			취득세	양도세
매입할까?	주택	무주택	1~3%	비과세원칙
		1채	1~8%	과세원칙 (일시적 2주택 비과세)
		2채	8~12%	과세원칙 (임대사업 시 비과세 가능)
	토지		4%	과세원칙 (일부 감면)
처분할까?	주택	1채	–	비과세원칙
		2채	–	과세원칙 (일시적 2주택 비과세)
	토지		–	과세원칙

※ 부동산 시장과 정부의 세제 정책

부동산 세금은 부동산 시장과 밀접한 관련을 맺고 있다. 그래서 정부는 세제 정책을 수시로 발표해 부동산 시장에 영향을 미치고 있다.

- 수요촉진 → 취득세나 양도세를 감면한다.
- 수요억제 → 취득세, 보유세, 양도세를 강화한다.
- 전·월세 주택 공급촉진 → 임대사업자에 대한 세제 혜택을 부여한다.

현행 주택에 대한 세제는 규제지역(조정지역)을 중심으로 다양한 규제가 적용되고 있다. 따라서 각종 세금을 공부하기 전에 이 부분을 먼저 정리할 필요가 있다. 여기서는 세목별로 정리해보자. 참고로 2023년 12월 현재 서울 강남·송파·서초·용산구만 조정지역으로 지정되어 있다.

1. 취득세

취득세는 주택 수에 따라 세율이 1~12%까지 달라진다. 그런데 이러한 취득세율은 정할 때 조정지역에 따라 세율이 달라진다. 주택 수별로 따져보자.

구분	신규주택이 조정지역 내에 소재한 경우	신규주택이 비조정지역 내에 소재한 경우
무주택자가 1주택을 취득 시	무관	좌동
1주택자가 1주택을 취득 시	3년 내 종전주택 처분 시 일반세율 적용(취득 후 조정지역 해제의 경우에도 3년 내 처분해야 함)	무관*
2주택자가 1주택을 취득 시	12% 적용	8% 적용*
3주택자가 1주택을 취득 시	12% 적용	12% 적용

* 신규주택이 비조정지역 내에 소재한 경우 두 군데서 차이가 있다.

2. 종부세

종부세는 주택 수에 따라 과세하는 항목으로 한 개인이 3주택 이상이면 중과세가 적용되고 있다. 그런데 종부세는 기본적으로 전국의 모든 주택을 대상으로 과세하므로 조정지역인지, 아닌지는 중요하지 않다. 다만, 주택임대사업자가 임대 등록을 통해 합산배제를 신청할 때 이를 인정하지 않는 경우가 있다.

구분	조정지역 내의 주택	비조정지역 내의 주택
주택임대사업자의 종부세 합산배제	2018년 9월 14일 전 취득분에 한함(이후 취득분은 합산과세*).	합산배제 가능함.

* 과세기준일(6월 1일) 현재 조정지역에서 해제된 경우에는 합산배제 신청이 가능하다.

3. 양도세
조정지역은 양도세에서 매우 중요한 역할을 한다.

1) 비과세
1세대 1주택은 2년을 보유하면 원칙적으로 비과세된다. 다만, 2017년 8월 3일 이후에 조정지역 내에서 취득한 주택에 대해서는 2년 거주요건이 추가된다.

▶▶ 양도 시에 비조정지역이라도 취득 당시에는 조정지역이었다면 2년 거주*해야 비과세를 받을 수 있다.

* 2024년 12월 31일까지 상생 임대주택을 제공하거나 2019년 12월 16일 이전에 1주택자가 임대 등록하면 2년 거주요건이 면제된다.

2) 중과세
① 중과세 적용
중과세 대상 주택 수가 2주택 이상인 상태에서 조정지역 내의 주택을 양도하면 중과세가 적용되는 것이 원칙이다.

구분	양도주택이 조정지역 내에 소재하는 경우	양도주택이 비조정지역 내에 소재한 경우
원칙	중과세 적용함.	중과세 적용하지 않음.
예외	2년 이상 보유한 주택 등은 중과세 적용하지 않음(한시적 중과배제).	-

② 주택임대사업자의 중과배제

주택임대사업자가 임대 등록을 해서 의무임대 기간을 채운 후 이를 양도하거나 세법에 맞게 자진 말소를 통해 양도하는 주택은 양도세 중과배제를 하나, 2018년 9월 14일 이후 조정지역 내의 취득분에 대해서는 이러한 혜택을 주지 않고 있다.

구분	조정지역 내의 주택	비조정지역 내의 주택
주택임대사업자의 중과배제	2018년 9월 14일 전 취득분에 한함(이후 취득분은 중과세함*).	중과배제 가능함.

* 단, 양도 시점에 조정지역에서 해제가 되면 양도세 중과세와 관련이 없다.

≫ 참고로 주택 양도세 중과세 제도는 다음과 같이 적용된다. 구체적인 적용방법은 저자의 다른 책을 참조하기 바란다.

구분	2주택 중과세	3주택 중과세
장기보유특별공제	적용하지 않음.	좌동
세율	6~45%+20%P	6~45%+30%P

Tip 조정지역 해제가 세목별에 미치는 영향

☑ 취득세 : 일시적 2주택 처분요건*이 없어지며, 중과세율 적용이 약해진다(12% → 8%). 한편 증여에 의한 취득세 중과세율(12%)은 적용되지 않는다.

* 취득 후에 조정지역에서 해제되더라도 처분요건이 적용된다.

☑ 종부세 : 2018년 9월 14일 이후 조정지역에서 취득한 주택은 합산배제가 되지 않지만, 조정지역에서 해제되면 합산배제가 가능해진다.

☑ 양도세 : 다음과 같은 효과가 발생한다.

– 2년 거주요건이 없어진다(단, 취득 당시 조정지역에 해당하는 경우는 제외).

– 양도세 중과세가 적용되지 않는다.

☑ 주택임대사업자 : 다음과 같은 효과가 발생한다.

– 종부세 : 과세기준일 현재 조정지역에서 해제되면 합산배제를 적용받을 수 있다.

– 양도세 : 중과배제를 적용받을 수 있다.

※ 최근 양도세 세율 요약(2023년 12월 기준)

구분	내용	비고
1. 주택/입주권 양도세 세율	70%, 60%, 6~45%	보유기간에 따라 달라짐.
2. 주택 중과세율	Max[위 단기세율, 6~45%+20~30%P]	· 양도 시 조정지역(현 강남구 등 4곳)에 한함. · 입주권은 중과배제 · 2년 이상 보유한 주택 2024년 5월 9일까지 중과배제
3. 주택분양권 세율	70%, 60%	조정지역 불문
4. 토지/상가 세율	50%, 40%, 6~45%	토지 중과세율 : Max[좌 단기세율, 6~45%+10%P]
5. 오피스텔 세율	· 주택 : 위 주택 세율 적용 · 비주택 : 위 상가 세율 적용	주거용 오피스텔인지, 아닌지는 사실 판단사항임(단, 지방세는 형식판단).

구분	내용	비고
6. 부동산 매매업	· 양도세 중과세 : 비교 과세 [Max(양도세, 소득세)] · 양도세 일반과세 : 일반과세 (6~45%)	양도세 중과세 미적용 시 매매업 이점이 강화됨.
7. 부동산 법인	· 주택 : 추가과세(20%) · 비사업용 토지 : 추가 과세 (10%)	양도세와 무관하게 주택/ 비사업용 토지면 추가 과세를 적용함.

제2장

부동산 세금 절세원리의 모든 것

취득세
절세원리

이제 구체적으로 부동산 거래 시 기본적으로 알아야 할 부동산 세금에 대한 절세원리를 공부해보자. 기본적인 내용을 공부하는 것은 앞으로 부동산 세금을 독파하기 위해서 반드시 거쳐야 하는 관문이다. 이러한 측면에서 취득세부터 꼼꼼히 공부해보자. 취득세는 과세표준을 어떻게 정하는지, 그리고 세율이 어떻게 적용되는지에 따라 세금의 크기가 결정된다. 특히 최근 취득세에도 중과세가 도입되었다는 점에 유의하자.

Case

경기도 수원에서 거주하고 있는 송영복 씨는 1주택을 보유하고 있다. 집이 낡아 새집을 구해 이사하려고 하는데, 이런 상황에서 취득세는 얼마나 나올지 궁금하다. 실제 구매가격은 7억 원이나 기준시가로는 5억원이다. 기타 중개보수 등은 없으며 세율은 1~3%를 적용한다.

Solution

위의 문제를 해결하기 위해서는 먼저 취득세에 대해 순차적으로 알아볼 필요가 있다.

Step 1. 취득의 개념

취득세는 취득세 과세대상의 취득 사실에 대해 부과하는 지방세에 해당한다. 여기서 '취득세 과세대상'은 부동산, 차량, 기계장비 등이 되며, '취득'이라 함은 매매, 교환, 상속, 증여, 기부, 법인에 대한 현물출자, 건축 등 모든 취득을 말한다. 따라서 무상으로 부동산을 이전해도 취득세가 부과되고 있다.

Step 2. 취득세 과세표준

유상승계의 취득세 과세표준은 해당 물건을 취득하기 위해 거래상대방에게 지급하였거나 지급해야 할 일체의 비용을 말한다(사실상의 취득가액, 지법 제10조의 3). 따라서 사례의 경우 7억 원이 취득세 과세표준이 된다. 만일 중개보수료가 있다면 이를 포함해 취득세 과세표준을 계산해야 할 것으로 보인다(단, 법인이 아닌 경우에는 포함되지 않는다).

Step 3. 취득세 산출세액 계산

취득세는 과세표준에 세율을 곱해 산출세액을 계산한다. 그런데 원래 취득세율은 기본이 4%나 주택의 경우에는 일반세율(1~3%)과 중과세율(8~12%)이 적용된다. 사례는 일반세율을 가정했으므로 다음 산식을 통해 세율을 계산한다. 이 경우 소수점 이하 다섯째 자리에서 반올림해서 소수점 넷째 자리까지 계산한다.

$$\bullet\ (\text{해당 주택의 취득당시가액} \times \frac{2}{3\text{억 원}} - 3) \times \frac{1}{100}$$

따라서 사례의 취득세율은 1.6667%가 된다.

Step 4. 송 씨의 취득세 문제의 해결

이상의 내용을 이해했다면 송 씨의 문제를 쉽게 해결할 수 있다.

• 취득세=실거래가액×1.6667%=7억 원×1.6667%=11,666,900원

≫ 이 외에 농어촌특별세(농특세)와 지방교육세가 추가될 수 있다.

Consulting

취득세와 관련된 세무상 쟁점들을 '비과세 → 감면 → 중과세' 순으로 정리하면 다음과 같다. 비과세는 세금이 아예 없는 경우이고, 감면은 과세는 되나 조세 정책적으로 50%나 100%를 감면하는 것을 말한다. 중과세는 세금을 두 배 이상으로 무겁게 과세하는 것을 말한다.

비과세	• 국가로부터 취득, 신탁 취득, 1년 미만의 임시건축물 등에 대해서는 취득세를 비과세한다(지법 제9조). • 위 외는 취득세를 부과하는 것이 원칙이다.

▼

감면	• 조세 정책적인 목적에 따라 취득세를 다양하게 감면한다(지방세특례제한법(지특법)). 예) 임대주택 등에 대한 감면(지특법 제31조) 등

▼

중과세	• 다주택자나 법인이 주택을 취득하면 중과세(8~12%)를 적용한다. • 다주택자가 조정지역에서 보유한 기준시가 3억 원 이상인 주택을 증여받으면 12%가 적용된다(조정지역에서 해제 시는 3.5%가 적용된다).

≫ 자세한 취득세율은 잠시 뒤에 살펴본다.

※ 취득세 절세원리

☑ 취득세 절세를 위해서는 먼저 과세표준과 세율이 어떤 식으로 결정되는지 점검해야 한다.

☑ 과세표준은 원칙적으로 실제 거래금액이 된다. 이때 실제 거래금액의 범위에는 취득과 관련된 직간접적인 비용이 포함된다.

☑ 특수관계인 간의 거래로 그 취득에 대한 조세 부담을 부당하게 감소시키는 행위 또는 계산한 것으로 인정되는 경우 시가 인정액을 취득 당시의 가액으로 결정할 수 있다.

☑ 취득세는 비과세를 적용받는 경우는 극히 드물다. 한편 감면도 임대사업자 등 일부에 대해서만 제한적으로 적용된다.

☑ 2020년 8월 12일 이후부터 주택에 대한 취득세 중과세 제도가 도입되어 광범위하게 적용되고 있으므로 주의해야 한다.

☑ 취득세 규정은 수시로 바뀌는 경우가 많으므로 정부 정책에 관심을 두도록 한다.

| 실전연습 |

서울 광진구 자양동에 사는 잘나가 씨는 2주택 상태에서 5억 원 상당의 주택을 추가로 취득했다. 이때 취득세는 얼마를 내야 하는가? 단, 경매로 취득한 주택이 조정지역과 비조정지역에 소재한 경우로 나눠 살펴보면?

일단 앞의 경우 취득세는 다음과 같다.

구분	조정지역에 소재한 경우	비조정지역에 소재한 경우
과세표준	5억 원	5억 원
×세율	12%	8%
=취득세	6,000만 원	4,000만 원

현행 주택에 대한 취득세는 주택 수와 신규주택이 조정지역 내에 소재하는지 아닌지 등에 따라 세율이 달라진다. 이를 요약하면 다음과 같다.

현재	신규주택의 취득지역	주택 수	취득세율
무주택	조정지역 또는 비조정지역	1채	일반세율
1주택	조정지역	2채	8%(단, 일시적 2주택*은 일반세율)
1주택	비조정지역	2채	일반세율
2주택	조정지역	3채	12%
2주택	비조정지역	3채	8%
3주택	조정지역	4채	12%
3주택	비조정지역	4채	12%

* 일시적 2주택은 국내에 주택, 조합원 입주권, 주택분양권 또는 오피스텔을 1개 소유한 1세대가 그 주택, 조합원 입주권, 주택분양권 또는 오피스텔(종전주택 등)을 소유한 상태에서 이사·학업·취업·직장 이전 및 이와 유사한 사유로 다른 1주택(신규주택)을 추가로 취득한 후 3년(일시적 2주택 기간) 이내에 종전주택 등(신규주택이 조합원 입주권 또는 주택분양권에 의한 주택이거나 종전주택 등이 조합원 입주권 또는 주택분양권인 경우에는 신규주택을 포함한다)을 처분하는 경우 해당 신규주택을 말한다. 참고로 다주택자로부터 증여받은 취득세율은 3.5~12%가 적용되는데, 이에 대한 자세한 내용은 별도의 책에서 다룰 예정이다.

※ 취득세 세율 결정 시 주택 수에 포함 여부

구분	주택 수에 포함	주택 수에 불포함
주택법상 주택	포함	시가표준액 1억 원 이하, 5년 미경과한 상속주택, 판매용 주택(1년 이상 거주 시는 제외)
주택부수토지	포함	시가표준액 1억 원 이하(전체 기준)
오피스텔	주거용 오피스텔에 한함.	시가표준액 1억 원 이하, 5년 미경과한 상속오피스텔
조합원 입주권	포함	5년 미경과한 상속입주권
주택분양권	포함	5년 미경과한 상속주택분양권

🔆 Tip 부동산 취득세율(감면 포함)

부동산은 취득유형이 다양해 취득세가 복잡하게 변한다는 특징이 있다. 지법 제11조에서 규정하고 있는 세율을 과세표준과 함께 나열하면 다음과 같다. 참고로 다음의 취득세에는 농특세와 지방교육세가 부가적으로 부과된다.

1. 원칙

구분		세율	과세표준	비고
① 상속	농지	2.3%	시가표준액	
	농지 외	2.8%	시가표준액	
② 상속 외(증여, 기부 등)		3.5% (비영리사업자는 2.8%)	시가 인정액	시가 인정액이 없거나 시가 표준액 1억 원 이하는 시가표준액 가능
③ 원시취득(신축 등)		2.8%*	신축가격	
④ 신탁		3.0%	신탁가격	
⑤ 분할(공유물, 합유물, 총유물)		2.3%	시가표준액	
⑥ 기타 (유상취득 등)	농지	3.0%	실거래가격	
	농지 외	4.0% (단, 주택은 1~3%)*	실거래가격	

* 취득세 중과세가 적용되는 경우 세율이 8%, 12%까지 껑충 뛸 수 있다.

2. 주택(유상 거래에 한함)
1) 일반세율
주택을 유상 거래한 경우 실제 취득가액의 크기에 따라 다음과 같이 세율이 적용되고 있다.

구분	기본세율	비고
6억 원 이하	1%	

구분	기본세율	비고
6억~12억 원 이하	산식	(취득가액×2/3억 원-3)/100
12억 원 초과	3%	

2) 중과세율

현행 주택에 대한 중과세율은 다음과 같이 주택 수와 조정지역 소재 여부에 따라 세율 차이가 나고 있다. 참고로 2024년 이후에 중과세율이 50% 이상 완화될 가능성이 있다.

지역	1주택	2주택	3주택	법인·4주택↑
조정지역	1~3%	8% (일시적 2주택은 1~3%)	12%	12%
비조정지역		1~3%	8%	12%

3. 농특세와 지방교육세

부동산을 취득하면 부가적으로 농특세와 지방교육세가 부과된다.

1) 농특세

농특세는 지법 제11조(과세표준) 및 제12조(세율)의 표준세율을 100분의 2로 적용해서 지법, 지특법, 조특법에 따라 산출한 취득세액의 10%를 부과한다. 따라서 취득세에 대한 농특세율은 원칙적으로 '2%×10%'인 0.2%가 된다. 다만, 주택의 경우 전용면적이 85㎡ 이하이면 비과세되나, 이를 초과하면서 중과세율이 적용되면 농특세는 다음과 같이 증가하게 된다.

- 중과 8% 농특세율 → 0.2%+(8%-4%)×10%=0.6%
- 중과 12% 농특세율 → 0.2%+(12%-4%)×10%=1.0%
- 참고 : 일반 농특세율 → 0.2%

2) 지방교육세

원칙적으로 '표준세율-2%'를 적용해 산출한 금액의 20%로 부과한다. 다만, 주택의 경우에는 취득세 표준세율이 4%에서 1~3%로 인하되었으므로 이 세율에 100분의 50을 곱한 세율을 적용해 산출한 금액의 20%로 부과한다. 만일 주택의 취득세율이 1%라면 '0.5%×20%'인 0.1%가 지방교육세가 된다. 다만, 주택에 대해 취득세 중과세율이 적용되면 획일적으로 0.4%를 적용한다.

4. 총세율 요약

주택을 예로 들어 총세율을 요약해보자. 참고로 전용면적 85㎡ 이하 주택은 농특세가 비과세되므로 면적에 따라 총세율이 차이가 난다.

1) 일반세율이 적용되는 경우

구분	취득세율	농특세율	지방교육세율	합계
6억 원 이하	1%	0%, 0.2% (전자는 85㎡ 이하, 후자는 초과. 이하 동일)	0.1%	1.1%, 1.3%
6~9억 원 이하	산식	0%, 0.2%	취득세율× 50%×20%	산식
9억 원 초과	3%	0%, 0.2%	0.3%	3.3%, 3.5%

2) 중과세율이 적용되는 경우

구분	취득세율	농특세율	지방교육세율	합계
8% 중과세율	8%	0%, 0.6%	0.4%	8.4%, 9.0%
12% 중과세율	12%	0%, 1.0%	0.4%	12.4%, 13.4%

※ 주택 취득세와 관련해 추가로 확인해야 할 사항

☑ 유상 거래되는 주택 취득세는 원칙적으로 1~3%나, 주택 수가 증가하면 취득세율이 8~12%까지 인상된다.

☑ 주택 수에는 주택분만 아니라 2020년 8월 12일 이후에 취득한 주거용 오피스텔, 주택분양권, 조합원 입주권도 포함한다. 주택 수 산정은 취득세분만 아니라 종부세 그리고 양도세에서 매우 중요하다.

☑ 주택 취득세는 공동등기를 하더라도 전체 취득세는 변동이 없다.

☑ 임대주택 등에 대해서는 취득세가 감면될 수 있다. 다만, 이를 감면받기 위해서는 감면요건(임대 등록 등)을 확인해야 한다.

☑ 전용면적 85㎡ 이하의 주택은 농특세(10%)가 비과세된다. 하지만 지방교육세는 무조건 부과된다.

☑ 주택 중과세에 대한 농특세는 중과세 유형에 따라 0.6% 또는 1.0%가 되나, 지방교육세는 이와 무관하게 0.4%가 적용된다.

보유세
절세원리

　보유세는 부동산을 보유 중에 부과되는 세금으로, 크게 재산세와 종부세 두 종류로 구분한다. 물론 이러한 세금이 발생하면 그 외 지방교육세나 농특세 등이 자동으로 뒤따르게 된다. 이러한 보유세는 중앙정부나 지방정부에서 정해준다는 점에서 다른 세목에 비해 소홀히 다루는 감이 있다. 하지만 보유세 중 재산세 과세방식은 다른 세목에 다양한 영향을 주기 때문에 중요하게 다루는 것이 좋다.

Case

　경기도 성남시에서 거주하고 있는 K 씨는 아래와 같은 부동산을 보유하고 있다. 물음에 대해 답을 하면?

구분	내용	비고
주택	· A 주택 : 남편 소유 · B 주택 : 부인 소유	B 주택은 지방에 소재함.
주택부수토지	남편 소유	주택으로 재산세가 과세됨.
농지	자경농지는 아님.	

Q1 사례의 주택에 대한 보유세 과세방식은?

먼저 주택에 대한 재산세와 종부세 과세방식을 알아보면 다음과 같다.

구분	재산세	종부세
과세표준	시가표준액×60%* * 변동 가능	(기준시가-9억 원*)×60% * 1세대 1주택(단독명의) : 12억 원
세율	0.1~0.4%	· 일반세율 : 0.5~2.7% · 중과세율* : 2.0~5.0% * 3주택 이상 소유자로서 과세표준이 12억 원 초과 시 　적용(다음 Tip 참조)
세액공제	없음.	1세대 1주택 단독명의 : 80% 한도

사례의 경우 주택에 대해서는 재산세가 무조건 나오며, 종부세는 각각 1주택씩 보유한 것으로 보아 남편과 부인에게 종부세가 과세될 수 있다. 다만, 종부세가 과세되기 위해서는 개인별로 기준시가가 9억 원을 넘어야 한다.

- 남편 : (기준시가-9억 원)×60%×종부세율
- 부인 : (기준시가-9억 원)×60%×종부세율

Q2 사례의 주택부수토지에 대한 보유세 과세방식은?

주택부수토지만 보유한 때도 지법에 따라 주택분 재산세가 부과되므로 종부세 과세대상이 된다. 따라서 사례의 경우 주택부수토지는 남편이 소유하고 있으므로 남편의 기준시가에 합해져 종부세가 과세된다.

※ 종부세법 제7조
과세기준일 현재 주택분 재산세의 납세의무자는 종부세를 납부할 의무가 있다.

Q3 사례의 농지에 대한 보유세 과세방식은?

농지는 보호의 대상이 되므로 재산세는 저렴한 세율로 분리과세한다. 재산세가 분리과세되는 토지에 대해서는 종부세를 과세하지 않는다. 재산세과세대상과 종부세 과세와의 관계를 알아보면 다음과 같다.

구분	분리과세 토지	별도합산 토지	종합합산 토지
재산세과세대상	농지, 기준면적 이내의 공장용 부속 토지 등	영업용 건물 부속 토지 등	임야, 나대지 등
종부세 과세	과세하지 않음.	토지의 개별공시지가가 80억 원 초과 시	토지의 개별공시지가가 5억 원 초과 시

Consulting

보유세에 대한 세무상 쟁점을 부동산 종류별로 살펴보면 다음과 같다.

주택 (주택부수토지 포함)	• 재산세 : 주택의 시가표준액에 대해 과세한다. • 종부세 : 주택의 기준시가가 9억 원(1주택자는 12억 원) 초과 시 과세한다.

상업용 부동산	• 재산세 : 일반 건물과 부속 토지에 대해 각각 재산세가 과세된다. • 종부세 : 일반 건물의 부속 토지의 공시지가가 80억 원 초과 시 과세한다.

토지	• 재산세 : 재산세를 세 가지 방식으로 나눠 과세한다(분리과세, 별도합산과세, 종합합산과세). • 종부세 : 별도합산과세 토지는 80억 원, 종합합산과세 토지는 5억 원 초과 시 종부세가 과세된다.

※ 보유세의 절세원리

☑ 재산세는 모든 부동산에 대해 부과된다.

☑ 종부세는 주택과 토지에 대해 과세하며, 개인이 3주택 이상 보유하는 경우로서 과세표준이 12억 원 초과 시 2~5%의 중과세율이 적용된다.

☑ 1세대 1주택 공동명의자는 ① 12억 원 공제+80% 세액공제와 ② 공동명의 18억 원 공제 중 유리한 것을 선택할 수 있다.

☑ 종부세에서 1세대 1주택을 산정할 때 등록임대주택, 일시적 2주택, 상속주택, 지방의 저가주택 등은 주택 수에서 제외한다(다음 Tip 참조).

☑ 1세대 3주택 이상자 중 중과세율이 적용되는 경우에는 주택 수를 조절하는 것이 중요하다.

☑ 토지의 경우 재산세가 분리과세되거나 별도합산과세되면 종부세는 대부분 과세하지 않으나, 종합합산과세되는 토지는 그렇지 않다. 다만, 종합합산과세되는 토지라도 사업과 거주에 필수적인 토지는 종부세 과세대상에서 제외되므로 재산세과세대장을 확인하는 것이 좋다.

| 실전연습 |

K 씨는 다음과 같이 주택을 보유하고 있다. 물음에 답하면?

- A 주택 : 서울 강남구에 소재한 주택으로 기준시가는 20억 원임.
- B 주택 : 경기도 연천군에 소재한 주택으로 기준시가는 2억 원임.
- C 주택 : 경기도 고양시에 소재한 상속받은 지 10년이 된 주택으로 기준시가는 5억 원임.

Q1 한 개인이 3주택 이상을 보유하면 종부세가 중과세되는가?

종부세는 개인별로 부과되는 세금으로 한 개인이 전국에 걸쳐 3주택 이상을 보유한 경우로서 과세표준이 12억 원 초과 시 2~5%로 과세하는 세목에 해당한다. 참고로 이때 3주택은 다음과 같은 기준에 따라 주택 수에 포함한다.

구분	주택 수에 포함	주택 수에 불포함
주택법상 주택	포함원칙	등록임대주택, 상속주택 등 일부는 제외(다음 Tip 참조)
주택부수토지	포함원칙	무허가주택의 부수토지
오피스텔	주택분 재산세로 부과되는 오피스텔	일반 건물 재산세로 부과되는 오피스텔
조합원 입주권	-	불포함
주택분양권	-	불포함

Q2 앞의 사례는 종부세 중과세가 적용되는가?

종부세는 일반과세가 적용된다. 경기도 연천군의 3억 원 이하의 저가주택은 종부세 세율 결정 시 주택 수에서 제외되기 때문이다. 다음 Tip을 참조하기 바란다.

Q3 종부세를 절세하기 위해서는 기본적으로 무엇을 알아야 하는가?

주택 수에 따른 과세방식을 먼저 이해할 필요가 있다. 전국적으로 개인별 주택 수가 3채 이상이고, 과세표준이 12억 원 초과하면 종부세 중과세가 적용되기 때문이다. 만약 이에 해당한다면 처분(매매, 증여 등)을 통해 주택 수를 조절해야 한다.

과세표준	2주택 이하 소유자	3주택 이상 소유자
3억 원 이하	1천분의 5	좌동
3~6억 원 이하	150만 원+(3억 원을 초과하는 금액의 1천분의 7)	좌동
6~12억 원 이하	360만 원+(6억 원을 초과하는 금액의 1천분의 10)	좌동
12~25억 원 이하	960만 원+(12억 원을 초과하는 금액의 1천분의 13)	960만 원+(12억 원을 초과하는 금액의 1천분의 20)
25~50억 원 이하	2,650만 원+(25억 원을 초과하는 금액의 1천분의 15)	3,560만 원+(25억 원을 초과하는 금액의 1천분의 30)
50~94억 원 이하	6,400만 원+(50억 원을 초과하는 금액의 1천분의 20)	1억 1,060만 원+(50억 원을 초과하는 금액의 1천분의 40)
94억 원 초과	1억 5,200만 원+(94억 원을 초과하는 금액의 1천분의 27)	2억 8,660만 원+(94억 원을 초과하는 금액의 1천분의 50)

* 참고로 법인의 경우 2주택 이하는 2.7%, 3주택 이상은 5.0%의 단일세율이 적용된다.

※ 위의 종부세율 적용 시 주택 수 산정방법

1. 1주택을 여러 사람이 공동으로 소유한 경우 공동소유자 각자가 그 주택을 소유한 것으로 본다.
2. 건축법상의 다가구주택은 1주택으로 본다.
3. 다음 각 목의 주택은 주택 수에 포함하지 않는다.

    가. 등록한 임대주택

    나. 상속을 원인으로 취득한 주택(조합원 입주권 또는 분양권을 상속받아 사업 시행 완료 후 취득한 신축주택 포함)으로서 다음의 어느 하나에 해당하는 주택

        1) 과세기준일 현재 상속 개시일부터 5년이 경과하지 않은 주택

        2) 지분율이 100분의 40 이하인 주택

        3) 지분율에 상당하는 공시가격이 6억 원(수도권 밖 3억 원) 이하인 주택

    다. 토지의 소유권 또는 지상권 등 토지를 사용할 수 있는 권원이 없는 자가 건축법 등 관계 법령에 따른 허가 등을 받지 않거나 신고하지 않고 건축해서 사용 중

인 주택(주택을 건축한 자와 사용 중인 자가 다른 주택을 포함한다)의 부속 토지*

* 이 외 다른 부속 토지는 주택 수에 포함된다.

　라. 일시적 2주택

　마. 지방 저가주택*

　* '지방 저가주택'이란 다음 각 호의 요건을 모두 충족하는 1주택을 말한다.

1. 공시가격이 3억 원 이하일 것

2. 다음 각 목의 어느 하나에 해당하는 지역에 소재하는 주택일 것

　가. 수도권 밖의 지역 중 광역시 및 특별자치시가 아닌 지역

　나. 수도권 밖의 지역 중 광역시에 소속된 군

　다. 세종특별자치시 설치 등에 관한 특별법 제6조 제3항에 따른 읍·면

　라. 서울특별시를 제외한 수도권 중 지방 자치분권 및 지역균형발전에 관한 특별
　　법 제2조 제12호에 따른 인구감소지역이면서 접경지역 지원 특별법 제2조 제
　　1호에 따른 접경지역에 해당하는 지역으로서 부동산 가격의 동향 등을 고려해
　　기획재정부령으로 정하는 지역(경기도 연천군과 인천광역시 강화군 및 옹진군)을
　　말한다.

종합소득세 절세원리

종합소득세는 부동산 임대나 매매 시 발생하는 소득에 부과되는 세금을 말한다. 현행 세법은 개인들이 벌어들인 사업소득에 대해서는 원칙적으로 다른 소득에 합산해 6~45%로 과세하게 된다. 물론 양도소득은 이들 소득과 합산하지 않고, 별도의 계산구조로 과세하게 된다. 여기서는 종합소득세의 절세원리에 대해 살펴보자.

Case

서울 강서구에 거주하고 있는 J 씨의 사업소득 금액은 1억 원이고, 상가 등에서 발생한 임대수입이 1억 원, 필요경비가 3,000만 원이다. 종합소득공제액은 1,000만 원이라고 할 때 다음 물음에 답하면?

Q1 종합소득세 산출세액은 얼마인가?

(단위 : 원)

구분	사업소득	임대소득	종합소득
수입금액	-	100,000,000	
-비용	-	30,000,000	
=소득금액	100,000,000	70,000,000	170,000,000
-소득공제			10,000,000

구분	사업소득	임대소득	종합소득
=과세표준			160,000,000
×세율			38%
−누진공제			19,940,000
=산출세액			40,860,000

Q2 임대소득이 J 씨의 배우자에게 발생했다면 J 씨와 그의 배우자가 낸 세금의 합계액은 얼마인가? 단, J 씨의 종합소득공제액은 900만 원, J 씨 배우자의 종합소득공제액은 300만 원이라고 하자.

(단위 : 원)

구분	J 씨	J 씨 배우자	계
수입금액	−	100,000,000	
−비용	−	30,000,000	
=소득금액	100,000,000	70,000,000	
−소득공제	9,000,000	3,000,000	
=과세표준	91,000,000	67,000,000	
×세율	35%	24%	
−누진공제	15,440,000	5,760,000	
=산출세액	16,410,000	10,320,000	26,730,000

Q1과 Q2의 차이는 1,413만 원이다. 이처럼 종합소득세는 소득을 분산하면 전체적인 세금이 줄어드는 결과가 발생한다. 물론 세금은 줄어들 수 있으나 건강보험료 등이 증가할 수 있으므로 이 부분을 고려해야 한다.

≫ 부동산 관련 임대소득이 발생하면 건강보험료가 부과될 수 있음에 유의해야 한다(양도소득은 건강보험료와 무관).

Q3 J 씨가 부동산을 사업적으로 양도해서 1억 원의 차익을 얻었다면 이 소득은 어떻게 정산되는가?

　부동산을 사업적으로 양도하면 이는 부동산 매매업에 대한 소득으로 사업소득의 일종이 된다. 따라서 이 소득은 앞의 사업소득에 합산해 종합과세를 적용해야 한다.

Consulting

　세법상 사업소득으로 과세하는 부동산 임대소득과 부동산 매매소득의 종류와 과세내용을 정리하면 다음과 같다.

1. 임대소득

구분	내용
주택	부부 합산해서 2주택 이상인 상태에서 월세를 받을 때 종합과세*(단, 개인별로 2,000만 원 이하 시 분리과세*) 원칙
오피스텔	업무용 오피스텔은 100% 종합과세 원칙, 주거용 오피스텔은 주택에 대한 과세체계를 따름.
상가	100% 종합과세 원칙
토지	100% 종합과세 원칙
숙박업소 (고시원, 모텔 등)	100% 종합과세 원칙

* 종합과세, 비과세, 분리과세에 대한 자세한 내용은 바로 다음에서 살펴본다.

　부동산 임대소득은 원칙적으로 종합과세를 한다. 다만, 이 중 소액임대주택에 대해서는 원칙적으로 분리과세를 적용한다.

2. 매매소득

부동산 매매업에 대한 사업자등록을 내고 부동산 매매를 사업적*으로 영위하면서 벌어들인 소득을 말한다. 이러한 소득은 양도소득이 아닌 사업소득으로 보아 100% 종합과세를 적용한다.

* 계속적·반복적으로 사업 활동을 하는 것을 말한다.

| 실전연습 |

L 씨는 부동산 매매사업자등록을 냈다. 물음에 답하면?

Q1 L 씨는 조정지역 내의 주택을 취득 후 바로 양도해 차익 1억 원을 얻었다. 이 소득에 대한 과세방식은?

부동산 매매사업자가 양도세 중과세 대상인 주택이나 비사업용 토지를 매매하면, 양도세와 종합소득세 중 많은 세금을 납부해야 한다(비교과세). 사례의 경우 이에 해당할 가능성이 커 보인다(양도세율 70%).

Q2 L 씨는 비조정지역 내의 주택을 취득 후 바로 양도해 차익 1억 원을 얻었다. 이 소득에 대한 과세방식은?

부동산 매매사업자가 비조정지역 내의 주택을 매매하면 보유기간과 관계없이 6~45%가 적용될 것으로 보인다.

Q3 부동산 매매업을 유지하기 위해서는 취득과 양도 횟수가 얼마나 되어야 하는가?

없다. 다만, 부동산 매매업인지, 아닌지는 사업자가 입증해야 하므로 양도세 신고 대신에 매매차익 예정신고를 하고 기장을 통해 종합소득세를 신고해두는 것이 안전하다.

▶▶ 부동산 매매업에 대한 장단점 등은 저자의 《확 바뀐 부동산 매매사업자 세무 가이드북》을 참조하기 바란다.

☀Tip 부동산 임대소득의 과세방식

부동산 임대소득에 대한 과세방식은 크게 비과세와 분리과세, 그리고 종합과세가 있다. 이 중 납세자에게 가장 유리한 것은 비과세이며, 종합과세가 가장 불리한 방식이될 수 있다. 이에 대해 자세히 살펴보자.

1. 비과세

비과세는 납세자에게 세법상 소득이 발생했으나 국가가 조세정책 목적상 과세권을 포기하는 것을 말한다. 주로 과세의 실익이 없거나 사회적인 약자 등을 보호하기 위해 과세권을 포기한다. 부동산 임대소득에서는 주로 주택임대소득에 대해 비과세를 해준다. 다만, 이를 적용받기 위해서는 세법에서 정한 비과세 요건을 갖추어야 한다.

구분	비과세 요건
부부의 주택 수가 1채인 경우	주택의 기준시가가 12억 원 이하 시
부부의 주택 수가 2채인 경우	월세소득에 대해 과세함.
부부의 주택 수가 3채(소형임대주택은 제외) 이상인 경우 ≫ 소형임대주택 : 40㎡· 기준시가 2억 원 이하인 주택	월세소득과 임대보증금 환산소득*에 대해 과세함.

* 임대보증금 환산소득은 (임대보증금의 합계-3억 원)×60%로 계산한다.

부부의 주택 수가 1채만 있는 경우에는 주택의 기준시가가 12억 원 이하이면, 이에 대해서는 월세소득과 무관하게 무조건 비과세를 적용한다. 그리고 부부의 주택 수가 2채 이상이면 월세소득에 대해 과세한다.

2. 분리과세

분리과세는 다른 소득에 합산하지 않고 해당 소득에 대해서 독자적인 과세체계로 과세하는 방식을 말한다. 부동산 임대소득의 경우 개인별로 연간 주택임대소득이 2,000만 원 이하면 적용된다. 이때 다음 산식에 따라 14%를 적용해 과세한다.

• (분리과세 주택임대소득 금액*-400만 원**)×단일세율 14%

* 주택임대소득 금액=총수입금액−총수입금액×(60%, 미등록의 경우 50%)
** 종합소득금액이 2,000만 원 이하인 경우에만 400만 원(미등록 시 200만 원)을 차감함.

예를 들어 연간 임대소득이 1,000만 원이고 종합소득금액이 2,000만 원 이하라면 1,000만 원 중 먼저 60%에 해당하는 금액이 공제되며 이후 400만 원을 순차적으로 공제받게 되므로 이 경우에는 내야 할 세금은 없다. 하지만 종합소득금액이 2,000만 원이 넘어간 경우라면 400만 원 공제는 안 되므로 이 경우에는 56만 원 정도의 세금이 발생한다.

• 1,000만 원×(1−60%)×14%=56만 원

3. 종합과세

종합과세는 부동산 임대소득을 다른 소득, 예를 들어 근로소득이나 사업소득 등에 합산해 6~45%의 세율로 과세하는 방식을 말한다. 이 종합과세방식은 소득이 증가할수록 높은 세율이 적용되므로 세금이 누진적으로 증가하게 된다. 따라서 부동산 임대소득과 다른 소득이 많은 경우에는 부동산을 취득하기 전에 명의 등을 분산하는 노력할 필요가 있다. 종합과세체계를 알아보면 다음과 같다.

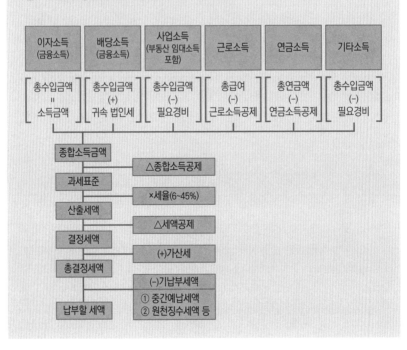

| 사례 |

K 씨는 오피스텔을 임대해 월 200만 원의 임대료를 받고 있다. 이 오피스텔은 주거용으로 사용되고 있다(기준시가는 12억 원 이하). 물음에 따라 답을 하면?

Q1 K 씨가 다른 주택을 보유하고 있지 않다면 월세에 대해 소득세가 부과되는가?
주택에 대해 임대소득세를 부과하기 위해서는 부부와 합산한 주택 수가 일단 2주택 이상이 되어야 한다. 그리고 1채 이상을 임대하고 월세를 받아야 과세하는 것이 원칙이다. 따라서 Q1의 경우에는 월세에 대해 소득세가 과세하지 않는다.

Q2 K 씨가 오피스텔 외 1주택을 보유하고 있다면 월세에 대해 소득세가 부과되는가?
앞에서 보았듯이 2주택 이상 보유한 상태에서 월세를 받으면 소득세가 부과되는 것이 원칙이다.

Q3 K 씨의 배우자가 1주택을 보유하고 있다면 월세에 대해 소득세가 부과되는가?
주택 임대소득세 과세를 판단할 때 먼저 주택 수는 부부를 기준으로 합산하게 된다. 따라서 사례의 경우 2채 상태에서 월세를 받기 때문에 임대소득세 과세대상자가 된다. 다만, 이때 과세는 개인별로 한다. 따라서 K 씨의 임대소득이 연간 2,000만 원을 초과하므로 이에 대해 종합과세하는 것이 원칙이다(공동명의 시 분리과세 가능함).

※ **주택임대소득 절세법**

☑ 주택임대소득에 대한 과세방식을 먼저 확인한다.

☑ 주택임대소득이 개인별로 2,000만 원 이하가 되면 분리과세와 종합과세 중 유리한 것을 선택하면 된다.

☑ 종합과세 시 소득세 정산방법을 이해한다. 일반적으로 임대소득이 2,400만 원에 미달하면 장부의 작성 없이도 단순경비율* 제도를 활용해 간편하게 세금을 정산할 수 있다.

   * 단순경비율이란 임대수입의 몇 %(부동산 임대업은 40% 선)을 필요경비로 보아 소득금액을 계산하는 제도를 말한다.

☑ 임대소득이 2,400만 원을 넘어갈 때는 장부와 경비율 제도 중 유리한 것을 선택하면 된다.

양도세
절세원리 1(기본)

부동산 양도 시 처분수익을 극대화하기 위해서는 비과세와 감면 등을 받는 것이 제일 좋다. 그렇다면 비과세와 감면은 어떤 부동산에 적용되며 어떻게 해야 이를 적용받을 수 있을까?

Case

김용철 씨는 보유한 부동산을 처분하고자 한다. 이 부동산의 취득가액은 1억 원이고, 양도가액은 3억 원이다. 그리고 양도세 계산을 위한 과세표준이 1억 5,000만 원이라면 비과세와 감면, 그리고 과세형태에 따른 가처분소득은 얼마인가? 단, 감면의 경우 100% 감면이 되나 산출세액의 20% 상당액은 농특세로 부과된다고 하자.

Solution

앞의 자료에 맞춰 비과세와 감면 그리고 과세하는 경우의 가처분소득을 살펴보면 다음과 같다. 가처분소득은 양도가액에서 취득가액과 세액을 차감해 계산한다. 참고로 정확한 분석을 위해서는 지방소득세(소득세의 10% 선)를 고려해야 하나, 이 책에서는 편의상 이를 생략하고 있다.

구분	비과세	감면	과세*
① 양도가액	3억 원	3억 원	3억 원
② 취득가액	1억 원	1억 원	1억 원
③ 과세표준	1억 5,000만 원	1억 5,000만 원	1억 5,000만 원
④ 산출세액 (6~45%)	0원	3,706만 원	3,706만 원
⑤ 감면세액	0원	3,706만 원	0원
⑥ 감면 후 세액	0원	0원	3,706만 원
⑦ 농특세	0원	741만 원	0원
⑧ 가처분소득	2억 원	1억 9,259만 원	1억 6,294만 원

* 과세의 형태는 일반과세와 중과세로 구분된다. 사례는 일반과세를 기준으로 하고 있다.

위의 표를 보면 비과세가 적용되는 경우 가처분소득은 2억 원이 되나, 감면이 적용되는 경우에는 1억 9,000여만 원, 과세될 때는 1억 6,000여만 원이 된다. 참고로 위 표의 과세표준은 양도차익(양도가액-취득가액)에서 장기보유특별공제와 기본공제를 차감한 금액을 말한다. 계산식에 대한 오해가 없기를 바란다.

Consulting

부동산 중 주택과 토지에 대한 과세방식을 정리해보면 다음과 같다. 기타 부동산들은 해당 부분에서 살펴보기로 하자.

① 주택

주택은 국민의 생활과 직결되므로 비과세를 기본적으로 적용하고 과다하게 보유하면 양도세를 중과세하는 등 다양한 방식으로 세금 제도가 적용되고 있다. 이를 요약하면 다음과 같다.

비과세*	감면	중과세
·1세대 1주택 ·1세대 1주택의 특례* ·주택과 입주권(분양권) 소유 시 1세대 1주택의 특례*	·2000년대 초반의 장기임대주택 ·최근의 신축주택·미분양주택에 대한 과세특례 ·수용 주택	·2주택 중과세 ·3주택 중과세

* 주택에 대한 세무위험은 여기에서 많이 발생한다.

주택의 경우 1세대 1주택(일시적 2주택 등 포함)에 대해서는 원칙적으로 양도세를 비과세한다. 그리고 감면요건을 갖춘 주택에 대해서는 양도세를 감면한다. 하지만 다주택자가 조정지역 내의 주택을 양도하면 6~45%+20~30%P로 중과세를 적용한다.

▶▶ 주택 중과세 제도는 다주택자가 조정지역 내의 주택을 양도할 때 적용된다. 2023년 12월 현재 서울 강남·서초·송파·용산구만 조정지역으로 지정되어 있어 이 제도는 제한적으로 적용되고 있다.

② 토지

토지 또한 국민 생활과 직결된다. 그래서 주택과 과세방식이 비슷하다. 이를 요약하면 다음과 같다.

비과세	감면	중과세
농지의 교환 또는 분합	·8년 이상 자경한 농지 ·4년 이상 자경한 농지의 대토 ·수용 토지 등	비사업용 토지

경작상 필요한 농지 등을 교환 등을 하는 경우 양도세가 비과세된다. 그리고 8년 이상 자경한 농지나 4년 이상 자경한 농지를 대토(A 지역의 농지를 팔고 B 지역의 농지는 사는 경우)한 경우, 그리고 수용당한 토지에 대해서

는 양도세를 감면한다. 한편 비생산적으로 사용하고 있는 토지에 대해서는 6~45%+10%P의 세율로 중과세를 적용하고 있다.

※ 비과세와 감면을 받을 때 주의할 점들
- ☑ 세법 규정을 통해 비과세와 감면조건을 철저히 확인하도록 한다.
- ☑ 비과세 등의 조건이 수시로 변경되므로 이에 유의한다.
- ☑ 사실관계 입증을 위해 최대한 노력한다.

| 실전연습 |

서울에서 3주택(다세대주택 2채 포함)을 보유한 삼주택 씨는 최근 거주하고 있던 A 주택을 양도하는 계약을 체결했다. 잔금을 받기로 한 날은 계약일로부터 3개월 내다. 삼 씨는 세금이 얼마인지를 주변에 알아본 결과 자그마치 2억 원이 나온다는 이야기를 들었다. 그때 주위에서 하는 말이 주택임대사업자등록을 하면 본인이 거주한 주택에 대해서는 양도세를 비과세 받을 수 있다는 소식을 듣고는 잔금을 받기 전에 담당 구청과 담당 세무서에 다세대주택 2채에 대해 10년 장기임대로 임대사업자등록을 마쳤다. 이 경우 2년 보유 및 2년 이상 거주한 주택에 대해서 비과세를 받을 수 있을까?

위의 내용에 따라 답을 순차적으로 찾아보자.

Step 1. 사실관계 및 세무상 쟁점파악

먼저 삼 씨가 부닥치고 있는 세무상 쟁점부터 파악해보자.

삼 씨는 1세대 3주택 상태에서 2년 이상 거주한 주택을 파는 매매계약을 체결했다. 그리고 잔금을 받기 전에 주택임대사업자등록을 냈다. 이 경우 양도세 비과세를 받을 수 있는지가 쟁점이 된다.

Step 2. 관련 규정은 어떻게 될까?

현행 소령 제155조 제20항에서는 장기임대주택과 거주주택을 소유한 1세대가 2년 이상 보유 및 거주한 주택을 먼저 양도하는 경우, 이에 대해서는 1세대 1주택으로 보아 비과세를 적용한다.

※ 장기임대주택(매입 임대주택) 요건

☑ 담당 시·군·구청에 임대사업자 등록 및 담당 세무서에 사업자등록을 마쳐야 한다.

☑ 다음의 기준시가 및 임대 기간 등의 요건을 충족해야 한다. 이때 임대 기간의 계산 시 사업자등록 등을 하고 임대주택으로 등록해 임대하는 날부터 임대를 개시한 것으로 본다.

구분	임대주택 유형	관할 지자체 임대 등록	가액	호수	의무임대 기간
매입 임대 주택	단독주택, 다가구주택, 다세대주택, 오피스텔, 도시형 생활주택(이 외 아파트는 등록 불가*)	· 2020. 7. 10 이전 : 4년·8년 · 2020. 7. 10~8. 17 : 8년 · 2020. 8. 18 이후 : 10년	임대 개시일 당시 기준시가 6억 원(수도권 밖은 3억 원) 이하	1호** 이상	· 2020. 7. 10 이전 : 5년 이상 · 2020. 7. 10~8. 17 : 8년 이상 · 2020. 8. 18 이후 : 10년 이상

* 2020년 8월 18일 이후부터 아파트는 등록이 불가하다. 민간임대주택법(민특법)이 개정되었기 때문이다.

** 2호 이상인 경우에는 각각 임대의무 기간 등을 충족해야 한다.

Step 3. 삼 씨는 비과세를 적용받을 수 있을까?

삼 씨는 거주주택에서 2년 이상 보유 및 거주하고 다른 주택들은 장기임대주택의 요건을 충족한 것이므로 외관상 비과세를 받을 수 있다고 생각할 수 있다. 그런데 문제는 임대사업자등록 시점이 거주주택의 매매계약일 이후에 이루어졌다는 점이다. 그렇다면 이에 대한 과세관청의 의견은 어떨까?

과세관청은 이에 대해 1세대 1주택 비과세 판정은 양도일(잔금청산일) 현재로 판단한다. 따라서 거주주택의 양도 시점에 소령 제167조의 3 규정에 따른 장기임대주택을 보유한 경우로 당해 양도하는 거주주택의 보유기간이 2년 이상이고, 거주기간이 2년 이상이면 거주주택에 대해 1세대 1주택으로 보아 비과세 적용을 받을 수 있는 것으로 해석하고 있다(소령 제155조 제20항). 참고로 거주주택 비과세는 생애 동안 1회만 적용된다(단, 2019년 2월 12일 이후 취득분에 한함).

따라서 사례에서의 삼 씨는 비과세를 받을 수 있다.

※ 주택임대사업자의 거주주택에 대해 비과세를 받는 방법

☑ 거주주택의 매매계약 전에 임대사업자등록 등을 하는 것이 안전하다(단, 2020년 8월 18일 이후에는 아파트는 등록이 불가함).

☑ 거주주택은 보유기간에 2년 이상을 거주해야 한다(이 요건은 조정지역과 관계없이 전국적으로 적용됨).

☑ 거주주택에 대한 양도세 비과세는 생애 동안 1회만 적용된다(2019년 2월 12일 이후 취득분에 한함).

☑ 말소된 주택이 있는 경우 최초 말소일로부터 5년 이내에 양도해야 비과세를 적용한다(구체적인 내용은 제4장에서 살펴본다).

양도세
절세원리 2(양도차손이 있는 경우)

부동산 세금은 모르면 손해를 보는 예도 있지만, 이를 알면 오히려 돈을 벌 기회를 제공하기도 한다. 대표적으로 양도차손이 발생한 경우가 그렇다. 지금부터 부동산을 처분해서 양도차손이 발생할 때 활용할 수 있는 방법을 알아보기로 한다.

Case

부산광역시에 거주하고 있는 다주택 씨는 5년 전에 3채를 사 지금까지 보유하고 있으나, 대출금 갚기도 빠듯해서 보유하고 있는 주택 중 2주택을 처분하고자 한다. 그런데 이 중 한 채는 양도차익이 어느 정도 발생할 것으로 보이나 다른 한 채는 양도차손이 예상된다. 이 경우 어떤 식으로 세금 정산이 되는가?

Solution

사례의 경우 다음 단계처럼 처리할 수 있다.

Step 1. 2주택 처분 시 과세형태를 파악한다.

다 씨의 경우 1세대 3주택자에 해당한다. 따라서 먼저 처분하는 주택은 과세하는 것이 원칙이다.

Step 2. 양도세 통산 규정을 살펴본다.

구분		합산 여부
양도차익만 발생한 경우	① 누진세율+단일세율(50% 등)	X*
	② 누진세율+누진세율	○
	③ 단일세율+단일세율	X*
양도차익과 양도차손이 발생한 경우	④ 양도차손+양도차익	통산함.
	⑤ 양도차익+비과세 양도차손	통산할 수 없음.

* 통산이 필요 없는 경우에 기본공제 250만 원은 한 번만 받아야 한다.

세법에서는 매년 1월 1일부터 12월 31일까지 2회 이상 양도해 양도소득이 발생하면 이를 합산해 과세한다. 참고로 양도세 통산 규정은 개인별로 적용한다(부부합산이 아님).

Step 3. 앞의 절차에 따라 최종 판단을 내린다.

다 씨의 경우 앞의 ④처럼 양도차익과 양도차손이 발생한 상황에 해당한다. 따라서 양도차손은 양도차익에서 차감할 수 있다. 이 경우 양도차손이 발생한 주택은 먼저 팔아도 되고 나중에 팔아도 된다.

Consulting

양도세 합산규정 및 양도차손익 통산 규정은 부동산 보유자가 기본적으로 알아둬야 하는 제도들에 해당한다. 이와 관련된 내용을 정리하면 다음과 같다.

첫째, 1년간 2회 이상 양도해서 양도차익이 발생한 경우로, 누진세율이 2회 이상 적용되면 이를 합산해 세금을 재정산해야 한다. 합산해서 과세가 되면 일반적으로 세금이 증가한다. 예를 들어 2회에 걸쳐 양도한 경우로 과세표준이 각각 1억 원인 경우와 과세표준이 2억 원인 경우의 세금 차이는 다음과 같다.

① 각각 과세하는 경우 : [1억 원×6~45%=1,956만 원*]×2회=3,912만 원

  * 1억 원×35%-1,544만 원(누진공제)=1,956만 원

② 합산해서 과세하는 경우 : 2억 원×6~45%=5,606만 원*

  * 2억 원×38%-1,994만 원(누진공제)=5,606만 원

③ 차이 : 1,694만 원

둘째, 연간 2회 양도했으나 양도차손이 있는 경우에는 양도차익과 통산할 수 있다. 예를 들어 1회 양도에서는 양도차익 1억 원이 발생하고 2회 양도에서는 양도차손 1억 원이 발생했다면 이 둘을 통산할 수 있다는 것이다. 그렇게 되면 양도차손익이 0원이 되어 낼 세금이 없게 된다. 따라서 이 경우에는 1회 양도에서 발생한 양도세를 환급받을 수 있다.

셋째, 연간 2회 양도했으나 양도 대상 부동산이 비과세가 적용되는 경우에는 양도차손익을 통산할 수 없다. 다음 상황별로 이해해보자.

구분	비과세 주택	과세 부동산	비고
상황 1	1억 원	△1억 원	세금 없음.
상황 2	△1억 원	1억 원	통산할 수 없음.

상황 1의 경우 비과세 주택은 비과세를 받을 수 있으며, 과세 부동산은 양도차손이 발생했으므로 낼 세금은 없다.
상황 2의 경우 비과세 주택의 양도차손은 소멸하므로 과세 부동산 1억

원에 대해 과세가 된다. 다음 해석을 참조하자.

※ 관련 해석

자산의 양도로 인하여 발생한 자산별 과세대상 소득금액과 과세대상 결손금은 서로 통산하나, 1세대 1주택 비과세 대상인 자산에서 발생한 양도차손익은 차가감하지 않는다(재산세과-1640, 2009. 8. 7).

※ 양도차손익 절세법 정리

☑ 양도차손은 같은 해에 발생한 부동산 등*에서 발생한 양도차익에서 차감할 수 있다.

    * 전체 양도세 과세대상 중 주식을 제외하고 통산할 수 있다. 주식은 주식끼리만 통산한다.

☑ 양도차손은 개인별로 통산할 수 있다(배우자의 양도차익에서 차감할 수 없음에 유의).

☑ 양도차익은 비과세되는 양도차손과 통산할 수 없다(주의!).

☑ 양도차손은 다음 해로 이월해 공제받을 수 없다.

| 실전연습 |

J 씨는 2주택, 그리고 그의 배우자는 1주택을 소유 중에 J 씨 본인의 1주택을 처분해 손실이 발생했다. 이 경우 J 씨의 주택 또는 배우자 주택 중 1주택을 매도하고자 한다. 이처럼 연내 2주택을 양도해 한 주택은 양도차익, 다른 주택은 양도차손이 발생하면 이 둘을 통산할 수 있을까?

양도세는 거주자별로 양도차익을 산정해 신고 및 납부하는 세목이므로, 사례의 경우 본인 소유주택의 양도차손과 배우자 소유주택의 양도차익은 통산(상계)할 수 없다. '1세대 1주택 비과세' 여부나 '1세대 2주택' 또는 '1세대 3주택' 여부는 '세대'별로 판단하나, 양도소득 금액 통산은 개인별로 산정하기 때문이다. 실무상 주의해야 할 대목이다.

☀Tip 양도세 절세법 요약

☑ 계약하기 전에 세금이 얼마나 나오는지, 절세방법은 없는지 등을 미리 확인하자.

☑ 세금이 나올 때는 스스로 세금을 계산할 수 있어야 한다.

☑ 양도가액과 취득가액은 실거래가격이 적용된다.

☑ 매매 시 다운계약서는 금물이다.

☑ 취득가액을 입증하기 힘든 경우에는 매매사례 가액이나 환산가액으로 입증하자.

☑ 필요경비의 범위에 관해 확인하자.

☑ 장기보유특별공제는 최대한 받도록 하자.

☑ 보유기간을 조절해 세율을 유리하게 적용받자.

☑ 한 해에 2회 이상 양도 시에는 원칙적으로 합산해 세금을 정산하게 되므로 세금이 증가할 수 있다.

☑ 양도차손은 양도차익과 통산을 할 수 있으므로 이를 활용하는 방안을 만들어 시행한다.

☑ 부동산을 사업적으로 매매하면 이에 대해서는 종합소득세가 부과되는 것이 원칙이다.

☑ 신고내용에 오류가 발생한 경우에는 수정신고를 하면 된다. 신고·납부기한 다음 날부터 2년 이내 수정신고를 하면 신고불성실가산세를 90~10% 이내에서 감면한다.

☑ 만일 신고를 과다하게 한 경우라면 경정청구를 해서 과다납부한 세금을 환급받을 수 있다(5년 이내의 신고분에 대해 경정청구를 할 수 있다).

무상이전(상속·증여)
절세원리

　상속세와 증여세는 재산이 무상으로 이전되는 경우에 부과되는 세목이다. 상속세는 사람이 사망해 남긴 유산에 대해, 증여세는 살아생전에 자녀 등에게 재산을 넘겨줄 때 부과하는 세금이다. 통상 상속세는 상속순재산이 10억 원 이하이면, 증여세는 수증자(증여를 받은 자)에 따라 배우자 6억 원, 성년자 5,000만 원 이하이면 세금이 부과되지 않는 효과가 발생한다.

Case

　서울에 사는 김필식 씨의 자산규모는 20억 원 상당이 된다. 물음에 답을 하면?

　앞의 내용에 대해 답을 하려면 다음과 같은 상속세와 증여세 계산구조를 알아야 한다. 참고로 상속세와 증여세는 상속 개시일 또는 증여일 현재를 기준으로 가격을 평가하므로 시간이 흐른 뒤에는 세금의 크기가 달라질 수 있다. 따라서 세금을 줄이고 싶다면 현재 상태에서 대안에 따라 세무상 쟁점 등이 없는지 등을 다각도로 검토한 후에 이에 대한 의사결정을 과감하게 내려야 한다. 당장의 세금이 많다고 결정을 하지 못해 낭패를 당하는 경우가 자주 발생하기 때문이다.

상속세	증여세
상속재산가액 −비과세·채무 등 =상속세 과세액 −상속공제 =과세표준 ×세율(10~50%) =산출세액(할증세액 포함)	증여재산가액 −비과세·채무 등 =증여세 과세액 −증여재산공제 =과세표준 ×세율(10~50%) =산출세액(할증세액 포함)

앞의 기초적인 내용을 토대로 답을 찾아보자.

Q1 상속공제액이 10억 원 정도라면 상속세 산출세액은 얼마인가?

구분	금액	비고
상속재산가액	20억 원	
−상속공제액	10억 원	
=과세표준	10억 원	
×세율	30%, 6,000만 원(누진공제)	
=산출세액	2억 4,000만 원	

Q2 김 씨가 보유 중인 재산 중 5억 원을 김 씨의 배우자에게 증여하면 증여세는 얼마가 나올까?

배우자에게 증여하는 경우에는 10년간 6억 원까지는 증여세가 비과세된다. 참고로 증여재산공제는 다음과 같이 적용되고 있다.

구분	공제금액	비고
배우자로부터 수증 시	6억 원	10년 합산기준(이하 동일)
직계존속으로부터 성년자가 수증 시	5,000만 원	
직계비속으로부터 직계존속이 수증 시	5,000만 원	
직계존속으로부터 미성년자가 수증 시	2,000만 원	

구분	공제금액	비고
기타친족으로부터 수증 시	1,000만 원	
제삼자로부터 수증 시	0원	

≫ 2024년부터 혼인·출산 증여공제(통합 한도 1억 원)가 신설될 예정이다. 이를 포함한 상속·증여에 대한 세제는 저자의 《절반으로 줄이는 상속·증여 절세법》, 《상속·증여 세무 가이드북》을 참조하기 바란다. 이 외에 가족 간의 부동산 증여나 상속, 매매 등으로 파생하는 각종 세무상 쟁점에 대해서는 별도의 책을 통해 다루고자 한다.

Q3 김 씨가 보유한 재산 중 2억 원짜리 주택을 김 씨의 자녀에게 증여하면 증여세는 얼마가 나올까?

구분	금액	비고
증여재산가액*	2억 원	
−증여재산공제액	5,000만 원	
=과세표준	1억 5,000만 원	
×세율	20%, 1,000만 원(누진공제)	
=산출세액	2,000만 원	

* 부채와 함께 증여하는 경우 부채를 제외한 재산가액에 대해서는 증여세가, 부채에 대해서는 양도세가 부과된다(부담부 증여 방식에 의한 세금계산 방법은 별도의 책에서 살펴본다).

※ 참고 : 상속세 및 증여세율

과세표준	세율	누진공제액
1억 원 이하	10%	–
1억 원 초과 5억 원 이하	20%	1,000만 원
5억 원 초과 10억 원 이하	30%	6,000만 원
10억 원 초과 30억 원 이하	40%	1억 6,000만 원
30억 원 초과	50%	4억 6,000만 원

부동산과 상속 또는 증여는 불가분의 관계를 맺고 있다. 그렇다면 부동산과 관련된 상속세나 증여세는 세무 측면에서 어떤 점이 쟁점이 되는지 알아보자.

상속·증여세 신고 전	• 취득세를 포함해 상속세나 증여세가 얼마 나올지를 예상할 수 있어야 한다. • 생각보다 세금이 많이 나올 것으로 예상하면 대안을 마련한다.
▼	
상속·증여세 신고 시	• 상속세는 상속 개시일이 속하는 달의 말일부터 6개월 이내에 신고 및 납부한다(상속에 의한 취득세도 동일). • 증여세는 증여일이 속하는 달의 말일부터 3개월 이내에 신고 및 납부한다(증여에 의한 취득세도 동일).
▼	
상속·증여세 신고 후	• 상속이나 증여로 받은 부동산을 처분 시 상속·증여 당시의 취득가액으로 양도세를 계산한다. 따라서 양도세를 절세하기 위해서는 미리 시가(감정평가)로 신고가 되어 있어야 한다.

※ **상속·증여세 절세법 요약정리**

☑ 상속세와 증여세는 규제사항이 많고, 관련 세금도 크기 때문에 반드시 세무 전문가를 통해서 일 처리를 하도록 한다.

☑ 상속세와 증여세 계산구조에 능통해야 한다.

☑ 상속재산가액과 증여재산가액을 어떤 식으로 평가하는지 이해해야 한다(원칙 : 시가, 예외 : 기준시가).

☑ 활용할 수 있는 공제제도에는 어떤 것들이 있는지를 확인해야 한다.

☑ 부동산을 상속이나 증여로 취득한 후 이를 양도할 때 발생할 수 있는 세무상 쟁점 등을 확인해야 한다(이월과세, 부당행위계산, 저가 양도

등에 따른 증여세 과세 등).*

| 실전연습 |

서울 강동구에 거주하고 있는 심길 씨는 아버지로부터 상속받은 주택을 상속 개시일로부터 5개월이 되는 날에 잔금을 받고 이를 양도했다. 총거래금액은 3억 원이다. 심 씨는 상속주택을 포함해 2주택자로서 세금이 얼마나 나오는지 궁금하다.

심 씨의 문제를 해결해보자.

Step 1. 사실관계의 요약

심 씨는 2주택자로서 상속받은 주택을 처분했다. 따라서 양도세가 얼마나 부과되는지가 궁금하다.

Step 2. 관련 규정의 검토

현행 세법에서는 일반주택 1채 보유자가 주택을 상속받은 후에 일반주택을 먼저 양도하는 경우에는 비과세를 적용하는 규정을 두고 있다 (소령 제155조 제2항). 하지만 이와 반대로 상속주택을 먼저 양도하는 경우에는 일반적으로 과세를 하고 있다.

Step 3. 결론은?

심 씨가 상속받은 주택은 양도세가 나오는 상황이다. 따라서 양도가액 3억 원에서 취득가액을 차감해 양도차익을 계산해야 한다. 그런데 여기서 취득가액은 양도가액과 같은 3억 원이므로 양도차익이 0원이 되어 양도세가 발생하지 않는다.

※ 상속 개시일로부터 6개월 이내에 처분하면 양도가액이 취득가액과 같아지는 이유

현행 세법에서는 상속 개시일 전후 6개월 이내에 해당 자산의 매매 사례 가액이 있는 경우 해당 금액을 상속재산가액으로 본다. 즉 상속받은 부동산을 상속 개시일로부터 6개월 이내에 양도하면 이 금액이 상속 당시의 평가액이 되는 동시에 양도세 계산 시 취득가액이 되는 것이다. 따라서 이러한 원리를 이용하면 양도세를 안 낼 수 있는 기회를 만들 수 있다. 다만, 부동산 규모가 큰 경우에는 양도세는 안 낼 수 있지만, 상속세가 커질 가능성이 있음에 유의해야 한다. 예를 들어 상속재산가액 10억 원으로 신고한 부동산을 상속 개시일로부터 6개월 내 20억 원에 팔았다면 다음과 같이 세금 관계가 형성된다.

상속세	양도세
상속재산가액 20억 원	양도가액 20억 원
−상속공제 10억 원	−취득가액 20억 원
=과세표준 10억 원	0원

즉 6개월 이내에 처분하면 양도세는 0원이 되나, 그 대신 상속세 과세표준이 증가해서 상속세가 추가될 가능성이 커진다.

부동산 세금을 다루는 사람들은 양도세 계산구조 및 양도세 세율을 정확히 기억하고 있을 필요가 있다. 또한, 이에 대한 적용법도 마찬가지다. 특히 장기보유특별공제와 누진세율을 자유자재로 적용할 수 있어야 한다.

1. 양도세 계산구조

양도가액	… 실거래가액(2007년 이후부터 무조건 실거래가로 함)
−	
취득가액	… 실거래가액(계약서 분실 등의 경우 취득가액을 환산할 수 있음. 단, 2020년 이후 취득분을 환산한 경우 가산세 5%가 부과됨)
−	
필요경비	… 양도비 등 실제 경비(실무적으로 공제되는 필요경비의 범위를 확인해야 함)
▼	
양도차익*	… 같은 해에 발생한 양도차손과 통산할 수 있음.
−	
장기보유특별공제	… (토지·건물의 양도차익)×공제율(원칙 : 10~30%, 예외 : 12~80%)
▼	
양도소득 금액	
−	
양도소득 기본공제	… 250만 원(미등기 양도자산은 적용 배제), 단, 이 공제는 양도 시 1회만 적용
▼	
양도소득 과세표준	
×	

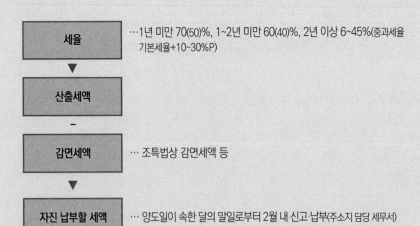

세율	…1년 미만 70(50)%, 1~2년 미만 60(40)%, 2년 이상 6~45%(중과세율 기본세율+10~30%P)
산출세액	
−	
감면세액	… 조특법상 감면세액 등
자진 납부할 세액	… 양도일이 속한 달의 말일로부터 2월 내 신고·납부(주소지 담당 세무서)

* 양도차익을 안분해야 하는 경우(통상 기준시가로 안분)
- 토지와 건물의 취득시기가 다른 경우
- 토지와 건물을 일괄공급·취득한 경우
- 상가겸용주택을 양도하는 경우
- 사업용 토지와 비사업용 토지를 동시에 양도하는 경우
- 재건축 입주권이나 완공주택을 양도하는 경우 등

≫ 양도세 신고는 양도일(보통 잔금청산일)이 속하는 달의 말일로부터 2개월 이내에 주소지 담당 세무서와 담당 시·군·구청에 소득세와 지방소득세를 각각 신고 및 납부해야 한다. 국세청 홈택스나 우편으로 신고할 수 있고 세무사를 통해 신고할 수도 있다.

2. 양도가액과 취득가액

구분	양도가액	취득가액
원칙	실지거래가액	좌동
예외	가족 간 고가 양도 : 양도가액−증여재산가액	① 매매에 의한 취득가액이 불분명한 경우 · 매매사례 가액, 감정가액 · 환산취득가액 ② 상속·증여에 의한 취득가액이 불분명한 경우 · 매매사례 가액, 감정가액 · 기준시가*
규정	소득세법(소법) 제96조	소법 제97조의 2

1985년 1월 1일 전에 취득한 경우의 특례	1985년 1월 1일 전에 취득한 자산(상속·증여 포함)의 취득가액은 아래 중 많은 것으로 한다(소령 제176조의 2 제4항). ① 의제취득일(1985. 1. 1) 현재 매매사례 가액, 감정가액, 환산취득가액 ② 취득 당시 실지거래가액이나 매매사례 가액, 감정가액이 확인되는 경우로서 당해 자산의 실지거래가액 등과 그 가액에 취득일부터 의제취득일의 직전일까지의 보유기간의 생산자물가상승률을 곱하여 계산한 금액을 합산한 가액

* 상속이나 증여 시 시가로 신고하지 않으면 기준시가가 취득가액이 된다. 소령 제163조 제9항에서는 상증법에 따라 평가한 금액을 취득 당시의 실지거래가액으로 보고 있기 때문이다. 따라서 시가가 없다면 기준시가로 평가되므로 이 금액이 취득가액이 된다. 따라서 상속이나 증여로 받은 부동산은 시가가 존재하므로 취득가액을 환산할 수 없다. 납세자로서는 불합리한 규정에 해당한다.

≫ 매매계약서 등의 분실로 취득가액을 알 수 없는 경우에는 환산취득가액을 적용하는 경우가 많다. 이는 아래와 같이 취득가액을 환산하는 제도를 말한다.

- 환산취득가액=실지양도가액 × $\dfrac{\text{취득 시 기준시가}}{\text{양도 시 기준시가}}$

※ 감정가액 또는 환산취득가액 적용에 따른 가산세(소법 제114조의 2, 2020년 이후 취득·증축분부터 적용)

① 거주자가 건물을 신축 또는 증축(증축의 경우 바닥면적 합계가 85㎡를 초과하는 경우에 한정한다)하고 그 건물의 취득일 또는 증축일부터 5년 이내에 해당 건물을 양도하는 경우로서 감정가액 또는 환산취득가액을 그 취득가액으로 하는 경우에는 해당 건물의 감정가액(증축의 경우 증축한 부분에 한정한다) 또는 환산취득가액(증축의 경우 증축한 부분에 한정한다)의 100분의 5에 해당하는 금액을 제93조 제2호에 따른 양도소득 결정세액에 더한다.

② 제1항은 제93조 제1호*에 따른 양도소득 산출세액이 없는 경우에도 적용한다.

*제92조 제2항에 따른 양도소득 과세표준에 제104조에 따른 세율을 적용해 양도소득산출세액을 계산한다.

3. 양도세 필요경비

양도세 필요경비는 취득가액 외의 취득 및 양도 시 필수적으로 발생하는 비용을 말한다. 이 부분에서 다양한 쟁점이 발생하므로 주의해야 한다.

구분	일반취득	상속·증여 취득
원칙	실제 지출한 비용	좌동*
예외	취득가액을 환산하거나 기준시가로 정하는 경우** : 개산공제(취득 시 기준시가의 3% 등)	

* 상속·증여 당시의 기준시가는 상증법상 시가에 해당하므로 실제 지출한 비용을 필요경비로 한다.
** 취득가액을 환산하는 경우에는 실제 지출된 비용을 인정받지 못한다. 한편 부담부 증여 시 양도가액이 기준시가로 되면 취득가액도 기준시가로 되는데, 이때에도 개산공제가 적용된다.

⏩ 참고로 계약서 등의 분실이유로 취득가액을 알 수 없는 경우 취득가액을 환산하게 되는데, 이때 환산취득가액이 실제 지출한 필요경비보다 작을 수 있다. 이에 세법은 환산취득가액 대신 실제 들어간 비용을 취득가액으로 할 수 있도록 하고 있다.

※ 실제 지출되었지만, 필요경비로 인정되는 것들과 안 되는 것들

☑ 인정되는 것들 : 취득세, 수수료(법무사/중개사 등), 거실 확장비(창틀 포함), 상하수도 배관공사비, 소유권 확보를 위한 소송비용 및 화해비용, 경매 유치 시 유치권 변제금액, 토지 개량을 위한 철거비용, 묘지 이장비, 학교용지확보 부담금 등

☑ 인정되지 않는 것들 : 벽지와 장판 교체비용, 방수공사비, 외벽 도색비용, 보일러 수리비용, 냉장고 구매비, 위약금, 대출이자 및 연

체이자, 임차인 퇴거 보상비용, 경매 취득 시 세입자 명도비용, 재산세 등

참고로 지출은 되었으나 지출영수증이 없는 경우에는 계약서와 송금영수증 등을 제출하면 필요경비로 인정받을 수 있다.

4. 장기보유특별공제 적용법

장기보유특별공제는 부동산을 장기간 보유한 경우 양도차익의 일부를 양도차익에서 공제하는 제도를 말한다.

1) 공제대상 자산

부동산(토지와 건물)으로 다음과 같은 자산은 제외한다.

- 3년 미만 보유한 부동산
- 미등기 부동산
- 양도세 중과대상 주택(토지는 제외) 등

≫ 입주권은 부동산을 보유한 기간(관리처분인가일 전)에 대해서만 이 공제가 적용된다.

2) 장기보유특별공제율

소법에서는 다음 두 가지 유형으로 구분하고 있다.

〈표 1〉

보유기간	공제율	보유기간	공제율
3년 이상 4년 미만	6%	10년 이상 11년 미만	20%
4년 이상 5년 미만	8%	11년 이상 12년 미만	22%
5년 이상 6년 미만	10%	12년 이상 13년 미만	24%
6년 이상 7년 미만	12%	13년 이상 14년 미만	26%
7년 이상 8년 미만	14%	14년 이상 15년 미만	28%
8년 이상 9년 미만	16%	15년 이상	30%
9년 이상 10년 미만	18%		

〈표 2〉

보유기간	공제율	거주기간	공제율
3년 이상 4년 미만	12%	2년 이상 3년 미만 (보유기간 3년 이상에 한정함)	8%
		3년 이상 4년 미만	12%
4년 이상 5년 미만	16%	4년 이상 5년 미만	16%
5년 이상 6년 미만	20%	5년 이상 6년 미만	20%
6년 이상 7년 미만	24%	6년 이상 7년 미만	24%
7년 이상 8년 미만	28%	7년 이상 8년 미만	28%
8년 이상 9년 미만	32%	8년 이상 9년 미만	32%
9년 이상 10년 미만	36%	9년 이상 10년 미만	36%
10년 이상	40%	10년 이상	40%

위의 표 2는 1세대 1주택 중 비과세에서 제외되는 고가주택에 적용되는 것으로 보유기간과 거주기간을 조합해 최대 80%까지 적용한다.

≫ 위의 공제율은 소법 제95조 제2항에서 규정하고 있는 것으로 이와는 별도로 조특법에서 규정된 것들이 있다.

- 2018년 3월 31일 이전 단기임대 등록사업자 : 앞의 6~30%+6년 이상하면 1년간 2%씩 추가공제(최대 40%)
- 8년 이상 장기임대 등록사업자 : 50~70% 공제

3) 장기보유특별공제 적용을 위한 보유기간

이 공제는 원칙적으로 해당 부동산의 보유기간에 따라 공제한다. 이때 자산의 보유기간은 그 자산의 취득일부터 양도일까지로 한다. 다만, 제97조의 2 제1항*의 경우에는 증여한 배우자 또는 직계존비속이 해당 자산을 취득한 날부터 기산(起算)한다.

* 배우자나 직계존비속에 증여받은 후 해당 자산을 10년(2022년 이전 증여분은 5년) 이내에 양도해 이월 과세가 적용되는 경우를 말한다.

※ 소득세 집행기준 95-0-1 [장기보유특별공제를 위한 보유기간 계산 기준일]

취득유형		기준일
상속받은 부동산		상속 개시일
증여받은 부동산		증여등기일
재산분할 부동산		이혼 전 배우자의 취득한 날
이월과세 대상 부동산		당초 증여자가 취득한 날
부당행위계산 대상 부동산		당초 증여자가 취득한 날
도시 및 주거환경정비법에 따른 재개발·재건축	원조합원	종전주택을 취득한 날
	승계조합원	신축완성주택의 취득시기 (사용승인서 교부일 등)

▶▶ 임의 재건축에 대해서는 6장의 '실력 더하기'에서 다룬다.

5. 양도세 세율구조

1) 원칙

현행 양도세 세율은 다음과 같은 구조로 되어 있다.

구분		세율*
토지·건물, 부동산에 관한 권리	1년 미만 보유	50%(주택·입주권·주택분양권은 70%)
	1~2년 미만 보유	40%(주택·입주권·주택분양권은 60%)
	2년 이상 보유	6~45%(주택분양권은 60%)
	중과세(주택)	6~45%+20~30%P
	중과세(비사업용 토지)	6~45%+10%P
	미등기전매	70%

* 2024년 중에 세율이 변경될 가능성이 있다.

※ 누진세율(6~45%) 구조

과세표준 구간	일반세율	중과세율	누진공제*
1,400만 원 이하	6%	16~26%	–
1,400~5,000만 원 이하	15%	25~35%	126만 원
5,000~8,800만 원 이하	24%	34~44%	576만 원
8,800~1.5억 원 이하	35%	45~55%	1,544만 원
1.5~3억 원 이하	38%	48~58%	1,994만 원
3~5억 원 이하	40%	50~60%	2,594만 원
5~10억 원 이하	42%	52~62%	3,594만 원
10억 원 초과	45%	55~65%	6,594만 원

* 누진공제 적용법
• 과세표준이 1억 원인 경우 : 1억 원×35%(45%)−1,544만 원(누진공제)=1,956만 원(2,956만 원)

※ 중과세율 적용법

중과대상 주택이나 비사업용 토지의 경우 중과세율은 다음과 같이
적용한다. 참고로 중과세를 적용하기 위해서는 이에 관한 판단이 선행

되어야 한다.

- 보유기간 1년 미만 : Max[단기양도세율, 중과세율]
- 보유기간 1~2년 미만 : Max[단기양도세율, 중과세율]
- 보유기간 2년 이상 : 중과세율

2) 세율적용례

① 하나의 자산에 둘 이상의 세율이 적용되는 경우

둘 이상의 세율을 각각 적용해 계산한 양도소득 산출세액 중 많은 것을 그 세액으로 한다. 예를 들어 중과세 대상 토지를 취득 후 6개월 이내에 양도하는 경우 50%와 6~45%+10%P로 각각 계산한 후에 그중 많은 세액을 산출세액으로 한다는 것이다.

② 한 해에 2회 이상의 양도가 있는 경우

다음 1과 2에 의해 계산한 양도소득 산출세액 중 많은 것을 그 세액으로 한다.

1. 해당 과세기간의 양도소득 과세표준 합계액에 대해 6~45%를 적용해 계산한 양도소득 산출세액
2. 자산별 양도소득 산출세액 합계액

예를 들어 1회 양도분이 50%의 세율이 적용되고, 2회 양도분이 6~45%가 적용된다면, 이 둘의 과세표준을 합계한 후에 6~45%를 적용한 것과 각각 계산한 것 중 높은 세액을 산출세액으로 한다는 것이다.

| 사례 |

비사업용 토지는 보유기간이 2년 미만이면 50%(40%)와 16~55% 중 높은 세율을 적용한다. 다음의 예로 이를 확인해보자. 참고로 중과대상 주택에 대해서도 이와 같은 원리가 적용된다.

과세표준	50%	40%	16~55%
1억 원	5,000만 원	4,000만 원	2,946만 원
3억 원	1억 5,000만 원	1억 2,000만 원	1억 2,406만 원*

* 3억 원×48%-1,994만 원(누진공제)=1억 2,406만 원

☀️Tip 소득과 재산을 분산하면 세금이 떨어지는 세금들

부동산 거래단계별로 다음과 같이 세율이 적용되며, 임대와 양도 그리고 상속·증여 단계에서 소득 또는 재산을 분산하면 절세효과가 발생한다.

구분	취득	보유	임대	양도	상속·증여
세율	취득세 : 1~12% 등	· 재산세 : 0.15~0.5% · 종부세 : 0.5~5.0%	6~45%	6~45%, 40%·50% 등	10~50%
결과	X	○	○	○ (단, 6~45%만 효과 있음.)	○
이유	단일세율	누진세율 (단, 재산세는 대물과세로 효과 미미함.)	누진세율	누진세율	누진세율

양도세는 보유기간에 따라 다양한 제도들이 운용되고 있다. 따라서 수익률을 올리기 위해서는 보유기간에 따른 세금 제도에는 어떤 것들이 있는지 따로 정리할 필요가 있다.

1. 보유기간의 세제 적용

☑ 비과세 요건 중 2년 보유기간을 산정할 때

☑ 장기보유특별공제를 적용할 때

☑ 보유기간에 따른 세율을 정할 때 등

2. 취득 및 양도시기

부동산의 취득시기와 양도시기를 정리하면 다음과 같다. 유상 거래에 의한 취득 또는 양도시기는 원칙적으로 잔금청산일로 하나 예외적으로 등기접수일이 될 수 있음을 확인하기 바란다.

유형		내용
유상취득·양도	원칙	대금을 청산한 날(매매계약서상의 잔금 약정일이 아닌 실제 잔금을 지급한 날임)
	예외	· 대금청산일이 분명하지 않은 경우 : 등기접수일 · 대금청산 전 소유권 이전 등기한 경우 : 등기접수일 · 장기할부(1년 이상에 거쳐 2회 이상 분할) : 등기접수일·인도일·사용일 중 빠른 날
자가 건설한 건축물*		사용검사필증교부일·사용일·사용승인일 중 빠른 날(재건축 승계조합원의 취득시기)
상속 또는 증여에 의한 취득		상속 : 상속이 개시된 날 증여 : 증여받은 날

유형	내용
미완성 자산	대금청산 전까지 미완성의 경우는 완성된 날(분양아파트의 경우 보통은 잔금청산일이 취득시기이나 대금청산 전에 완성되지 못하면 완성된 날이 취득시기가 된다)
1984년 12월 31일 이전에 취득	토지·건물에 대해서는 1985년 1월 1일에 취득 간주(따라서 취득시기가 오래된 부동산에 대해서는 취득시기에 주의해야 한다)

＊ 신축한 경우를 말한다.

| 사례 |

A 씨는 최근 1세대 1주택을 다음과 같이 양도했다. 다음 물음에 답하면?

• 계약금 : 1,700만 원
• 중도금 : 2억 8,000만 원
• 잔금 : 300만 원

Q1 중도금을 받은 날이 3년째가 되는 날이라면 비과세를 받을 수 있는가?
Q2 잔금을 받은 날이 2년째가 되는 날이라면 비과세를 받을 수 있는가?
Q3 앞의 주택이 상속받은 주택에 해당한다. 이 경우 비과세는 어떤 식으로 적용되는가?

앞의 물음에 대해 답변을 순차적으로 해보자.

• **Q1** 의 경우

받을 수 있다. 1세대 1주택자는 보유한 기간이 2년 이상이면 비과세를 적용하기 때문이다. 이 물음의 경우 중도금을 받은 날에 이미 2년을 지났으므로 비과세를 받을 수 있다.

• Q2 의 경우

잔금청산일이 2년째가 되므로 비과세 기간을 채운 것으로 볼 수 있다. 하지만 잔금의 크기가 문제가 된다. 300만 원은 전체 거래금액의 1%에 불과하기 때문이다. 과세관청은 이러한 상황에서는 중도금을 받을 때 이미 잔금이 청산되었다고 보게 된다. 따라서 매매 잔금은 총거래금액의 10% 이상이 되도록 하는 것이 좋다.

• Q3 의 경우

동일 세대원상태에서 상속받으면 보유기간 등을 통산해 비과세 여부를 판단한다. 다음 집행기준을 참조하자.

※ 소득세 집행기준 89-154-21 [상속·증여·이혼으로 취득한 주택의 보유기간 계산]

취득 구분		보유 및 거주기간 계산
상속	같은 세대원 간 상속인 경우	같은 세대원으로서 피상속인의 보유 및 거주기간과 상속인의 보유 및 거주기간 통산
	같은 세대원 간 상속이 아닌 경우	상속이 개시된 날부터 양도한 날까지 계산
증여	같은 세대원 간 증여인 경우	같은 세대원으로서 증여자의 보유 및 거주기간과 증여 후 수증인의 보유 및 거주기간 통산
	같은 세대원 간 증여가 아닌 경우	증여받은 날부터 양도한 날까지 계산
이혼	재산분할로 취득(민법 §839의 2)	재산분할 전 배우자가 해당 주택을 취득한 날부터 양도한 날까지 보유 및 거주기간 통산
	위자료로 취득	소유권이전등기접수일부터 양도한 날까지 계산

3. 보유기간에 따라 달라지는 세금 제도들

정부는 부동산 보유기간을 조절해서 여러 가지 정책효과를 달성하고 자 노력한다. 예를 들어 1세대 1주택 비과세 보유기간을 단축해 거래 활성화를 유도하거나 이와 반대로 이 기간을 늘려 투기를 예방하기도 한다. 보유기간과 관련된 주요 제도들을 소개하면 다음과 같다.

1) 1년 미만

보유기간이 1년 미만이면 양도세 세율이 70% 등으로 껑충 뛰게 된다.

- 주택·입주권·분양권인 경우 → 70%
- 토지·업무용 오피스텔 경우 등 → 50%

 K 씨가 완성주택에 대한 잔금청산 후 1년 이내에 양도하면 양도세 세율은?

70%가 적용된다. 잔금을 치르면 분양권에서 주택(부동산)으로 바뀌게 되고 주택을 1년 이내에 양도하는 것에 해당하기 때문이다.

2) 1년 이상~2년 미만

보유기간이 1년 이상 2년 미만이면 양도세 세율이 60% 등으로 여전 히 높다.

- 주택·입주권·분양권인 경우 → 60%
- 토지·업무용 오피스텔 경우 등 → 40%

3) 2년 이상 ~3년 미만

먼저 보유기간이 2년 이상인 주택은 비과세를 받을 수 있다. 한편 양 도세가 과세될 때는 유리한 세율인 누진세율(6~45%)을 적용받을 수 있다. 앞의 70%와 60%를 누진세율과 비교하면 다음과 같은 세금 차이가 있다. 다른 상황은 무시한다.

과세표준	70%	60%	6~45%
1억 원	7,000만 원	6,000만 원	1,956만 원

이 외 '2년'은 비거주자가 비과세를 받기 위해 국내의 주택을 처분하는 기한이 되며, 사업용 토지의 기간요건(3년 중 2년)에 해당하기도 한다.

4) 3년 또는 4년 이상

3년 이상을 보유하게 되면 장기보유특별공제를 받을 수 있는 자격을 갖추게 된다. 상속 농지의 경우 상속 개시일로부터 3년이 지나면 1년 이상 계속해서 자경해야 피상속인(사망자)의 자경 기간을 승계받을 수 있다. 한편 농지의 경우 대토 감면받을 때 종전 농지의 자경 기간이 4년 이상이 되어야 한다.

5) 5년 이상

부동산에 있어서 '5년'은 상당히 중요한 기간이 될 수 있다.

☑ 양도세 100% 감면 혜택 기간 → 양도세 감면주택은 취득일(잔금청산일)로부터 5년 내 양도 시 100% 감면함(5년 후 양도 시는 5년간 발생한 소득만 감면함).

☑ 주택임대사업자의 의무임대 기간 → 주택임대사업자가 취득세를 감면받거나 주택임대사업자의 거주주택에 대한 양도세 비과세를 적용받으면 5년* 이상 의무임대를 해야 함.
   * 2020년 8월 18일 이후 등록분은 10년 이상

☑ 배우자/직계존비속의 이월과세 적용 기간 → 배우자 등으로부터

증여받은 후 5년 이내에 양도 시에는 취득가액 이월과세가 적용됨. 단, 2023년 이후 증여분부터는 10년으로 연장되었음.

6) 8년 이상

자경농지 감면을 받을 때 8년 이상 재촌·자경을 해야 감면이 된다.

7) 10년 이상

10년 이상은 장기보유 특별공제액이 늘어나는 효과가 있다.

- 원칙 : 3년 이상 보유 시 최소 6%~15년 이상 보유 시 최고 30%를 공제함.
- 예외 : 법에서 정하고 있는 사유(1세대 1주택으로서 고가주택 등)에 해당하는 경우에는 최저 12%(3년)~최고 80%(10년 이상)를 공제함.

≫ 이상과 같이 부동산과 관련된 세제는 보유기간에 따라 그 내용이 달라지므로 보유 시기를 잘 관리하는 것이 절세의 기본이 된다.

☀️Tip 거주기간이 세제에 적용되는 경우

☑ 비과세 요건 중 2년 거주요건(2017년 8월 3일 이후 조정지역 취득분에 한함)
☑ 장기보유특별공제 거주기간 특례(40%) : 취득일~양도일 중 실제 거주한 기간

≫ 도정법상의 재건축 등은 공사 전과 공사 후의 거주기간을 통산(단, 청산금 양도차익은 사용승인일 이후 실제 거주한 기간으로 산정함. 노후화에 의한 임의 재건축은 6장에서 분석하고자 함).

제3장

주택 수 산정과
1세대 1주택 비과세 적용법

주택의 개념이
중요한 이유

주택에 대한 세제는 생각보다 복잡하다. 비과세·중과세·감면제도 등이 동시에 적용되다 보니 이를 정확히 이해하는 것이 힘들기 때문이다. 이 외에도 알게 모르게 복잡한 것들이 한둘이 아니다. 그래서 주택에 대한 세제는 기초부터 확실히 다질 필요가 있다. 먼저 주택에 대한 개념부터 파악해보자.

Case

세법에서는 세목별로 주택에 대한 개념을 정의하고 있다. 다음 물음에 답하면?

Q1 지법에서는 주택의 개념을 어떤 식으로 정하고 있는가?

지법상 주택 관련 세목은 크게 취득세와 재산세가 있다. 그렇다면 이들 세목에서는 주택에 대한 개념을 어떻게 정의하고 있을까?

① 취득세

지법 제11조에서 주택에게 적용되는 세율(1~3%)은 주택법 제2조 제1호의 주택*을 대상으로 하고 있다.

* '주택'이란 세대(世帶)의 구성원이 장기간 독립된 주거생활을 할 수 있는 구조로 된 건축물의 전부 또

는 일부와 그 부속 토지를 말하며, 단독주택과 공동주택으로 구분한다.

>> 따라서 오피스텔은 주택법상 주택이 아니므로 4%의 취득세율이 적용된다.

② 재산세

지법 제104조에서는 재산세에서의 주택이란 주택법 제2조 제1호에 따른 주택으로 정의하고 있다. 이는 앞의 취득세와 같다.

>> 오피스텔은 주택법상 주택이 아니므로 주택으로 재산세가 과세되지 않아야 하는데, 납세자가 이를 주택으로 신고하면 주택으로 보아 재산세가 과세되고 있다. 법의 내용과 세무행정이 일치되지 않는 관계로 이에 대한 조치가 필요해 보인다.

Q2 국세법에서는 주택의 개념을 어떤 식으로 정하고 있는가?

국세법상 주택 관련 세목은 크게 종부세와 양도세가 있다. 그렇다면 이들 세목에서는 주택에 대한 개념을 어떻게 정의하고 있을까?

① 종부세

종부세법 제2조에서 종부세를 적용하기 위한 주택은 지법 제104조 제3호에 의한 주택을 말한다고 하고 있다. 이의 범위는 재산세와 같이 주택법상의 주택을 말한다.

>> 종부세는 재산세와 연동되어 있음을 알 수 있다.

② 양도세

소법 제88조 제7호에서는 양도세 과세를 위해 주택에 대한 정의를 다음처럼 하고 있다.

7. '주택'이란 허가 여부나 공부(公簿)상의 용도 구분과 관계없이 사실상 주거용으로 사용하는 건물을 말한다. 이 경우 그 용도가 분명하지 아니하면 공부상의 용도에 따른다.

≫ 소법상의 주택의 개념은 앞의 취득세, 재산세, 종부세와 다른 식으로 정의하고 있다.

Q3 이 둘은 어떤 차이가 있는가?

지방세는 형식을 강조하나 국세는 실질을 강조하고 있다. 참고로 주택을 몇 채 보유하고 있는지의 여부는 취득세와 종부세, 양도세 등에서 매우 중요한 역할을 한다. 따라서 무허가주택이나 주택 부수토지 등을 보유하고 있는 경우에는 각 세목별로 주택 수 판정을 어떻게 하는지 특별히 관심을 두기 바란다.

Consulting

주택의 개념에 대해 각 세목은 어떤 식으로 정의하고 있는지 정리해 보자.

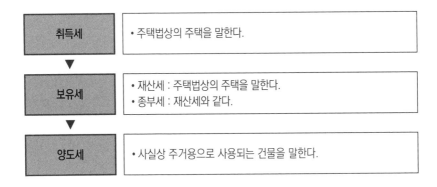

취득세	• 주택법상의 주택을 말한다.
보유세	• 재산세 : 주택법상의 주택을 말한다. • 종부세 : 재산세와 같다.
양도세	• 사실상 주거용으로 사용되는 건물을 말한다.

※ 소법상 주택의 개념 관련 세법개정안

2024년부터 소법상 주택에 대한 개념이 다음과 같이 개정될 예정이다.

현행	개정안
□ 양도세에서의 **'주택'** 개념	□ **'주택'** 개념 구체화 (시설 구조상 특성 반영)
○ 허가 여부나 공부상 용도 구분과 관계없이 **사실상 주거용으로 사용하는 건물**	○ (좌동)
〈추가〉	- '**세대원**이 **독립된 주거생활**을 할 수 있는 **구조***로 된 **건물**' * 출입구, 취사 시설, 욕실이 세대별 별도 설치

➤ 이 개정안은 주택 여부에 대한 판단기준을 구체화함으로써 납세자·과세관청 간 혼선을 줄이기 위한 취지가 있다. 다만, 이 개정안이 확정되더라도 주택 수 판정이나 세 부담 등에는 영향을 주지 않을 것으로 보인다.

| 실전연습 |

K 씨는 거주하고 있는 주택 외에 다음과 같은 부동산을 보유하고 있다. 물음에 답하면?

구분	용도	비고
① 오피스텔	주거용	2021년에 취득
② 다가구주택	숙박용 (재산세는 일반 건물로 과세하고 있음)	2018년에 취득
③ 주택분양권	–	2022년에 취득 (비조정지역 소재)

Q1 주택분양권이 완성되면 취득세는 어떻게 적용될까?

주택분양권이 주택으로 완성되면 주택에 대한 취득세를 내야 한다. 이때 취득세율은 원칙적으로 1~3%가 적용되나, 분양권 취득일* 현재 주택 수와 신규주택의 조정지역 소재 여부 등에 따라 8~12%의 중과세율이 적용될 수 있다. 사례의 경우에는 거주용 주택과 주거용 오피스텔이 있는 상태에서 분양권이 계약이 이루어졌으므로 분양권에 의한 주택은 3주택에 대한 중과세율(비조정지역 8%)이 적용될 가능성이 있다.

* 분양권 당첨계약일을 말한다.

≫ 다가구주택은 외관상 주택에 해당하나 이를 사업용(숙박용)으로 사용되고 있음이 입증되면 주택 수에서 제외된다.

Q2 종부세는 일반세율이 적용될까? 중과세율이 적용될까?

종부세는 한 개인이 3주택 이상 소유하는 경우로서 과세표준이 12억 원을 초과하면 2~5%의 중과세율이 적용되고, 그 외는 0.5~2.7%의 세율이 적용된다. 따라서 사례의 경우 거주용 주택과 오피스텔 정도만 주택에 해당해서 일반세율이 적용된다.

≫ 주거용 오피스텔에 대해 종부세가 과세되기 위해서는 재산세가 주택분으로 과세되어야 한다.

Q3 앞의 상황에서 거주하고 있는 주택을 양도하면 비과세를 받을 수 있을까?

비과세가 성립하지 않을 가능성이 크다. 2020년 이후에 취득한 주택분양권도 주택 수에 포함되어 현재 다가구주택을 제외하면 3주택을 보유하고 있기 때문이다. 이러한 상황에서는 주택 수를 조절해야 비과세를 받을 수 있다.

구분	취득세	재산세	종부세	양도세
주택의 개념	주택법상의 주택	주택법상의 주택	주택법상의 주택	상시 주거용 건물
주택 수 포함 여부*	위 주택+주거용 오피스텔, 입주권, 주택분양권	위 주택	위 주택	위 주택+주거용 오피스텔, 입주권, 주택분양권

* 다른 주택에 대한 취득세와 양도세 강화를 위해 세법상 주택의 개념에는 부합하지 않으나, 주택 수에 포함해 과세방식을 판단하고 있다. 혼동하지 않기를 바란다.

소득세법상
주택의 개념

앞에서 보았듯이 취득세와 보유세는 주택의 개념이 주택법과 연계되어 그에 관한 판단이 그렇게 어렵지 않다. 하지만 양도세는 이와 무관하게 실질 용도로 주택 여부를 판단하다 보니 다양한 쟁점이 발생한다.

K 씨는 세무회계사무소의 실장으로 현재 양도세 공부를 하고 있었다. 그는 소법 제88조 제7호에서 정의하고 있는 주택에 대한 개념이 궁금하다. 이를 세부적으로 알아보면?

7. '주택'이란 허가 여부나 공부(公簿)상의 용도 구분과 관계없이 사실상 주거용으로 사용하는 건물을 말한다. 이 경우 그 용도가 분명하지 아니하면 공부상의 용도에 따른다.

앞의 물음에 맞춰 앞의 내용을 좀 더 명확히 이해해보자.

첫째, 주택은 허가 여부나 공부상의 용도 구분과 관계없이 판단한다.

소법은 실질 용도에 따라 주택 여부를 판단하므로 건축물대장 등의 용도 구분과 별개로 세제를 적용하겠다는 것을 의미한다. 예를 들어 상가를 개조해 주거용으로 사용하고 있다면, 이는 주택으로 보아 세제를 적용한다는 것이다.

둘째, 소법상 주택은 사실상 주거용으로 사용하는 건물을 말한다.

주거는 사람이 일정한 장소에서 생활하는 것을 말한다. 따라서 주거용으로 사용하는 건물은 그곳에서 상시적으로 생활하는 근거지가 된다고 할 수 있다. 이러한 건물에는 대표적으로 주택이 있다.

≫ 앞에서 '사용하는'의 의미는 '양도일* 현재'를 기준으로 용도를 판정하는 것이 아님에 주의해야 한다. 주택을 일시적으로 다른 용도로 사용하더라도 주택으로 취급하는 것이 현행 소법의 태도이기 때문이다. 상당히 중요한 개념이다. 뒤에서 자세히 살펴본다.

* 일반적으로 잔금청산일과 등기접수일 중 빠른 날을 말한다. 중요한 개념이다.

셋째, 용도가 분명하지 않으면 공부상의 용도에 따른다.

실무에서 건물의 용도가 주거용인지, 아닌지 이를 구분하는 것이 힘들 수가 있다. 이때에는 공부상의 용도에 따라 주택 여부를 판단한다.

≫ 예를 들어 분양받은 오피스텔이 처음부터 공실 상태에 있다면 용도가 불분명한 상황에 해당해 이때에는 업무용 시설로 보는 것이 합리적이다. 하지만 임대한 후에 공실 상태이면서 그 구조 등이 주거용에 적합하면 주택으로 보는 것이 합리적이다.

※ 소득세 집행기준 89-154-13 [공실인 오피스텔의 주택 여부]

주택 양도일 현재 공실로 보유하는 오피스텔의 경우 내부시설 및 구조 등을 주거용으로 사용할 수 있도록 변경하지 아니하고 건축법상의 업무용으로 사용 승인된 형태를 유지하고 있는 경우에는 주택으로 보지 않으며, 내부시설 및 구조 등을 주거용으로 변경하여 항상 주거용으로 사용 가능한 경우에는 주택으로 본다.

Consulting

소법상 주택의 개념과 관련해 발생하는 세무상 쟁점 등을 정리해보자.

주택 판정 시점	• 주택인지, 아닌지의 판단 시점은 원칙적으로 양도일 현재다. • 따라서 양도 전에 멸실되거나 용도가 변경(건축법상)된 경우에는 주택으로 보지 않는다(건물의 속성이 변했기 때문).

주택을 일시적으로 다른 용도로 사용하는 경우*	• 주택을 일시적으로 다른 용도로 사용하는 경우에는 그 구조 등이 주거에 적합하면 주택에 해당한다(건물의 속성은 주택으로 변함이 없음). • 주택을 일시적으로 놀이방, 사무실 등으로 사용한 경우에 주택으로 볼 가능성이 크다.

용도가 불분명한 경우	• 주거용인지, 아닌지 용도가 불분명한 경우에는 공부상의 용도로 물건을 판정한다. • 용도가 불분명한 경우란 용도를 확인할 수 없는 경우를 말한다.

* 건축법상 용도로 변경하는 것이 아니라, 주택을 일시적으로 다른 용도로 사용하는 경우에는 주택으로 보고 세무상 쟁점을 검토하는 것이 좋다(보수적 관점).

| 실전연습 |

서울에 사는 B 씨는 1세대 2주택을 보유하고 있다. 그런데 이 중 한 채는 수년 전에 증여받은 시골집으로 아무도 살고 있지 않으며, 워낙 허름해서 주택이라고 생각하지 못할 정도의 상태에 있다. 이 경우 도시에 있는 주택을 팔고 새

로운 집으로 이사를 하고 싶은데 어떻게 해야 비과세를 받을 수 있는가?

앞에서 핵심은 바로 시골집이 세법상 주택에 해당하는지의 여부다.

Step 1. 세법상 주택의 개념은?

1세대 1주택 비과세 규정에서 '주택'이란 공부상 용도 구분과 관계없이 사실상 주거용으로 사용하는 건물을 말한다. 따라서 미등기주택이나 무허가주택 또는 오피스텔도 건축물대장의 등재 여부임에도 불구하고 사실상 주거용으로 사용하는 건물은 주택으로 본다.

Step 2. 장기간 방치된 시골집도 세법상 주택인가?

장기간 공가 상태로 버려둔 건물이 건축법상 건축물로 볼 수 없을 정도로 폐가가 된 경우에는 주택으로(기둥이 무너지고 없는 상태 등) 보지 아니한다. 즉 주택이 공가 상태로 있다고 하더라도 주택으로 사용 가능한 경우에는 주택 수에 포함해 양도한 주택에 대해 1세대 1주택 비과세를 적용받을 수 없다.

※ 소득세 집행기준 89-154-7 [공가 상태 건물의 주택 해당 여부]

주택으로 사용하던 건물이 장기간 공가 상태로 방치된 경우에도 공부상의 용도가 주거용으로 등재되어 있으면 주택으로 보는 것이며 장기간 공가 상태로 버려둔 건물이 건축법에 따른 건축물로 볼 수 없을 정도로 폐가가 된 경우에는 주택으로 보지 아니한다.

Step 3. 어떻게 해야 하는가?

시골집이 거주용으로 사용할 수 없음을 입증할 수 있도록 사진을 찍어 둔다는지, 아니면 멸실을 시키도록 한다.

☑ 주택 여부는 양도일 현재를 기준*으로 판정한다.

> * 1세대 1주택 비과세의 규정을 적용하면서 주택 수의 계산 및 주택인지 아닌지는 '양도일 현재'의 현황으로 판정하는 것이며, 이 경우 '주택'이라 함은 공부상 용도 구분과 관계없이 사실상 상시 주거용으로 사용하는 건물을 말하는 것으로, 이에 해당하지 아니하는 건물을 양도하는 경우에는 1세대 1주택 비과세 규정을 적용받을 수 없는 것이다(기재부 재산-1322, 2022. 10. 21).

☑ 주택을 멸실시켜 나대지로 변경하거나, 주택구조를 상가구조로 용도변경*을 하면 주택에 해당하지 않는다.

> * 건축법 제19조(용도변경)
> ① 건축물의 용도변경은 변경하려는 용도의 건축기준에 맞게 해야 한다.

☑ 주택은 상시 주거용으로 사용되고 있거나 사용될 수 있는 구조로 되어 있는 건물을 말한다(취사도구, 욕실 등이 세대별로 설치). 따라서 주택을 일시적*으로 다른 용도(회사의 숙소, 별장 등)로 사용한 경우에는 원칙적으로 주택에 해당한다.

> * 소득세 집행기준 89-154-9 [주택을 일시적으로 다른 용도로 사용하고 있는 경우]
> 일시적으로 주거가 아닌 다른 용도로 사용되고 있다 하더라도 그 구조·기능이나 시설 등이 본래 주거용으로서 주거용에 적합한 상태에 있고 주거 기능이 그대로 유지·관리되고 있어 언제든지 주택으로 사용할 수 있는 건물은 주택으로 본다.

☑ 주택인지, 아닌지 구분이 모호한 경우에는 공부상의 용도에 따라 판단한다.

> * 별장은 기본적으로 '주거용 건축물'에 해당함을 전제로 하고 있으므로 주거용 건축물이 납세의무자의 사용 목적에 따라 단지 상시 주거용이 아닌 별장 용도로 사용된다는 점만으로 구소법 제88조 제7호, 제89조 제1항 제3호 가목의 주택에서 바로 제외된다고 할 수 없고, 주거용의 기능을 보유하여 언제든지 주거용으로 사용할 수 있는 상태의 건축물에 대하여는 주택에 해당한다고 보는 것이 타당함(양도, 서울고등법원-2021-누-67369, 2022. 7. 6, 국승, 진행 중).

주택을 비주거용으로 일시 사용한 경우 세무상 쟁점

주택의 양도세 비과세 요건 등을 정확히 판정하기 위해서는 앞에서 본 주택의 개념에 대해 잘 알아둬야 한다. 그런데 주택개념이 유동적으로 변한 경우가 많다. 대표적으로 주택을 회사의 숙소, 별장, 판매장, 사업장, 사무실 등으로 사용하는 경우가 이에 해당한다. 이에 관해 판단을 제대로 하지 못하면 당연히 세무상 위험이 올라간다.

Case

K 씨는 오피스텔을 구입해서 병원에 업무용으로 해서 임대하고 있다. 한편 그 병원은 해당 오피스텔을 간호사들의 숙소로 사용하고 있다. K 씨는 이의 취득 시 업무용으로 사업자등록을 하고 부가가치세 환급을 받았다. 물음에 답하면?

Q1 당초 환급받은 부가가치세는 반환해야 하는가?

상시 주거용 주택의 임대(사택)는 부가가치세가 면제되는 것이나, 사업을 위한 주거용(기숙사 등)은 부가가치세가 면제되지 아니한다. 따라서 사례의 경우에는 후자에 해당하므로 부가가치세를 반환할 필요가 없다.

Q2 임대 시 세금계산서를 발급하는 것은 세법에 맞는가?

오피스텔을 임차인이 직원기숙사 용도로 사용한다면 이는 주택이 아니므로 해당 오피스텔 임대용역은 부가가치세가 과세되는 것으로 세금계산서를 발행하는 것이 원칙이다(법규 부가 2012-306, 2012. 10. 15).

Q3 이 오피스텔 외에 다른 주택을 1세대 1주택으로 양도하면 비과세를 받을 수 있는가?

앞의 오피스텔이 주거용으로 인정되면 2주택자가 되어 다른 주택에 대한 비과세가 성립되지 않을 수 있다. 그렇다면 사례의 오피스텔은 양도세에서는 주거용에 해당할까?

일단 사례의 경우 업무용으로 하여 병원에 임대했고 병원은 기숙사로 이를 활용했으므로 업무용으로 사용된 것으로 보인다. 따라서 이 경우 주택 수에서 제외되어 비과세가 가능할 것으로 보인다. 단, 다음과 같은 심판례가 있음에 유의하자.

※ 조심 2010서521, 2010. 4. 20.

[제목]

아파트를 직원기숙사로 사용하였더라도 언제든지 본인이나 제삼자가 주택으로 사용할 수 있는 건물의 경우에는 주택으로 봄이 타당함(기각).

주택으로서의 본래의 기능이 유지·관리되고 있지 않고 내부에 취사시설이 없어 독립된 주거생활을 영위하기에 적합하지 않은 경우라면 업무용 시설로 판단되며, 이 상황에 해당하지 않는다면 주택으로 판단함.

Consulting

주택을 다른 용도로 일시 사용하면 세법은 이를 어떤 식으로 취급하는지 알아보자.

취득세	• 특별한 규정이 있는 경우를 제외하고는 해당 물건을 취득했을 때의 사실상의 현황에 따라 부과한다. 다만, 취득했을 때의 사실상 현황이 분명하지 아니한 경우에는 공부(公簿)상의 등재현황에 따라 부과한다. • 주택 수 산정 시 법에서 정한 가정어린이집 등은 제외된다.

▼

보유세	• 재산세 : 과세기준일(6/1) 현재 재산세과세대상에 주택으로 등재되면 주택분 재산세가 부과된다. • 종부세 : 재산세가 주택분으로 과세되면 종부세가 과세되는 것이 원칙이다.

▼

양도세	• 양도일 현재 주택 외 용도로 사용되더라도 구조나 기능 등이 주택에 해당하면 주택으로 본다. 주의가 필요하다.

※ 아파트를 회사에 임대한 경우의 부가가치세 과세 여부 및 양도 시 주택 해당 여부

구분	회사에 임대 시		개인에 임대 시
	숙소로 사용	상시 거주용으로 사용	
부가가치세 과세 여부	○ (과세)	X (면세)	X (면세)
양도 시 주택 여부	○*	○ (주택에 해당)	○ (주택에 해당)

* 양도세의 경우 일시용도로 보아 주택으로 볼 가능성이 크다. 아래 판례를 참조하기 바란다.

　1세대 1주택 판정 시의 '주택'이라 함은 건물 공부상의 용도 구분과 관계없이 실제 용도가 사실상 주거에 사용하는 건물인가에 따라 판단하는 것이며, 일시적으로 주거가 아닌 다른 용도(가정보육 시설인 놀이방)로 사용되고 있다고 하더라도 그 구조·기능이나 시설 등이 '본래' 주거용으로서 주거용에 적합한 상태에 있고, 주거 기능이 그대로 유지·관리되고 있어 언제든지 본인이나 제삼자가 주택으로 사용할 수 있고, 제삼자에게 양도해도 주거용 건물로 양도될 것이 예상되는 경우에는 주택으로 보아야 한다(대법원 2004두14960, 2005. 4. 28).

| 실전연습 |

1. 서울에 거주하고 있는 김용필 씨는 1세대 2주택자로 강원도 해안가에 아파트를 사서 별장처럼 사용하고 있다. 만일 서울에 있는 주택을 팔면 비과세를 받을 수 있을까?

아니다. 세법은 일시적으로 다른 용도로 사용되고 있더라도 그 구조·기능이나 시설 등이 본래 주거용으로 주거용에 적합한 상태에 있고, 주거 기능이 그대로 유지·관리되고 있어 언제든지 본인이나 제삼자가 주택으로 사용할 수 있는 건물의 경우에는 이를 주택으로 보기 때문이다. 따라서 이 경우 2주택자에 해당해 비과세를 받지 못할 가능성이 크다.

2. L 씨는 공부상 주택에 해당하나 이를 수년간 사무실로 사용했다. 이를 양도하고자 하는데 이 경우 해당 부동산은 주택인가, 아닌가?

이에 대해서는 다음 판례를 참조하기 바란다.

이 사건 부동산은 사무실 용도로 약 8년간 사용되면서, 주거용으로 사용하는 데 필요한 주방, 도시가스, 보일러 등이 폐쇄되는 등 양도 당시의 상태로는 주택으로 사용할 수 있다고 보기 어려워 소법상의 '주택'이라고 볼 수 없다(대법원 2018두36745, 2018. 5. 15).

☑ **펜션은 주택인가?**

보통 펜션은 숙박 시설로 활용되기 때문에 주택으로 볼 수 없는 게 원칙이다. 모텔이나 민박 등도 마찬가지다. 다만, 이런 시설에서 상시 거주를 하는 경우라면 주택으로 볼 수 있다.

※ **소득세 집행기준 89-154-20 [펜션의 주택 여부]**

펜션을 숙박용역 용도로만 제공하는 경우 주택에 해당하지 않으나 세대원이 해당 건물로 거소 등을 이전하여 주택으로 사용하는 경우에는 겸용주택으로 본다.

☑ **고시텔도 주택인가?**

고시원, 고시텔은 원칙적으로 주택이 아니다. 자세한 것은 다음 해석을 참조하자.

※ **부가-211, 2010. 2. 22.**

사업자가 제2종 근린생활시설에 해당하는 고시원(같은 건축물에 고시원의 용도로 쓰는 바닥면적의 합계가 1,000㎡ 미만의 것)을 상시 주거용이 아닌 사실상 숙박 또는 숙식을 제공하는 형태로 사용하게 할 때는 부가가치세가 과세하는 것(따라서 주택이 아님)이나, 귀 질의의 경우가 이에 해당하는지는 당해 건물의 객관적인 용도 및 실제 이용실태 등의 사실을 종합적으로 고려하여 판단할 사항임.

☑ **아파트 내 어린이집은 주택인가?**

아파트를 가정보육 시설인 어린이집으로 사용하고 있는 경우 이를 주택으로 본다. 주택으로 보는 논리는 그 구조가 주거에 적합한 시설을 갖추고 있으면서 전용 또는 주거 겸용으로 가정보육 시설을 운영하는 상황에 해당하여 언제든지 그 용도나 구조의 변경 없이 주거용으로 사용할 수 있으며, 또 제삼자에게 주택으로 양도할 수 있다고 보이는 점, 관계 법령에 따르면 가정보육 시설이 설치된 건축물은 건축법상 그 용도가 근린생활시설이나 복지시설이 아닌 주택으로 분류되는 점 등에 비추어 쟁점 아파트는 소법이 정하는 주택으로 보는 것이 타당하기 때문이다(조심 2014서3752, 2014. 12. 23).

≫ 단, 세법상 장기어린이집*에 해당하면 다른 주택의 비과세 판단 시 주택 수에서

제외해준다.

* 1세대가 거주주택 양도일 현재 장기어린이집을 소법 제168조에 따라 고유번호를 부여받고 장기어린이집을 운영하는 경우로서, 양도주택이 보유기간에 거주기간이 2년 이상인 거주주택이면 소령 제155조 제20항의 거주주택 특례를 적용해 1세대 1주택으로 보아 비과세 규정을 적용할 수 있는 것으로 판단된다(단, 양도가액 12억 원 초과분은 과세).

이때 장기가정어린이집의 요건은 다음과 같다.
- 1세대의 구성원이 영유아보육법 제13조 제1항에 따라 특별자치도지사·시장·군수·구청장(자치구의 구청장)의 인가를 받고, 소법 제168조에 따른 사업자등록을 한 후 5년 이상(의무사용 기간) 가정어린이집으로 사용하고, 가정어린이집으로 사용하지 아니하게 된 날부터 6월이 경과하지 아니한 주택
이 경우 장기가정어린이집의 운영 기간요건을 충족하기 전에 거주주택을 양도해도 해당 어린이집을 장기가정어린이집으로 보아 위 특례를 적용한다.

주택 수 산정이
중요한 이유

앞에서 잠깐 살펴보았지만, 현행 부동산 세제는 주택 수에도 크게 영향을 받고 있다. 구체적으로 1세대가 기본적으로 거주용으로 사용하는 1주택에 대해서는 세제를 약하게 적용하나, 2주택 이상에 대해서는 중과세를 적용하는 식으로 세제를 운영하고 있다. 이러한 주택 수를 산정할 때에는 입주권이나 분양권도 포함한다는 점에 유의해야 한다.

Case

K 씨는 다음과 같은 물건을 보유하고 있다. 물음에 답하면?

구분	내용	비고
단독주택	거주하고 있음.	
주택분양권	2022년에 취득함.	
오피스텔	임차인 전입신고를 하지 않음.	일반 건물로 재산세를 내고 있음.
상가겸용주택	주택의 전체면적 〉 상가의 전체면적인 상황	주택 부분은 다가구주택임.

Q1 주택분양권은 주택 수에 포함되는가? 취득세와 양도세의 관점에서 답을 하면(이하 동일)?

주택분양권은 세법상 주택에는 해당하지 않으나 다른 주택 등에 대한 과세를 강화하기 위해 다음과 같이 주택 수에 포함한다.

구분	취득세	양도세
주택분양권의 범위	주택법 등 8개의 법률에 따라 생성된 분양권	좌동(단, 일부 차이남)
주택 수에 포함되는 주택분양권	2020년 8월 12일 이후 취득분	2021년 1월 1일 이후 취득분
취득시기 또는 양도시기	청약 당첨 계약일 (전매 시는 잔금청산일)	당첨일(전매 시는 잔금청산일)

>> 참고로 주택 수에 포함되는 주택분양권은 주택법 등에 따라 생성된 권리로 세법에서 열거되지 않은 주택분양권은 주택 수에서 제외된다. 대표적으로 건축법에 따라 생성된 빌라 주택분양권은 주택 수에 포함되지 않는다. 이에 대한 자세한 내용은 저자의 《재건축·재개발 세무 가이드북》을 참조하기 바란다.

Q2 오피스텔은 주택 수에 포함되는가?

오피스텔은 취득세와 양도세에서 주택 수에 포함되는 기준이 다르다. 주의가 필요하다.

구분	취득세	양도세
주택 수에 포함되는 오피스텔	주택으로 과세하는 오피스텔 (재산세과세대장 등재)*	주택으로 사용되는 오피스텔 (실질 용도에 따름)
	2020년 8월 12일 이후 취득분	취득시기 불문

* 오피스텔에 대한 종부세 과세도 재산세 과세방식에 따라 달라진다.

주거용 오피스텔은 주택 수에 포함되는 것이 원칙이다. 그런데 해당 오피스텔의 시가표준액이 1억 원 이하도 그런가?

아니다. 1억 원 이하의 주택과 오피스텔, 부수토지는 주택 수에서 제외된다(지령 제28조의 4 참조).

Q3 상가겸용주택은 어떤 식으로 주택 수를 판단하는가?

상가겸용주택은 주택 부분이 다세대주택인지, 다가구주택인지 아닌지에 따라 주택 수 판단이 달라진다. 사례의 경우 다가구주택에 해당하므로 취득세와 양도세 모두 1채로 간주한다. 만일 다세대주택이라면 여러 채가 될 수 있다.

구분	다가구주택	다세대주택
취득세	주택 부분 1채	여러 채
양도세	주택 부분 1채*	여러 채

* 상가겸용주택의 전체 양도가액이 12억 원 이하인 경우로 주택의 연면적이 상가보다 넓은 경우 전체를 1주택으로 보아 1세대 1주택 비과세를 적용한다. 그 외는 상가와 주택은 구분해 양도세를 과세한다. 6장을 참조하기 바란다.

≫ 참고로 세법에서는 다가구주택에 대한 세제 혜택을 부여하기 위해서 각 호를 기준으로 다양한 제도를 두고 있는데, 이에 대해서도 6장에서 자세히 살펴본다.

Q4 앞의 K 씨는 주택 수가 몇 채인가?

앞의 내용을 종합하면 다음과 같다.

구분	취득세	양도세
총주택 수	3채	4채
비고	오피스텔은 일반 건물로 재산세를 과세하고 있음.	모두 주거용으로 사용되고 있음.

현행 주택에 대한 세제는 주택 수와 밀접한 관계가 있다. 세목별로 정리를 해보자.

취득세	• 1세대 단위로 주택 수를 산정한다. • 주택에 대한 취득세율은 원칙적으로 1~3%의 일반세율을 적용한다. • 1세대 2주택(일시적 2주택은 제외) 이상이면 8~12%의 중과세율이 적용될 수 있다(2024년 중 3주택 이상에 대해 4~6%로 완화 가능성 있음).
종부세	• 개인 단위로 주택 수를 산정한다(1세대 1주택의 특례 적용 시는 세대 단위). • 1세대 1주택 공동명의 주택은 단독주택(12억 원 기본공제 및 80% 세액공제)과 공동명의 주택(18억 원 기본공제) 과세방식 중 하나를 선택해 종부세를 낼 수 있다. • 개인별로 3주택 이상이며 과세표준이 12억 원 초과 시 2.0~5.0%의 중과세율이 적용된다.
양도세	• 1세대 단위로 주택 수를 산정한다. • 1세대 1주택(일시적 2주택, 상속·동거봉양·농어촌주택 특례 포함)은 비과세를 받을 수 있다(12억 원 초과하는 고가주택은 과세). • 1가구 2주택(일시적 2주택은 제외) 이상은 과세하며, 중과대상 주택은 6~45%+20~30%P로 과세한다.

 취득세와 양도세 과세에 있어서 주택 수에는 원칙적으로 주택분양권, 조합원 입주권, 오피스텔 등이 포함되므로 이의 판단 시 실수하지 않아야 한다.

| 실전연습 |

L 씨는 현재 10년 넘게 1주택을 보유 중이다. 그는 2024년에 분양을 받아 이사하고자 한다. 이 경우 어떤 식으로 계획을 짜야 세금 없이 이사할 수 있을까?

앞에서 보았지만 2021년 1월 1일 이후에 취득(당첨일, 전매 시는 잔금청산일)한 주택분양권은 주택 수에 포함된다. 따라서 이에 포함되면 다른 주택의 양도세 비과세나 중과세 등의 과세방식에 영향을 미치게 된다.

사례의 경우 분양권을 2024년에 취득한다면 이때 1주택이 주택 수에 추가되므로 2주택자가 된다. 따라서 종전주택에 대한 비과세를 받기 위해서는 분양권을 취득한 날로부터 3년 이내에 해당 주택을 양도해야 한다(일시적 2주택). 하지만 L 씨는 분양권이 주택으로 완성되기 전에 종전주택을 양도하면 거주할 공간이 없어지므로 세법은 주택이 완성된 날로부터 3년 이내에 종전주택을 양도하면 비과세를 적용하는 특례제도를 운용하고 있다(이때에는 완성된 주택으로 3년 이내에 이사하고 그곳에서 1년 이상 거주해야 하는 조건이 추가된다. 뒤에서 자세히 살펴본다).

 현재 1주택 보유 중에 2023년 12월 빌라분양권을 취득했으며, 잔금은 2024년 3월이면 1주택에 대한 양도세 비과세를 받기 위해서는 언제까지 팔아야 할까?

- 1안 : 2023년 12월로부터 3년 이내
- 2안 : 2024년 3월로부터 3년 이내

정답은 2안이다. 빌라분양권(전체 29세대 이하)은 건축법에 따라 생성된 것으로 주택 수에 포함되지 않기 때문이다. 세법상 주택 수에 포함되는 주택분양권은 주택법 등에 의해 생성된 것만 의미한다. 좀 어려운 개념에 해당할 수 있다.

주택 수를 어떤 식으로 파악하느냐는 과세대상 판단에 많은 영향을 준다. 주요 세목별로 이에 대해 알아보자.

☑ 취득세 → 주택 수는 세대 단위로 판정한다. 주택 수가 2주택 이상이면 중과세를 적용하는 것이 원칙이다(2020년 8월 12일 이후).

☑ 재산세 → 주택 수와 관계없이 소유자에게 과세한다.

☑ 종부세 → 주택 수는 개인 단위로 파악하고 소유자에게 과세한다(1세대 1주택을 단독명의로 보유 시에는 12억 원, 공동명의 시는 개인별로 9억 원, 즉 18억 원까지 과세하지 않는다). 한편, 개인별 주택 수가 3채 이상이고 과세표준이 12억 원 초과 시 중과세율이 적용된다.

☑ 임대소득세 → 주택 수는 부부 단위로 판정한다. 1주택 보유 시는 기준시가 12억 원 초과 시, 2주택 이상 보유 시는 과세대상이 되는 것이 원칙이다.

☑ 양도세 → 주택 수는 세대 단위로 판정한다. 1세대 1주택이면 비과세, 2주택 이상이면 과세하는 것이 원칙이다.

1세대 1주택 양도세 비과세(특례 포함) 총정리

주택의 양도세에 관한 세무상 쟁점은 대부분 비과세 판단과 관련이 있다. 비과세의 유형이 다양하고 이에 대한 요건이 매우 복잡하게 얽혀 있기 때문이다. 따라서 비과세제도를 제대로 이해하는 것이 급선무다.

이러한 내용은 일반인들뿐만 아니라 일반인들과 관계를 맺고 있는 공인중개사, 법무사 등은 물론이고, 신고를 대행하고 있는 세무회계사무소, 컨설팅하는 자산관리자나 기타 법률가들에게도 유용성이 있다.

K 씨는 주택 비과세제도를 정확하게 알고 싶어 한다. 물음에 답하면?

Q1 1세대 1주택에 대한 양도세 비과세 요건은 무엇인가?

주택에 대한 비과세 요건은 1세대, 1주택, 2년 보유, 2년 거주 등이 있다. 이러한 요건은 엄격히 해석해야 사후적으로 문제가 없다.

구분	원칙	예외
아래 요건 판단 시점	양도일(잔금, 등기) 기준	· 입주권 : 관리처분인가일· 철거일 중 빠른 날 · 상가 → 주택 용도변경 시 : 용도변경일
1. 1세대	거주자·배우자의 직계존비속 (그 배우자 포함)과 형제자매	일시퇴거자 포함
2. 1주택	1주택을 보유할 것	일시적 2주택 등 비과세 특례는 2주택 이상
3. 2년 이상 보유	취득일~양도일 기준	보유기간 특례(근무상 형편 등)
4. 2년 이상 거주	취득일~양도일 중 실제 거주한 날 (2017년 8월 3일 이후 조정지역 취득분에 한함) ≫ 주택임대사업자의 거주주택은 조정지역과 관계없이 전국적으로 2년 이상 거주(소령 제155조 제20항)	거주기간 특례(근무상 형편 등)
5. 고가주택이 아닐 것	실거래가액이 12억 원 이하일 것 (그 초과분은 과세함)	고가겸용주택(12억 원)은 상가 부분은 무조건 과세함.

* 취득일 당시 조정지역에 해당하면 그 이후 해제가 되더라도 2년 거주요건이 있음에 항상 유의해야 한다(2017년 8월 3일 이후부터 적용).

Q2 양도세 비과세는 1주택자에 적용하지만 2주택도 가능하다. 어떤 경우에 그러한가?

원래 1세대가 2주택 이상을 보유하면 비과세를 적용하지 않지만, 다음과 같은 사유가 발생하면 조건을 붙여 비과세를 적용한다. 이에 대한 자세한 내용은 순차적으로 살펴본다.

- 이사를 하는 과정에서 일시적으로 2주택이 된 경우
- 부득이한 사유(상속, 동거봉양, 혼인, 영농 등)에 의해 취득한 주택으로 2주택 이상이 된 경우
- 주택임대사업자로 임대 등록한 경우 등

Q3 비과세를 받기 위해서는 반드시 2년 보유 및 거주를 해야 하는가?

그렇지 않다. 보유 및 거주기간 관계없이 비과세가 적용될 때도 있다. 자세한 것은 잠시 뒤에 살펴보자.

Q4 양도세 비과세 판단은 '양도일 현재'를 기준으로 하는데 이는 어떤 의미가 있는가?

양도세는 부동산 등을 양도함에 따라 발생하는 세목에 해당한다. 따라서 자연스럽게 비과세나 과세 판단은 양도 시점(잔금, 등기접수일)에 하는 것이 타당하며, 이날을 기준으로 비과세 요건 등을 판단하고 있다.

Consulting

주택 비과세와 관련된 세무상 쟁점을 정리하면 다음과 같다.

1세대	• 세대개념, 세대분리, 세대합가와 관련해 다양한 세무상 쟁점이 발생한다. • 특히 세대합가로 인해 주택 수가 증가 시 비과세 판단에 유의해야 한다.
1주택 (일시적 2주택, 특례 포함)	• 세법상 주택 여부 판단에서 다양한 세무상 쟁점이 발생한다. • 세법상 주택 수 판단 시에 잦은 실수가 발생한다. • 상속주택 등 비과세 특례주택 판단 시 쟁점들이 많이 발생한다.
2년 보유 및 거주	• 2년 보유에서는 쟁점이 크게 발생하지 않는다. • 2년 거주는 2017년 8월 3일 이후 조정지역에서 취득한 것만 적용되므로 이를 구별할 수 있어야 한다. 한편 장기보유특별공제의 거주 기간요건과도 구별해야 한다.

» 1세대 1주택 비과세를 받을 때 2년 보유 및 거주기간을 적용받지 않는 경우가 있다. 다음 집행기준을 참조하자.

※ 소득세 집행기준 89-154-30 [보유 및 거주기간에 제한 없는 경우 일시적 2주택 적용 여부]

비과세유형	보유 및 거주요건	일시적 2주택 적용 여부
민간건설 임대주택·매입 임대주택(소령 §154①1)	임차일부터 양도일까지 5년 이상 거주	적용 가능
협의 매수·수용 주택 (소령 §154①2가)	보유 및 거주기간 제한 없음(사업인정고시일 전에 취득한 주택에 한함).	적용 가능
해외이주법에 따른 출국으로 주택 양도 (소령 §154①2나)	보유 및 거주기간 제한 없음(출국일부터 2년 이내에 양도하는 주택에 한함).	적용 배제*
취학·근무상 형편에 따른 출국으로 주택 양도 (소령 §154①2다)		
1년 이상 거주주택 (소령 §154①3)	1년 이상 거주(취학·근무 등 부득이한 사유로 양도하는 주택에 한함)	적용 가능
조정지역 공고 이전 계약체결 (소령 §154①5)	거주기간 제한 없음(2년 보유는 해야 함).	적용 가능

* 해외 출국의 경우에는 일시적 2주택 상태가 아닌 1주택만 보유해야 비과세가 적용된다.

| 실전연습 |

L 씨는 다음과 같이 2주택을 보유하고 있다. 물음에 답하면?

자료

A 주택 : 2015년 취득함(경기도 고양시 소재).
B 주택 : 2023년 9월 서울시 강남구에서 주택을 취득했음.

Q1 A 주택에서는 거주하지 않았다. 이 경우 비과세가 가능한가?

비과세를 받기 위해서는 원칙적으로 1세대 1주택 상태에서 2년 보유를 하면 된다. 다만, 2017년 8월 3일 이후에 조정지역 내에서 주택을 취득하는 경우에는 2년 거주를 해야 비과세를 적용한다.

≫ 사례의 A 주택은 이날 전에 취득한 것에 해당하므로 거주하지 않아도 비과세를 받을 수 있다.

Q2 A 주택을 일시적 2주택으로 비과세를 받기 위해서는 어떤 조건을 충족해야 하는가?

이 경우 다음과 같은 요건을 동시에 충족해야 한다.

구분	요건	비고
공통 요건	양도일 현재 1세대 2주택일 것.	1세대 3주택인 경우에도 예외적으로 비과세가 가능한 때도 있음.*
신규주택 요건	종전주택 취득일로부터 1년 이후에 취득할 것.	신규주택으로의 전입 의무는 없음(2022년 5월 10일 이후).
양도 대상 주택	2년 보유할 것.	취득일~양도일 기준
	2년 거주할 것.	2017년 8월 3일 이후 조정지역 취득분에 한함.
	신규주택 취득일로부터 3년 이내에 처분할 것.	2023년 1월 12일 이후 지역과 관계없이 3년으로 통일됨.

* 이에 대해서는 뒤에서 살펴본다.

≫ 사례의 경우 2023년 9월부터 3년 이내에 A 주택을 양도하면 비과세를 받을 수 있다.

Q3 향후 B 주택에 대해 비과세를 받을 때 거주요건이 필요한가?

그렇다. 서울 강남구는 2023년 12월 현재 조정지역에 해당하기 때문이다.

주택과 조합원 입주권에 대한 양도세 비과세제도는 소법 제89조 등에서 정하고 있다.

구분	규정	비고
제1항	제3호 · 가목 : 1세대 1주택 · 나목 : 1세대 1주택의 특례	· 1주택 보유한 경우 비과세 · 2주택 이상 보유한 경우 비과세 특례
	제4호 : 입주권 비과세 · 가목 : 1입주권만 보유한 　　　　경우 · 나목 : 입주권 외 주택을 　　　　보유한 경우 ≫ 입주권에 대한 비과세는 위 두 가지 유형밖에 없다.	· 관리처분일(철거일) 기준 2년 보유 · 위+신규주택 취득 후 3년 내 입주권 처분
제2항	주택과 입주권(또는 분양권) 소유한 경우의 1세대 1주택 의 특례	· 위 3호와 유사하게 적용됨.
제3항	대통령령 위임규정	소령 1. 제154조[1세대 1주택의 범위] 2. 제155조[1세대 1주택의 특례] 3. 제155조의 2[장기저당담보주택에 대한 　　1세대 1주택의 특례] 4. 제155조의 3[상생임대주택에 대한 1세대 　　1주택의 특례] 5. 제156조[고가주택의 범위] 6. 제156조의 2[주택과 조합원 입주권을 　　소유한 경우 1세대 1주택의 특례] 7. 제156조의 3[주택과 분양권을 소유한 경우 　　1세대 1주택의 특례(2021. 2. 17 신설)]

※ 소법 제89조

① 다음 각 호의 소득에 대해서는 양도세를 과세하지 아니한다.

3. 다음 각 목의 어느 하나에 해당하는 주택(주택 및 이에 딸린 토지의 양도 당시 실지거래
   가액의 합계액이 12억 원을 초과하는 고가주택은 제외한다)과 이에 딸린 토지로서 건물
   이 정착된 면적에 지역별로 대통령령으로 정하는 배율을 곱하여 산정한 면적 이내
   의 토지(주택부수토지)의 양도로 발생하는 소득
   가. 1세대가 1주택을 보유하는 경우로서 대통령령으로 정하는 요건을 충족하는 주택
   나. 1세대가 1주택을 양도하기 전에 다른 주택을 대체취득하거나 상속, 동거봉양,
       혼인 등으로 인하여 2주택 이상을 보유하는 경우로서 대통령령으로 정하는 주
       택

4. 조합원 입주권을 1개 보유한 1세대[도시 및 주거환경정비법 제74조에 따른 관리
   처분계획의 인가일 및 빈집 및 소규모주택 정비에 관한 특례법 제29조에 따른 사
   업시행계획인가일(인가일 전에 기존주택이 철거되는 때에는 기존주택의 철거일) 현재 제
   3호 가목에 해당하는 기존주택을 소유하는 세대]가 다음 각 목의 어느 하나의 요
   건을 충족하여 양도하는 경우 해당 조합원 입주권을 양도하여 발생하는 소득. 다
   만, 해당 조합원 입주권의 양도 당시 실지거래가액이 12억 원을 초과하면 양도세
   를 과세한다.
   가. 양도일 현재 다른 주택 또는 분양권을 보유하지 아니할 것
   나. 양도일 현재 1조합원 입주권 외에 1주택을 보유한 경우(분양권을 보유하지 아니
       하는 경우로 한정한다)로서 해당 1주택을 취득한 날부터 3년 이내에 해당 조합원
       입주권을 양도할 것(3년 이내에 양도하지 못하는 경우로서 대통령령으로 정하는 사유
       에 해당하는 경우를 포함한다)*
       * 종전주택의 취득일로부터 '1년 이후'에 신규주택을 취득해야 해야 할 것 같은 요건
         은 불필요하다.

② 1세대가 주택(주택부수토지를 포함한다)과 조합원 입주권 또는 분양권을 보유하다가
그 주택을 양도하는 경우에는 제1항에도 불구하고 같은 항 제3호를 적용하지 아니한
다. 다만, 도시 및 주거환경정비법에 따른 재건축사업 또는 재개발사업, 빈집 및 소규
모주택 정비에 관한 특례법에 따른 자율주택정비사업, 가로주택정비사업, 소규모 재
건축사업 또는 소규모재개발사업의 시행 기간에 거주를 위하여 주택을 취득하는 경
우나 그 밖의 부득이한 사유로서 대통령령으로 정하는 경우에는 그러하지 아니하다.

1세대 1주택 비과세 원리

앞에서 보았듯이 주택에 대한 양도세는 매우 다양한 형태로 전개된다. 따라서 이를 체계적으로 이해하는 것이 중요하다. 이 중 1세대 1주택에 대한 양도세 비과세는 소법 제89조 제1항 제3호에서 규정하고 있는 것으로 양도세 비과세제도 중 가장 기본에 해당한다. 1세대 2주택 이상자에 대한 비과세 특례는 별도로 살펴보자.

Case

K 씨는 다음과 같이 부동산을 보유하고 있다. 물음에 답하면?

자료

• 2020년 서울 강북구 소재 주택을 취득함(취득 당시는 조정지역이었으나 양도 당시에는 조정대상지역이 아님).
• 2015년에 취득한 오피스텔은 사업자에게 임대 중임.

Q1 사례는 1세대 1주택에 해당하는가?

오피스텔을 업무용으로 임대하고 있으므로 주택 수에서 제외되어 사례는 1세대 1주택에 해당한다.

Q2 오피스텔을 업무용으로 임대했으나 임차인이 이를 거주용으로 사용하고 있는 경우 비과세가 성립하는가?

오피스텔은 공부상 주택은 아니지만, 거주목적의 주거용 오피스텔로 확인되는 경우 공부상 용도와 상관없이 주택으로 판단하여 비과세를 적용해야 한다(대법원 2019두49816, 2019. 11. 28 등 판례 다수 존재).

≫ 계약의 내용과 다르게 이를 거주목적으로 사용하면 이를 주택으로 보는 것이 판례 등의 일관된 태도이므로 주의해야 한다.

Q3 사례는 2년 거주를 해야 비과세를 적용받는가?

2017년 8월 3일 이후에 조정지역 내에서 주택을 취득하면 2년 이상 거주요건이 있다. 취득 당시를 기준으로 이 요건을 적용함에 유의해야 한다.

≫ 취득 이후에 조정지역에서 해제가 된 경우라도 여전히 거주요건이 살아 있음에 유의해야 한다.

 만일 거주요건을 충족하지 못한 상태에서 상생임대주택으로 계약하면 이 요건을 충족한 것으로 봐주는가?

그렇다. 다만, 소령 제155조의 3에서 규정하고 있는 요건을 충족해야 한다.

Consulting

1주택 보유자가 비과세를 받을 때에는 다음과 같은 절차에 따라 이에 접근해서 과세 여부를 판단할 수 있다. 참고로 2년 보유 요건 등에 대한 자세한 내용은 소령 제155조를 참고하면 된다.

1세대는 무엇을 의미하는가?	• 세법에서는 1세대를 거주자와 그의 배우자와 함께 같은 주소에서 생계를 같이하는 가족이라고 하고 있다. • 가족에는 거주자(A)의 직계존비속(그 배우자 포함)과 형제자매, A 배우자의 직계존비속(그 배우자 포함)과 형제자매가 포함된다(장인, 장모, 처형 등도 포함).*

1주택은 무엇을 의미하는가?	• 주택은 공부상 용도 구분과 관계없이 사실상 주거용으로 사용하는 건물을 말한다. • 따라서 오피스텔이나 상가 등을 주거용으로 사용하면 주택으로 취급된다. • 종업원의 숙소로 일시 사용되는 주택은 주택으로 볼 가능성이 크다.

보유 및 거주기간은 어떻게 따지는가?	• 보유기간이 2년 이상 되어야 한다. • 보유기간은 원칙적으로 잔금을 지급한 날부터 이를 받은 날을 기준으로 산정한다(단, 등기가 앞설 때는 등기접수일이 된다). • 거주기간은 보유기간에 전입일 때부터 전출일로 산정한다.

* 가족의 범위가 처가까지 확대됨에 주의하기 바란다. 참고로 가족의 범위에는 거주자와 그 배우자의 형제자매(형, 처남 등)가 포함되지만, 형제자매의 배우자(형수, 처남댁 등)는 포함되지 않는다. 실무에서 헷갈리기 쉬운 내용이다.

※ 관련 해석 : 사전법령해석재산 2016-259

1주택을 보유하는 30세 이상인 거주자가 누나와 그 누나의 배우자(매형)로서 1주택을 보유하고 있는 자와 생계를 같이하는 경우로서 거주자가 주택을 취득한 날로부터 1년 이상이 지난 후 누나가 주택을 취득하고 그 취득일로부터 3년 이내에 양도하는 거주자의 주택은 1세대 1주택에 해당하는 것임.

| 실전연습 |

자료가 다음과 같다고 할 때 물음에 답하면?

- 주택 보유현황
  - 아버지 : 2채(서울 소재)
  - 아들(40세) : 1채(인천에 소재함. 양도 대상)
- 양도주택의 거래 진행(시세차익 약 1억 원 예상)

취득일	양도 계약일	중도금	잔금 지급일
20×3. 5. 1	20×6. 2. 5	20×6. 3. 5	20×6. 4. 5

- 거주상태
  아버지와 아들은 같은 주소에서 생계를 같이하고 있음.

Q1 아버지와 아들이 세대분리한 후에 아들이 주택을 양도하면 비과세가 가능한가?

- 아들의 나이가 30세 이상이므로 아무런 조건 없이 세대분리를 할 수 있다.
- 아버지가 양도일(통상 잔금청산일) 전에 주소를 이전하고 생계를 달리한다.
- 이 상태에서 잔금청산을 한다. 이 결과 매매계약이 완성되는 잔금청산일 이전에 별도의 세대가 구성되었으므로 양도대상이 된 인천 주택은 1세대 1주택 비과세를 받을 수 있다.

Q2 만일 세대분리 후 양도를 하고 재합가한 경우 세무상 문제는 없는가?

이 경우에는 일시퇴거로 보아 세금을 추징할 수 있다. 다음과 같은 심판례 등이 존재한다. 주의해야 한다.

※ **관련 심판례(조심 2016서126, 2016. 10. 28)**

쟁점 1주택 매매계약 1개월 전에 쟁점 외 주택으로 세대를 분리하였다가 직장퇴사 직후 및 잔금청산 2개월 후에 다시 부모와 합가해 현재까지도 함께 사는 점을 볼 때 소령 제154조의 규정에 따른 취학, 근무상의 형편 등으로 일시 퇴거한 자로 보아 청구인과 동일 세대원으로 보는 것이 타당하다.

☀️Tip | 1세대 1주택 비과세 적용례

☑ 주민등록상 현황과 사실상 현황이 다른 경우에는 사실상 현황을 따른다. 따라서 상가를 개조해 주택으로 사용하는 경우에는 주택으로 본다. 오피스텔을 주거용으로 사용하면 역시 주택으로 본다.

☑ 부부가 각각 세대를 달리 구성해도 같은 세대로 본다. 부부는 세대분리가 허용되지 않는다.

☑ 이혼한 경우에는 각각 다른 세대를 구성한다. 다만 법률상 이혼했으나 생계를 같이하는 등 사실상 이혼한 것으로 보기 어려운 경우에는 같은 세대로 본다.

☑ 1세대 1주택을 양도했으나 양수자가 등기를 지연해 1세대 2주택이 된 경우에는 1세대 1주택자에 대해 비과세를 받을 수 있다.

☑ 대지와 건물을 같은 세대원이 각각 소유한 때도 1세대 1주택자에 해당한다. 같은 세대원이 아닌 경우에는 주택 건물에 대해서만 1세대 1주택 비과세를 적용한다. 토지에 대해서는 비과세가 적용되지 않음에 유의해야 한다.

☑ 2필지로 되어 있는 토지 위에 주택이 있는 경우에도 한 울타리 안에 있고, 1세대가 거주용으로 사용한 때에는 주택과 이에 대한 부수토지로 본다.

☑ 무허가주택도 비과세를 받을 수 있다.*

　　* 소득세 집행기준 89-154-6 [무허가주택의 비과세 가능 여부]
　　건축허가를 받지 않거나 불법으로 건축된 주택이라 하더라도 주택으로 사용할 목적으로 건축된 건축물이면 건축에 관한 신고 여부, 건축 완성에 대한 사용검사나 사용승인에도 불구하고 주택에 해당하며 1주택만 소유한 경우에는 1세대 1주택 비과세 규정을 적용받을 수 있다

☑ 비거주자는 출국일로부터 2년 이내에 주택을 처분하면 비과세를 받을 수 있다.

☑ 1세대 1주택 비과세 판정은 양도일 현재를 기준으로 한다. 참고로 매매계약 후 양도일 이전에 매매 특약으로 1세대 1주택에 해당하는 주택이 소멸한 때도 양도일을 기준으로 판단한다(최근 해석이 바뀜. 다음 참조).

※ 기획재정부 재산-1543, 2022. 12. 20.

(질의내용)

○ 주택에 대한 매매계약을 체결하고, 그 매매 특약에 따라 잔금청산 전에 멸실한 경우,

- 1세대 1주택 비과세, 장기보유특별공제(표 1, 표 2) 및 다주택자 중과세율 적용 여부 등 판정 시 양도 물건의 판정 기준일

(제1안) 매매계약 체결일

(제2안) 양도일

(회신) 귀 질의의 경우 양도일(잔금청산일)이 기준일이며, 회신일 이후 매매계약 체결하는 경우부터 적용하는 것임.*

* 주택을 상가로 용도변경하는 경우에도 위의 경우처럼 양도일을 기준으로 함(기획재정부 재산-1322, 2022. 10. 21).

1세대와 관련된 1주택
비과세 사례

앞에서 잠깐 살펴보았지만, 주택에 대한 세제를 적용할 때 세대의 개념이 상당히 중요하다. 주택이라는 것이 가족을 중심으로 소유하는 것이 사회적으로 바람직하기 때문이다. 그렇다면 세대가 무엇을 의미하고, 세대분리는 물론이고 세대합가를 하면 취득세와 양도세 등에서 어떤 세무상 쟁점이 생길지 알아보자.

Case

K 씨의 상황이 다음과 같다. 물음에 답하면?

> **자료**
> • K 씨는 33세로 직장인에 해당한다.
> • K 씨의 주소는 부모와 같이 되어 있다(생계를 같이함).
> • K 씨는 주택을 한 채 취득하려고 한다.

Q1 1세대의 개념이 세제에 미치는 영향은?

1세대의 개념은 취득세는 중과세, 종부세는 1세대 1주택자에 대한 특례, 양도세는 비과세와 중과세 등을 적용할 때 필요하다. 그런데 세대의 개념이 각 세목에서 약간의 차이가 있다. 이 중 취득세와 양도세를 비교해보자.

취득세	양도세
지령 제28조의 3	소법 제88조 제6호
① 1세대란 주택을 취득하는 사람과 주민등록법 제7조에 따른 세대별 주민등록 또는 출입국관리법 제34조 제1항에 따른 등록외국인기록표 및 외국인 등록표에 함께 기재되어 있는 가족(동거인은 제외한다)으로 구성된 세대를 말하며 주택을 취득하는 사람의 배우자(사실혼은 제외하며, 법률상 이혼을 했으나 생계를 같이하는 등 사실상 이혼한 것으로 보기 어려운 관계에 있는 사람을 포함한다), 취득일 현재 미혼인 30세 미만의 자녀 또는 부모(주택을 취득하는 사람이 미혼이고 30세 미만인 경우로 한정한다)는 주택을 취득하는 사람과 같은 세대별 주민등록표 또는 등록외국인기록표등에 기재되어 있지 않더라도 1세대에 속한 것으로 본다.	6. 1세대란 거주자 및 그 배우자(법률상 이혼을 하였으나 생계를 같이하는 등 사실상 이혼한 것으로 보기 어려운 관계에 있는 사람을 포함한다)가 그들과 같은 주소 또는 거소에서 생계를 같이하는 자[거주자 및 그 배우자의 직계존비속(그 배우자를 포함한다) 및 형제자매를 말하며, 취학, 질병의 요양, 근무상 또는 사업상의 형편으로 본래의 주소 또는 거소에서 일시 퇴거한 사람을 포함한다]와 함께 구성하는 가족단위를 말한다. 다만, 대통령령으로 정하는 경우*에는 배우자가 없어도 1세대로 본다. * 법 제88조 제6호 단서에서 '대통령령으로 정하는 경우'란 다음 각 호의 어느 하나에 해당하는 경우를 말한다.
② 제1항에도 불구하고 다음 각 호의 어느 하나에 해당하는 경우에는 각각 별도의 세대로 본다. 1. 부모와 같은 세대별 주민등록표에 기재되어 있지 않은 30세 미만의 자녀로서 주택 취득일이 속하는 달의 직전 12개월 동안 발생한 소득으로서 행정안전부장관이 정하는 소득이 국민기초생활 보장법에 따른 기준 중위소득을 12개월로 환산한 금액의 100분의 40 이상이고, 소유하고 있는 주택을 관리·유지하면서 독립된 생계를 유지할 수 있는 경우. 다만, 미성년자인 경우는 제외한다. 2. 취득일 현재 65세 이상의 직계존속(배우자의 직계존속을 포함하며, 직계존속 중 어느 한 사람이 65세 미만인 경우를 포함한다)을 동거봉양(同居奉養)하기 위하여 30세 이상의 직계비속, 혼인한 직계비속 또는 제1호에 따른 소득요건을 충족하는 성년인 직계비속이 합가(合家)한 경우	1. 해당 거주자의 나이가 30세 이상인 경우 2. 배우자가 사망하거나 이혼한 경우 3. 법 제4조에 따른 소득이 국민기초생활 보장법 제2조 제11호에 따른 기준 중위소득의 100분의 40 수준 이상으로서 소유하고 있는 주택 또는 토지를 관리·유지하면서 독립된 생계를 유지할 수 있는 경우. 다만, 미성년자의 경우를 제외하되, 미성년자의 결혼, 가족의 사망 그 밖에 기획재정부령이 정하는 사유로 1세대의 구성이 불가피한 경우에는 그러하지 아니하다.

취득세	양도세
3. 생략 4. 별도의 세대를 구성할 수 있는 사람이 주택을 취득한 날부터 60일 이내에 세대를 분리하기 위하여 그 취득한 주택으로 주소지를 이전하는 경우	

Q2 K 씨는 현재 부모와 1세대를 이루는가?

K 씨는 부모와 같은 주소에서 생계를 같이하므로 취득세나 양도세 모두 원칙적으로 1세대에 포함된다. 다만, 취득세의 경우 부모(65세 등)를 동거봉양하기 위해 세대를 합가한 경우에는 별도의 세대로 인정해 준다.

Q3 K 씨는 세대분리를 하지 않고 주택을 취득하면 취득세는 일반세율을 적용받을 수 있는가?

취득세 일반세율은 1~3%를 말하며 여러 가지 변수에 의해 결정된다.

① 1세대가 1주택 보유상태에서 신규주택이 비조정지역 내에 속하면 무조건 일반세율이 적용된다.
② 1세대가 1주택 보유상태에서 신규주택이 조정지역 내에 속하면 종전주택을 3년 이내에 처분하는 조건으로 일반세율을 적용한다.
③ 취득세의 경우 동거봉양으로 세대합가를 하거나, 취득 후 60일 이내에 세대분리를 하면 독립 세대를 인정해주므로 이 경우에도 일반세율을 적용받을 수 있다.

Q4 만일 K 씨의 아버지가 자신의 주택을 양도하면 1세대 1주택 비과세를 받을 수 있는가?

양도세에서는 가족이 같은 주소지에서 생계*를 같이하면 같은 세대로 보게 된다. 따라서 이 경우 부모의 주택 수와 자녀의 주택 수 등을 묶어 양도세 비과세 판단을 해야 한다.

* 독립생계를 유지하는 상황에 해당하려면 거주자에게 독립생계를 유지할 만한 충분한 소득이 있다는 사실만으로는 부족하고, 거주자와 가족이 서로의 도움 없이 각자의 생활자금으로 생계를 유지하였다는 사실이 인정되어야 한다(대법원 2018두48359, 2018. 10. 11).

※ 소법상 세대와 관련해 주의할 점

☑ 동일 세대는 동일한 주소에서 생계를 같이하는 가족을 말한다.

 * 생계를 같이하는 '동거가족'이란 현실적으로 생계를 같이하는 동거가족을 의미하며, 반드시 주민등록상 세대를 같이함을 필요로 하지는 않으나 일상생활에서 볼 때 같은 '생활자금'으로 생활하는 단위를 의미한다(대법원 88누3826, 1989. 5. 23).

☑ 가족은 부부의 직계존비속과 형제자매를 말한다. 처남도 동일 세대원이 될 수 있다.

☑ 자녀는 나이, 소득요건 등을 확인해야 한다.

☑ 같은 공간에서는 원칙적으로 별도 세대로 인정되지 않는다.

☑ 층을 달리할 때는 별도 세대로 인정받을 수 있다.

☑ 세대분리 → 양도 → 세대합가 시는 일시 퇴거로 보아 과세될 수 있다.

Consulting

양도세에서 세대와 관련된 세무상 쟁점을 정리하면 다음과 같다.

세대개념	• 1세대의 범위 : 같은 주소에서 생계를 같이하는 가족을 말한다. • 일시 퇴거한 경우에는 생계를 같이하는 것으로 본다.

▼

세대분리	• 양도일 전에 세대분리하는 것이 원칙이다. • 세대분리 후 세대합가 시 일시퇴거로 볼 가능성이 있으므로 주의해야 한다.

▼

세대합가	• 단순 세대합가 : 1세대가 되며 별다른 혜택이 없다. • 동거봉양 세대합가 : 10년 이내에 주택을 처분하면 비과세 혜택을 준다. • 혼인 세대합가 : 5년 이내에 주택을 처분하면 비과세 혜택을 준다.

≫ 실무적으로 세대와 관련해 다양한 세무상 쟁점들이 발생하고 있으므로 주의해야 한다.

※ 세대분리는 어떻게 하는 것일까?

☑ 세대분리는 주소를 달리하고 생계를 달리하는 것을 말한다.

☑ 30세 이상이면 앞의 요건을 충족하면 세대분리를 인정받을 수 있다.

☑ 30세 미만이면 혼인이나 중위소득의 100분의 40 수준 이상의 월 소득* 조건을 충족해야 세대분리를 인정받을 수 있다.

> * 소득개념 : 소법 제4조에 규정된 여덟 가지 소득(이자, 배당, 사업, 근로, 연금, 기타, 퇴직, 양도)을 말한다. 원천징수영수증 등으로 입증한다. 참고로 소득자료가 없는 경우에는 소득이 있었음을 인정받기가 어려울 수 있다. 참고로 2023년의 1인 가구의 중위소득은 210만 원 정도 된다.

☑ 세대분리는 매매계약 이전에 진행되는 것이 안전하다.

☑ 세대분리 후 재합가 시에는 일시퇴거로 볼 가능성이 있으므로 주의해야 한다.

| 실전연습 |

경기도 성남시에서 거주하고 있는 J 씨는 최근에 이혼한 어머니와 함께 거주하고 있다. J 씨는 현재 35세로 아파트 한 채를 보유하고 있고, 어머니도 아파트 한 채를 보유하고 있다. 이러한 상황에서 물음에 답하면?

앞의 물음은 1세대 1주택 비과세에 관한 것이다. 이 정도의 물음에 대해서는 답변이 술술 나와야 한다.

Q1 현 상황에서 어머니 아파트를 양도하면 세금 관계는?

현재 J 씨와 어머니는 세법상 '1세대'를 이루고 있다. 따라서 1세대 2주택자에 해당하므로 특별한 비과세 사유에 해당하지 않으면 일반적으로 과세된다고 할 수 있다.

Q2 만일 세대분리를 한 후 어머니 아파트를 양도하면 세금 관계는?

J 씨와 그의 어머니가 세대분리를 한 상황에서 어머니 아파트를 양도하면 비과세를 받을 수 있다. 1세대 1주택자에 해당하기 때문이다.

Q3 만일 세대분리를 한 후 J 씨가 새로운 주택을 사면 세금 관계는?

세대분리를 하면 J 씨는 1세대 1주택자에 해당한다. 따라서 새로운 주택을 취득한 날(잔금청산일)로부터 3년 이내에 기존주택을 양도하면 비과세를 받을 수 있다.

☀️Tip 세대 관련 소득세 집행기준

88-152의 3-6 [독립된 1세대로서의 생계유지 범위]
대학생이 군 입대 전 수개월 동안 일하면서 소득을 올렸다고 하여 독립된 생계를 유지하였다고 볼 수 없으므로 별도의 1세대를 구성하였다고 볼 수 없다.

89-154-4 [배우자가 없는 때에도 1세대로 보는 경우]
해당 거주자의 연령이 30세 이상이거나 배우자가 사망·이혼한 경우 또는 소법 제4조에 따른 소득이 국민기초생활 보장법에 따른 최저생계비 수준 이상으로 소유하고 있는 주택을 관리·유지하면서 독립된 생계를 유지할 수 있는 20세 이상인 성년자는 배우자가 없는 경우에도 1세대 1주택 비과세를 적용받을 수 있다.

89-154-31 [세대원의 일부가 부득이한 사유로 거주하지 않은 경우]
세대원의 일부가 취학, 근무 또는 사업상의 형편, 질병의 요양, 동거봉양, 가정불화 등 부득이한 사유로 처음부터 본래의 주소에서 거주하지 않은 경우에도 나머지 세대원이 거주요건을 충족한 경우에는 1세대 1주택 비과세 규정을 적용한다.

88-152의 3-9 [거주자의 배우자와 1세대 요건을 갖춘 아들이 같은 세대원인 경우]
거주자가 단독으로 1세대를 구성하고 그 거주자의 배우자는 그들의 아들과 함께 1세대를 구성하여 생계를 같이하고 있는 경우에 거주자와 그 배우자는 세대 또는 생계를 달리하여도 같은 세대원으로 보는 것이나, 그 아들이 소법 제88조 제6호에 따른 1세대 구성요건을 갖추면 거주자와 그 아들은 같은 세대원으로 보지 아니한다.

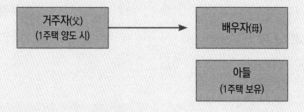

실제 거래가격이 12억 원이 넘는 1세대 1주택자들의 세금 해법을 찾아보자. 알다시피 1주택자라도 고가주택에 해당하면 양도차익 일부만 비과세되고, 나머지 차익에 대해서는 과세가 된다.

Case

서울 강남에 거주하고 있는 K 씨가 5억 원에 산 주택을 15억 원에 양도하고자 한다. 이 주택을 10년 이상 보유 및 거주했다고 할 때 부담해야 하는 세금은? 단, 이 주택은 1세대 1주택으로 비과세 요건을 갖추었다.

Solution

양도세 계산구조에 따라 세금을 계산하면 다음과 같다. 전체 양도차익 10억 원 중 비과세로 빠져나가는 부분이 6억 원이 된다. 그리고 나머지 4억 원 중 80%는 장기보유특별공제로 빠져나간다. 10억 원의 양도차익이 발생했지만, 이러한 두 가지 요소에 의해 세금은 400만 원 정도에 머물게 된다.

구분	금액	근거
양도가액	15억 원	
(-) 취득가액	5억 원	
(=) 양도차익	10억 원	
(-) 비과세 양도차익	8억 원	양도차익-양도차익×(양도가액-12억 원)/양도가액 =10억 원-10억 원×(15억 원-12억 원)/15억 원
(=) 과세대상 양도차익	2억 원	
(-) 장기보유특별공제	1.6억 원	80% 공제
(=) 양도소득 금액	4,000만 원	

구분	금액	근거
(-) 기본공제	250만 원	
(=) 과세표준	3,750만 원	
(×) 세율	15%	
(-) 누진공제	126만 원	
(=) 산출세액	4,365,000원	

Consulting

고가주택의 양도세와 관련된 세무상 쟁점을 살펴보면 다음과 같다.

비과세와 과세의 구분	• 양도가액이 12억 원을 초과하면 전체 양도차익을 비과세분과 과세분으로 안분해야 한다. • 비과세분 양도차익 : 전체 양도차익×(12억 원/양도가액)

▼

장기보유특별 공제의 적용	• 보유기간(40%)과 거주기간(40%)에 따라 최대 80%의 공제율을 적용한다.

▼

주택부수토지가 기준면적을 초과하는 경우	• 주택부수토지가 기준면적(3~10배)을 초과하는 경우 그 초과분은 비사업용 토지로 보아 중과세한다. 나머지는 비과세한다.*

* 예를 들어 주택 정착면적 20㎡, 부수토지 150㎡, 배율 5배인 상태에서 비과세 요건을 모두 충족한 경우라면 주택(20㎡)과 주택부수토지(100㎡)에 대해 비과세가 가능하며, 토지 50㎡에 대해서는 비사업용 토지로 보아 양도세액을 산정한다.

※ 고가주택에 대한 양도세 절세법

☑ 양도차익에 '양도가액-12억 원/양도가액'을 곱한 만큼만 과세한다.

☑ 장기보유특별공제를 최대한 80%(10년 이상 보유)까지 늘린다.

☑ 다주택자들은 양도차익이 가장 큰 것을 최후에 팔도록 하는 것이 절세의 기본 틀이다.

☑ 고가주택을 취득할 때에는 공동등기를 해두면 종부세와 양도세 절세에 도움이 된다(단독명의로 된 고가주택을 공동명의로 전환하면 불이익의 소지가 있다).

| 실전연습 |

K 씨는 과세분 양도차익이 4억 원인 고가주택을 양도할 예정이다. 물음에 답하면?

Q1 장기보유특별공제율이 80%와 30%가 적용되는 경우의 양도세의 차이는?

(단위 : 원)

구분	①80% 기준	②30% 기준	차이(②-①)
(=) 과세대상 양도차익	400,000,000	400,000,000	-
(-) 장기보유특별공제	320,000,000	120,000,000	△200,000,000
(=) 양도소득 금액	80,000,000	280,000,000	200,000,000
(-) 기본공제	2,500,000	2,500,000	-
(=) 과세표준	77,500,000	277,500,000	200,000,000
(×) 세율	24%	38%	-
(-) 누진공제	5,760,000	19,940,000	-
(=) 산출세액	12,840,000	85,510,000	72,670,000

Q2 장기보유특별공제율을 80%로 적용받기 위한 요건은?

장기보유특별공제를 80%로 받기 위해서는 다음과 같은 요건을 동시에 충족해야 한다.

- 10년 이상 보유할 것.
- 10년 이상 거주*할 것.

* 상생 임대차계약(5% 이내 임대료 인상)을 맺으면 2년 거주요건을 면제한다(소령 제155조의 3).

Q3 앞의 물음과 관계없이 위 고가주택이 기준면적을 초과한 1세대 1주택에 해당한다면 이에 대한 과세방식은?

기준면적을 초과한 부수토지는 비사업용 토지로 보아 과세를 적용한다(다른 의견이 있을 수 있으므로 다음의 심판례 등을 참조하기 바란다).

※ 조심 2018서2003(2018. 8. 30)

주택정착면적의 5배를 초과하는 토지에 대하여 비사업용 토지로 보아 양도세를 과세한 처분은 잘못이 없다.

☀️Tip 소득세 집행기준

89-156-4 [부담부 증여 주택의 고가주택 판정]

주택을 부담부 증여하는 경우 수증자가 인수하는 채무액이 12억 원 이하에 해당하더라도 전체의 주택 가액[채무액×(증여가액÷채무액)]이 12억 원을 초과하면 고가주택으로 본다.

> **사례**
> • 1세대 1주택 비과세 요건을 충족하는 주택을 아들에게 증여함.
> • 증여재산가액(시가) : 13억 원, 전세보증금 : 6억 원 인수 조건임.
>
> ≫ 주택 가액 13억 원[= 6억 원× (13억 원 ÷ 6억 원)]으로 고가주택에 해당

89-156-5 [주택이 수용되는 경우 고가주택 판정]

주택과 그에 딸린 토지가 시차를 두고 협의 매수·수용된 경우 전체를 하나의 거래로 보아 고가주택 양도차익을 계산하는 것이며, 주택과 그에 딸린 토지가 일부 수용되는 경우에도 양도 당시의 실지거래가액 합계액에 양도하는 부분의 면적이 전체주택면적에서 차지하는 비율로 나누어 계산한 금액이 12억 원을 초과하는 경우 고가주택으로 본다.

89-156-6 [신축주택과 고가주택 규정의 중복적용 여부]

감면대상 신축주택이 1세대 1주택 비과세 요건을 갖춘 고가주택이면 소령 제160조의 고가주택의 양도차익 계산방법에 따라 양도차익을 산정하고 그 양도차익에 대하여는 신축주택 감면규정을 적용한다.

제4장

1세대 1주택의
비과세 특례(일시적 3주택 포함)

1세대 1주택의
비과세 특례

주택에 대한 양도세 비과세는 원칙적으로 양도일을 기준으로 1세대 1주택을 보유해야 한다. 하지만 부득이하게 2주택 이상 보유한 때도 있다. 이에 세법은 부득이하게 보유한 주택(특례주택)을 제외하고 1세대 1주택으로 보아 양도세 비과세를 적용해주고 있다.

Case

K 씨는 다음처럼 주택을 보유하고 있다. 물음에 답하면?

자료
· 현재 1세대 1주택 보유 중임(이 주택은 비과세 요건을 충족함).
· 양도 예상가액은 15억 원임.

Q1 위 주택을 양도하면 비과세와 과세방식은?

1세대 1주택이 고가주택에 해당하면 양도차익을 비과세와 과세로 구분하는 것이 원칙이다. 이에 대한 자세한 과세방식은 3장에서 살펴보았다.

Q2 앞의 주택을 보유한 상태에서 주택을 상속받으면 보유한 주택에 대해 비과세가 적용되는가?

1세대 1주택을 보유 중에 주택을 상속받게 되면 2주택이 될 수 있다. 이때 요건(선순위 등)을 갖춘 상속주택에 해당하면 보유 중의 일반주택을 양도할 때 1세대 1주택 비과세를 적용받을 수 있다.

≫ 주택의 상속 취득은 불가피성이 있으므로 다른 주택의 비과세에 영향을 주지 않도록 하는 취지가 있다. 다만, 모든 상속주택이 아닌 요건을 갖춘 주택*에 대해서만 이러한 혜택을 준다.

* 이를 '특례주택'이라고 한다.

Q3 1세대 1주택의 특례의 유형에는 어떤 것들이 있는가?

1세대 1주택의 특례제도는 1세대가 국내에 특례주택과 일반주택을 각각 1개씩 소유하고 있는 상태에서 일반주택을 양도하는 경우 국내에 1개의 일반주택을 소유하고 있는 것으로 보아 소령 제154조 제1항(1세대 1주택 비과세)을 적용하는 것을 말한다. 1세대 1주택의 특례를 적용받는 유형에는 다음과 같이 8개의 유형이 있다.

※ 소득세 집행기준 89-155-2 [1세대 2주택 비과세 특례 적용 대상]

유형		비과세 특례 적용 요건	적용 조문*
1. 종전주택+일반주택 (일시적 2주택)		종전주택을 취득하고 1년 이상이 지난 후 일반주택을 취득 및 일반주택 취득일부터 3년 이내 종전주택을 양도하는 경우	소령 §155①
2. 상속(공동) 주택+일반 주택	상속주택+ 일반주택	일반주택을 양도하는 경우	소령 §155②
	공동상속 주택+일반 주택	일반주택을 양도하는 경우	소령 §155③

유형	비과세 특례 적용 요건	적용 조문*
3. 일반주택+일반주택 (동거봉양 합가)	동거봉양 합가일부터 10년 이내 먼저 양도하는 주택	소령 §155④
4. 일반주택+일반주택 (혼인 합가)	혼인 합가일부터 5년 이내 먼저 양도하는 주택	소령 §155⑤
5. 문화재주택+일반주택	일반주택을 양도하는 경우	소령 §155⑥
6. 농어촌주택+일반주택	일반주택을 양도하는 경우	소령 §155⑦
7. 수도권 밖에 소재하는 주택+일반주택	일반주택을 양도하는 경우 (부득이한 사유가 해소된 날부터 3년 이내에 양도하는 경우)	소령 §155⑧
8. 장기임대주택+일반주택 (거주주택)	거주주택을 양도하는 경우 (2년 이상 보유, 2년 이상 거주)	소령 §155⑳

* 2024년 중에 조문체계가 바뀔 예정이다. 바로 뒤에서 살펴본다.

❯❯ 실무적으로 상속주택, 합가주택, 농어촌주택, 임대사업자의 거주주택에서 다양한 쟁점들이 발생하고 있다. 예를 들어 앞 표의 1과 2의 항목이 중첩적으로 적용되는 경우가 그렇다. 이를 포함한 자세한 내용은 뒤에서 순차적으로 알아본다.

Consulting

1세대 1주택의 특례와 관련해 발생할 수 있는 세무상 쟁점은 다음과 같다.

① 일시적 2주택	• 일시적 2주택에 해당하는 경우 : 종전주택을 3년 이내에 처분 시 일반세율을 적용함. • 일시적 2주택이 아닌 경우 : 원칙적으로 비과세를 적용하지 않음(단, 아래 ②와 ③은 제외).

② 상속주택 등 2주택 비과세 특례	일반주택 외에 상속, 동거봉양, 귀농 등으로 특례주택을 보유한 경우 이를 주택 수에서 제외해 1세대 1주택 비과세를 적용함.

③ 3주택 이상 비과세 특례	일시적 2주택과 특례주택을 보유 시 3주택 이상 상태에서도 제한적으로 비과세가 적용됨(중첩 적용).

≫ 실무자들은 특례주택의 요건에 주의해야 하고, 특례주택이 중첩적으로 적용되는 경우의 비과세 원리에도 주의해야 한다.

| 실전연습 |

K 씨는 현재 일시적 2주택(A, B)을 보유 중이다. 그러던 중 1주택(C)을 보유한 부모(70세)와 합가를 했다. 물음에 답하면?

Q1 K 씨와 그의 부모는 몇 주택을 보유하고 있는가?

합가주택을 포함하면 1세대 3주택자가 된다.

Q2 만일, 이 상황에서 일시적 2주택 비과세가 성립하는가?

일시적 2주택은 양도일 현재 2주택을 보유할 때 적용되는 제도다. 따라서 원칙적으로 비과세를 받을 수 없다. 하지만 과세관청은 다음과 같은 통칙 등을 통해 일시적 3주택에 대해서도 비과세를 허용해주고 있다.

※ 소법 기본통칙 89-155···2 [대체취득 및 상속 등으로 인하여 1세대 3주택이 된 경우 종전주택 양도에 따른 비과세]

① 국내에 1세대 1주택을 소유한 거주자가 종전주택을 취득한 날부터 1년 이상이 지난 후 새로운 주택을 취득하여 일시 2개의 주택을 소유하던 중 상속 또는 혼인 또는 직계존속을 봉양하기 위하여 세대를 합침으로써 1세대가 3개의 주택을 소유하게 되는 경우, 새로운 주택을 취득한 날부터 영 제155조 제1항에 따른 종전주택 양도기간(3년) 이내에 종전의 주택을 양도하는 경우에는 1세대 1주택의 양도로 보아 영 제154조 제1항의 규정을 적용한다.

② 국내에 1세대 1주택을 소유한 거주자가 영 제155조 제2항에 따른 상속주택을 취득하여 1세대 2주택이 된 상태에서 상속주택이 아닌 종전주택을 취득한 날부터 1년 이상이 지난 후 새로운 1주택을 취득함으로써 1세대가 3개의 주택을 소유하게 되는 경우, 새로운 주택을 취득한 날부터 영 제155조 제1항에 따른 종전주택 양도기간 이

내에 상속주택이 아닌 종전의 주택을 양도하는 경우에는 1세대 1주택의 양도로 보아 영 제154조 제1항의 규정을 적용한다.

Q3 주택 수가 3채임에도 불구하고 일시적 2주택 비과세가 적용되는 이유는?

일시적 3주택이 된 이유가 부득이하기 때문이다. 일시적 3주택에 대해 비과세를 허용하는 경우는 다음과 같은 사유 등에 해당해야 한다(구체적인 것은 저자 등 문의).

- 상속
- 동거봉양 합가
- 혼인 합가
- 농어촌주택 취득 등

Q4 A 주택을 양도한 후에 B 주택에 대해서는 동거봉양에 따른 비과세 특례를 받을 수 있는가?

A 주택을 양도하면 B 주택과 C 주택만 있다. 따라서 B 주택과 C 주택이 합가주택에 해당하므로, 이 경우 B 주택을 10년 이내에 양도하면 1세대 1주택으로 보아 비과세를 받을 수 있다.

☀Tip 1세대 1주택의 특례 개괄규정 신설 및 규정 정비(소득령 §155)

빠르면 2024년부터 1세대 1주택의 특례를 담고 있는 소령 제155조가 다음과 같이 개정될 것으로 보인다. 물론 내용은 변동이 없으며 조문체계 정도만 변경될 것으로 보인다. 이 책은 현행의 규정을 기준으로 내용을 전개하고 있다.

현행	개정안
□ 1세대 1주택 비과세 특례 ○ 개괄규정 없이 **8개 유형 나열** - 각 유형이 **각 항에 규정**됨에 따라 각 유형을 소개하는 제목 부재 ○ **비과세 특례**[1,2,4~8,20항]와 각 **특례 관련 세부사항을 혼재해** 규정	□ 1세대 1주택 비과세 특례 **규정 정비** ❶ 개괄요약 **규정 신설** - 8개 특례 유형 개괄적 제시 및 **전형적 예시*** 도표화(별표) * (예) 일시적 1세대 2주택 특례

현행 표:

구분	규정내용
①항	**일시적 1세대 2주택**
②항	**상속주택**
③항	공동상속주택
④항	**동거봉양 합가주택**
⑤항	**혼인합가주택**
⑥항	**문화재주택**
⑦항	**이농·귀농주택**
⑧항	**실수요 목적 비수도권 취득 주택**
⑨항	이농주택 정의 및 요건
⑩항	귀농주택 정의 및 요건
⑪항	세대전원 귀농 후 양도요건
⑫항	이농·귀농 미적용 요건 및 미적용 시 양도세 계산식
⑬항	이농·귀농 적용 절차
⑭항	농어촌주택 범위에 관한 위임규정
⑮항	1세대 1주택 비과세 시 다가구주택 적용방법
⑯항	일시적 1세대 2주택 적용 시 수도권 소재 법인 또는 공공기관의 수도권 밖 지역 이전하는 경우 예외요건
⑰항	삭제

개정안 도표 (일시적 1세대 2주택 특례):

종전주택 취득 ── (1년 이상) ── 신규주택 취득 ── (3년 이내) ── 종전주택 양도 → 비과세 적용

❷ 비과세 특례와 관련 특례 세부사항을 같이 규정하도록 재설계

- **짧은 단문** 원칙

- 호, 목 등을 활용해 **특례 요건, 예외의 예외** 등 분리 기술

- 동일내용 반복 시, **정의규정 신설**

현행		개정안	
구분	**규정내용**	**구분**	**규정내용**
⑱항	1세대 1조합원 입주권 양도세 비과세 적용 시 3년 이내 양도요건 관련 예외사항	①항	1세대 1주택의 특례 **개괄규정**(신설)
		②항	**일시적 1세대 2주택**(現 ①, ⑯)
⑲항	상속주택 특례 관련 상속주택을 협의분할 해서 등기하지 않은 경우, 처리 규정	③항	**상속주택**(現 ②, ③, ⑲)
		④항	**동거봉양 합가주택**(現 ④)
⑳항	**장기임대주택**	⑤항	**혼인합가주택**(現 ⑤)
㉑항	장기임대주택 적용 예외사항	⑥항	**문화재주택**(現 ⑥)
㉒항	장기임대주택 기간요건 미충족 시 양도세 산정방법 및 산정특례	⑦항	**농어촌주택 관련**(現 ⑦, ⑨~⑭)
		⑧항	**실수요 목적 비수도권 취득 주택**(現 ⑧)
㉓항	장기임대주택 등록 말소된 경우 적용사항	⑨항 ~ ⑫항	**장기임대주택** (現 ⑳~㉕)
㉔항	장기임대주택 적용 시 필요 절차		
㉕항	장기임대주택 적용 관련 절차	⑬항	기타(現 ⑮, ⑱)

일시적 2주택(3주택 포함)
비과세

    1세대 2주택 중 먼저 양도하는 주택은 양도세를 부과하는 것이 원칙이다. 다만, 이사 등을 위해 거주지를 옮기면서 일시적으로 2주택이 될 수 있다. 따라서 2주택이 된 사유가 부득이하므로 이 경우에는 일시적 2주택으로 보아 1세대 1주택의 특례를 적용한다. 물론 요건을 충족해야 한다.

Case

    경기도 광명시에 사는 김용민 씨는 다음과 같이 주택을 보유하고 있다. 물음에 답하면?

- A(종전) 주택 : 2000년에 취득해 이곳에서 거주하다가 2006년 재건축 멸실 후 2010년 10월 완공해 현재까지 거주 중임.
- B(신규) 주택 : 2022년 6월 30일에 잔금청산 및 등기를 이전받아 배우자 명의로 아파트를 취득함.

    Q1 일시적 2주택에 대해서는 왜 비과세를 적용하는가?

    주택은 국민의 기초생활과 관련 있으므로 거주지 이전 과정에서 세제를 지원하기 위해서다. 다만, 2주택을 보유한 경우 무작정 비과세를 적용하는 것이 아니라, '일정한 요건'*을 충족한 경우에만 이를 적용한다.

* 신규주택 취득일로부터 3년 이내에 종전주택을 처분할 것 등의 요건이 있다.

Q2 B 주택을 먼저 양도하면 비과세를 적용하지 않는 이유는?

일시적 2주택*에 해당하지 않으며, 투자 목적 등으로 보아 비과세를 배제한다.

* 소법에서는 신규주택을 취득하기 전에 보유하고 있는 종전주택을 말한다.

Q3 이 경우 A 주택은 언제까지 팔아야 비과세를 받을 수 있는가?

A 주택은 재건축을 거쳤으나 이미 보유기간이 2년 이상 되었으므로 일시적 2주택 비과세 처분기한(3년)만 맞추면 된다. 따라서 2025년 6월 30일 이전에 A 주택을 양도하면 비과세를 적용받을 수 있다.

Consulting

일시적 2주택에 대한 세목별 세무상 쟁점은 다음과 같다.

취득세	• 1주택 외 신규주택이 조정지역에 속한 경우 : 8% 세율 적용 • 일시적 2주택에 해당하는 경우 : 1~3% 적용(신규주택 취득일로부터 3년 이내에 종전주택 처분해야 함)
▼	
종부세	• 신규주택 또는 종전주택을 신규주택 취득일로부터 3년 이내에 처분 시 1세대 1주택으로 보아 1주택 특례 적용
▼	
양도세	• 1주택 보유 중에 신규주택 취득 시 신규주택 취득일로부터 3년 이내에 종전주택을 양도 시 비과세 적용

 일시적 2주택에 대한 개념이 세목별로 약간 차이가 있다.

※ 소법상 일시적 2주택의 비과세 요건 정리

☑ 일시적 2주택이란 새로운 주택을 취득한 날(통상 잔금청산일)로부터 3년 이내에 구 주택을 양도하면 비과세를 적용하는 것을 말한다. 나중에 취득한 주택은 비과세를 적용하지 않음에 유의해야 한다.

☑ 이때 새로운 주택은 종전주택 취득일로부터 1년* 이후에 취득해야 비과세를 적용한다. 따라서 두 주택을 1년 이내에 연달아 취득한 경우에는 일시적 2주택 비과세를 적용받을 수 없다.

> * 소득세 집행기준 89-155-4 [종전주택을 취득한 날부터 1년 이상 지난 후 신규주택을 취득해야 하는 요건에 대한 예외]
> 1) 건설 임대주택(공공매입 임대주택 포함)을 분양전환 받은 경우
> 2) 사업인정고시일 전에 취득한 종전주택이 수용된 경우
> 3) 1년 이상 거주한 주택을 취학 등 부득이한 사유로 양도하는 경우

☑ 양도대상 주택은 양도일 현재 2년 이상 보유(일부는 거주)해야 한다.

➡ 앞의 내용을 그림으로 표시하면 다음과 같다.

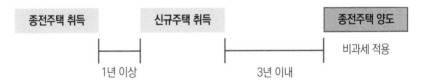

종전주택 취득	신규주택 취득	종전주택 양도
		비과세 적용
1년 이상	3년 이내	

| 실전연습 |

L 씨는 다음과 같이 부동산 등을 보유하고 있다. 물음에 답하면?

자료

1. L 씨의 주택 보유현황
   • A 주택 : 3년 보유 및 거주   • B 주택 : 2022년 11월에 취득함.
2. L 씨의 부모(70세)의 주택 보유현황
   • C 주택 : 10년 보유 및 거주

Q1 A 주택은 언제까지 양도하면 비과세가 가능한가?

2023년 1월 12일부터는 일시적 2주택 처분기한이 3년으로 통일되었다. 따라서 이 경우 2025년 11월까지 양도하면 비과세가 가능하다.

Q2 앞의 상황에서 부모와 합가하면 주택 수 계산은?

1세대 3주택이 된다.

Q3 앞의 경우 비과세는 어떻게 적용되는가?

일시적 2주택과 상속·동거봉양 또는 혼인에 의한 합가의 사유로 1주택이 추가되어 일시적 3주택이 된 경우 L 씨의 일시적 2주택에 대한 비과세를 적용한다. 이후 남아 있는 주택들은 합가에 따른 비과세 특례를 적용받을 수 있다.

Q4 L 씨의 부모도 일시적 2주택을 보유한 경우, L 씨는 일시적 2주택으로 비과세를 받을 수 있는가?

이 경우 1세대 4주택이 된다. 그렇다면 이 경우 L 씨의 일시적 2주택에 대해 비과세가 적용될까?

아니다. 이에 대해서는 비과세의 근거가 없으므로 유권해석을 받아 확인해야 할 것으로 보인다(비과세는 엄격하게 요건을 해석해야 하기 때문이다).

 만일 1세대 4주택 상태에서 L 씨 부모의 주택을 1채 과세로 양도하면 L 씨는 비과세를 받을 수 있을까?

그렇다. 다음 해석을 참조하기 바란다.

※ 서면-2015-부동산-1967[부동산 납세과-1792], 2015. 10. 30.

소령 제155조 제1항에 따른 일시적 2주택 특례는 '양도 시점'을 기준으로 판정하는 것임. 따라서 3주택(A, B, C)을 소유하다가 B 주택을 면저 양도하고 해당 주택에 대한 양도세를 신고·납부한 다음 C 주택 취득 후 3년 이내(3년 이내에 양도하지 못하는 경우로서 기획재정부령으로 정하는 사유에 해당하는 경우 포함)에 A 주택을 양도하는 귀 질의의 경우에도 동 규정에 따른 일시적 2주택 특례를 적용받을 수 있는 것임.

> ☀️**Tip** 일시적 1세대 3주택 비과세 특례 적용 사례(소득세 집행기준 89-155-26)

구분	유형	비과세 특례 적용 요건
1	일반주택(A)+상속주택(B)+다른 주택(C)	C 주택 취득일부터 3년 이내 양도하는 A 주택
2	일시적 2주택(A, B)+혼인합가주택(C) 또는 동거봉양 합가주택(C)	① B 주택 취득일부터 3년 이내 양도하는 A 주택 ② A 주택 양도 후 합가일부터 5년(동거봉양은 10년) 이내 양도하는 B 주택 또는 C 주택
3	혼인합가 2주택(A, B) 또는 동거봉양 합가 2주택(A, B)+다른 주택(C)	합가일부터 5년(동거봉양은 10년) 이내 및 취득일부터 3년 이내 양도하는 A 주택 또는 B 주택
비고*	일시적 2주택(A, B)+농어촌주택(C)	① B 주택 취득일부터 3년 이내 양도하는 A 주택 ② A 주택 양도 후 양도하는 B 주택

* 여러 가지 사유가 복합적으로 작용되어 주택 수가 늘어난 경우에는 양도하기 전에 반드시 유권해석 등을 통해 비과세 여부를 확인해야 한다.

상속주택 1세대 1주택의
비과세 특례

일반주택을 보유한 상황에서 주택을 상속받으면 2주택이 된다. 따라서 이 경우에는 특례제도가 필요하다. 2주택이 된 동기가 부득이하기 때문이다.

Case

경기도 수원시에 거주하고 있는 박용수 씨는 배우자와 각각 한 채씩 집을 보유하고 있다. 박 씨는 배우자의 집을 처분해 받은 자금을 가지고 자녀에게 일부를 증여하고, 나머지 자금으로 은퇴 생활을 영위하고자 한다. 박 씨가 보유한 집은 상속으로 받은 주택이다. 이러한 상황에서는 어떻게 하는 것이 세금을 아낄 방법인가?

Solution

이 상황에서 가장 좋은 절세방법은 비과세를 받는 것이다. 그렇다면 박 씨의 경우 비과세를 받을 수 있을까?

Step 1. 주택에 대한 비과세제도는?

이를 해결하기 위해서는 먼저 주택에 대한 비과세제도를 정확히 알고 있어야 한다. 박 씨가 비과세를 받기 위해서는 다음의 것 중 하나에 해당해야 한다.

① 1세대가 1주택을 2년 이상 보유한 경우
② 1세대가 일시적으로 2주택을 보유한 경우
③ 1세대가 상속·농어촌주택 등 특례주택을 포함해
   2주택을 보유한 경우

Step 2. 절세방법은?

이상의 내용을 검토해보면 박 씨와 그의 배우자가 보유한 주택은 앞의 ③에 해당할 수 있다. 그렇다면 이 경우 어떤 주택이라도 먼저 처분하면 비과세를 받을 수 있을까?

아니다. 소령 제155조 제2항에서는 상속주택이 아닌 일반주택을 먼저 처분해야 비과세를 적용한다.

※ 관련 규정 : 소령 제155조 제2항

상속받은 주택과 그 밖의 주택(상속 개시 당시 보유한 주택* 또는 상속 개시 당시 보유한 조합원 입주권이나 분양권에 의하여 사업 시행 완료 후 취득한 신축주택**만 해당하며, 상속 개시일부터 소급하여 2년 이내에 피상속인으로부터 증여받은 주택 또는 증여받은 조합원 입주권이나 분양권에 의하여 사업 시행 완료 후 취득한 신축주택은 제외***한다. 이하 이 항에서 '일반주택'이라 한다)을 국내에 각각 1개씩**** 소유하고 있는 1세대가 일반주택을 양도하는 경우에는 국내에 1개의 주택을 소유하고 있는 것으로 보아 제154조 제1항(1세대 1주택 비과세 규정)을 적용한다.

* 2013년 2월 15일 이후부터 적용한다.
** 상속 개시 당시 보유한 주택뿐만 아니라 입주권이나 분양권에 의하여 신축한 주택도 포함한다.
*** 상속 개시일부터 소급하여 2년 이내 피상속인한테 증여받은 주택 등은 일반주택으로 보지 않는다.
**** 양도일 현재 일반주택과 상속주택을 각각 1주택씩 보유하고 있어야 비과세 특례를 적용받을 수 있다.

※ 상속주택 비과세 특례제도 요약

구분	내용	비고
공통	일반주택 양도일 현재 일반주택과 상속주택을 각각 1개씩 소유할 것.	일반주택에 일시적 2주택 포함함.
일반주택	· 선 일반주택 취득할 것.	2013년 2월 15일 전은 상관 없음. ≫ 상속 개시일 전 2년 이내 증여한 주택은 제외됨.
상속주택	· 별도 세대원 상태에서 상속받을 것. · 동일 세대원이면 동거봉양 합가 후 상속받을 것. · 선순위 상속주택*에 해당할 것.	

* 피상속인이 상속 개시 당시 2 이상의 주택을 소유한 경우에는 다음의 순위에 따른 1주택을 선순위 상속주택이라고 한다.

① 피상속인이 소유한 기간이 가장 긴 1주택

② 피상속인이 소유한 기간이 같은 주택이 2 이상일 경우에는 피상속인이 거주한 기간이 가장 긴 1주택

③ 피상속인이 거주한 사실이 없는 주택으로서 소유한 기간이 모두 같은 주택이 2 이상일 경우에는 피상속인이 상속 개시 당시 거주한 1주택

④ 피상속인이 거주한 사실이 없는 주택으로서 소유한 기간이 같은 주택이 2 이상일 경우에는 기준시가가 가장 높은 1주택(기준시가가 같은 경우에는 상속인이 선택하는 1주택)

 피상속인이 여러 채를 남긴 경우에는 모두 세법상 상속주택으로 보아 혜택을 주는가?

그렇지 않다. 1채만 세법상 상속주택으로 보아 앞의 일반주택에 대한 비과세를 적용한다. 여기서 상속주택은 피상속인의 보유기간이 가장 긴 것으로 한다. 보유기간이 같은 경우에는 거주기간, 피상속인이 상속 당시 거주한 주택 등을 가지고 판정한다.

Consulting

상속주택에 대한 절세법을 정리하면 다음과 같다.

무주택자의
상속
	• 무주택자가 주택을 상속받으면 양도세 비과세 기간은 다음과 같이
	따진다.
	  – 동일 세대원이 상속받은 경우 : 피상속인의 취득일로부터 양도일
	    까지의 보유기간
	  – 동일 세대원이 아닌 자가 상속받은 경우 : 상속 개시일로부터 양
	    도일까지의 보유기간

동일 세대원의 상속	• 상속주택을 먼저 양도하는 경우 : 양도세가 과세된다. • 일반주택을 먼저 양도하는 경우 : 동일 세대원이 상속을 받아 2주택 이 된 경우에는 비과세를 적용하지 않는다. 다만, 동거봉양 합가 후 에 상속이 발생할 때는 예외적으로 비과세를 적용한다.

별도 세대원의 상속	• 상속주택을 먼저 양도하는 경우 : 양도세가 과세된다. • 일반주택을 먼저 양도하는 경우 : 비과세 요건(2년 보유 등)을 갖춘 경우라면 비과세를 받을 수 있다.

≫ 피상속인의 상속주택이 2채 이상이거나 상속받은 사람의 주택 수가 2주택 이상인 경우 그리고 지분으로 상속을 받으면 세무상 위험이 매우 크다. 반드시 전문 세무사를 통해 확인하기 바란다.

※ 상속주택 비과세 특례 적용법 요약

양도일 현재 일반주택과 상속주택을 각각 보유 시 일반주택을 양도할 때의 비과세 특례 적용법을 상황별로 정리해보자.

상속인 일반주택 (선취득)	피상속인 상속주택 (후취득)	일반주택 비과세 특례 적용 여부 등
0채	1채	· 동일 세대 : 피상속인 보유기간 등 합산해 비과세 · 별도 세대 : 상속 개시일 이후 2년 보유 등 충족 시 비과세
0채	2채	· 상속을 2회 받은 경우 : 일시적 2주택 또는 상속주택 비과세 특례 적용 가능 · 같은 날 상속을 받은 경우 : 상속주택 비과세 특례 적용 불가 (서면부동산 2015-1134, 2015. 7. 14)

상속인 일반주택 (선취득)	피상속인 상속주택 (후취득)	일반주택 비과세 특례 적용 여부 등
1채	1채	· 동일 세대 : 일반주택 비과세 불가(단, 동거봉양은 인정) · 별도 세대 : 일반주택 비과세 가능
2채	1채	· 일시적 2주택인 경우 : 비과세 가능 · 일시적 2주택이 아닌 경우 : 비과세 불가능(1채 과세 후 남은 주택은 비과세 가능)
1채	2채	양도일 현재 상속주택이 1채 있는 경우로서 · 선순위 상속주택에 해당한 경우 : 비과세 가능 · 선순위 상속주택에 해당하지 않는 경우 : 비과세 불가능(단, 일시적 2주택으로 비과세 가능)
1채	1주택- 지분취득	· 다수 상속지분권자 : 2주택 보유로 간주해 위 상속주택 비과세 특례 적용(소령 제155조 제2항) · 소수 상속지분권자 : 1주택 보유로 간주해 일반주택은 소령 1세대 1주택 비과세 적용(소령 제154조 제1항)
1채	2주택- 지분취득	· 다수 상속지분권자 : 일반주택 외 선순위 다수지분권 1개만 있는 경우 위 상속주택 비과세 특례 적용(소령 제155조 제2항) · 소수 상속지분권자 : 일반주택 외 선순위 소수 지분권 1개만 있는 경우 1세대 1주택 비과세 적용(소령 제154조 제1항)

※ 상속주택과 상속지분주택 소유 시 일반주택에 대한 비과세비교

구분	선순위 상속주택	지분주택	
		선순위 다수 상속지분주택	선순위 소수 상속지분주택*
비과세 판단 시 주택 수 포함 여부	포함	포함	제외
일반주택 취득시기 요건	상속 전 일반주택 취득 (2013. 2. 15)	좌동	관계없음.
특례	일반주택 비과세 특례	좌동	1세대 1주택 비과세
적용 규정	소령 제155조 제2항	좌동	소령 제154조 제1항

* 만일 후순위 소수 상속지분주택과 일반주택을 보유하면 2주택을 보유한 것으로 보아 소령 제155조 제1항에 따른 일시적 2주택 성립 여부를 검토해야 한다. 참고로 소수 상속지분주택에 대해서는 개수에도 불구하고 양도세 중과세를 적용하지 않는다.

| 실전연습 |

1. 서울에 거주하고 있는 H 씨는 최근 2회에 걸쳐 상속이 발생해 주택을 2번 연달아 상속받았다. 이 경우 과세방법은 어떻게 결정될까?

세법은 이에 대해 선순위 상속주택을 세법상의 상속주택으로 본다. 그리고 나중에 상속받은 주택은 일반주택으로 본다. 따라서 처분순서에 따라 세금 관계가 달라지므로 이에 유의해 처분전략을 마련해야 한다.

① 처음의 상속받은 주택을 양도하면 : 일반주택의 취득일로부터 3년 이내에 상속주택을 양도하면 일시적 2주택에 해당해 비과세를 받을 수 있다.
② 나중의 상속받은 주택을 양도하면 : 일반주택의 양도에 해당하므로 상속주택 비과세 특례를 적용해 비과세를 받을 수 있다.

2. 광주광역시에서 사는 K 씨는 얼마 전에 돌아가신 아버지 소유의 주택을 처분하고자 한다. 이 경우 세금 관계는 어떻게 되는가? 그는 이 주택 외에 다른 주택을 가지고 있다.

일단 K 씨는 1세대 2주택자가 되므로 일시적 2주택 비과세나, 상속주택 비과세 특례제도 등을 검토해야 한다. 먼저 일시적 2주택에 의해 비과세를 받기 위해서는 상속 개시일로부터 3년 이내에 일반주택을 양도해야 한다. 다음으로 상속주택의 비과세 특례제도를 이용하는 경우에는 언제든지 일반주택을 양도해도 된다. 따라서 사례의 경우 K 씨는 상속주택을 먼저 양도하는 것인 만큼 이러한 두 가지 안에 의한 비과세 혜택은 누릴 수가 없을 것으로 보인다.

※ 상속(증여)과 일시적 2주택의 관계

앞에서 상속(증여)도 하나의 취득임을 알았다. 따라서 다음과 같이 일시적 2주택 비과세 논리가 성립한다. 단, 다음의 앞 주택을 먼저 취득하고 1년 이후에 뒤의 주택을 취득했다고 하자.

- 일반주택+상속주택 : 상속주택 취득일로부터 3년 내 일반주택 처분 시 비과세 성립
- 상속주택(A)+상속주택(B) : 일반주택(B) 취득일로부터 3년 내 상속주택(A) 처분 시 비과세 성립
- 상속주택+증여주택 : 증여주택 취득일로부터 3년 내 상속주택 처분 시 비과세 성립
- 상속주택+일반주택 : 일반주택 취득일로부터 3년 내 상속주택 처분 시 비과세 성립

☀Tip 상속주택 비과세 특례 관련 소득세 집행기준

89-155-8 [상속주택의 판정 순서]

상속 개시 당시 피상속인이 2주택 이상 보유한 경우	공동상속주택
소령 §155②	소령 §155③
① 피상속인이 소유한 기간이 가장 긴 1주택 ② 피상속인이 거주한 기간이 가장 긴 1주택 ③ 피상속인이 상속 개시 당시 거주한 1주택 ④ 기준시가가 가장 높은 1주택(기준시가가 같은 경우는 상속인이 선택)	① 상속인 중 상속지분이 가장 큰 상속인 ② 상속인 중 당해 주택에 거주하는 자 ③ 상속인 중 최연장자

89-155-9 [별도 세대인 다른 피상속인들로부터 각각 1주택씩 상속받은 경우 비과세 특례]

1세대가 별도 세대인 다른 피상속인들로부터 소령 제155조 제2항의 상속주택을 각각 1주택씩 상속받아 2주택을 소유하고 있는 경우로서, 그 상속받은 2주택 중 먼저 상속받은 1주택을 양도하는 경우 보유하는 1주택은 상속주택 특례규정이 적용된다.

사례

- 2016년 1월 : 남편이 별도 세대인 아버지로부터 파주에 있는 1주택 상속
- 2017년 1월 : 부인이 별도 세대인 아버지로부터 서울 소재 1주택 상속
- 2018년 1월 : 남편이 상속받은 파주에 있는 1주택 양도

≫ 파주에 있는 1주택은 상속주택 비과세 특례(소령§155②) 적용

89-155-10 [상속주택을 멸실하고 새로운 주택을 신축한 경우]

상속받은 주택을 멸실하고 새로운 주택을 신축한 경우 그 신축주택은 상속받은 주택의 연장으로 보아 1세대 1주택 비과세 특례규정을 적용한다.

89-155-11 [남편이 소유하던 상속주택을 아내가 다시 상속받은 경우]

아내가 일반주택을 취득한 후 남편이 같은 세대원이 아닌 피상속인으로부터 1주택을 상속받아 1세대 2주택인 상태에서 남편의 사망으로 남편 소유의 상속주택을 아내가 상속받은 후 일반주택을 양도하는 경우 일반주택만을 소유하고 있는 것으로 보아 1세대 1주택 비과세 여부를 판정한다.

89-155-12 [상속주택의 상속등기가 이루어지지 않은 경우]

상속주택 외의 주택을 양도할 때까지 상속주택을 민법 제1013조에 따라 협의분할하여 등기하지 아니할 때는 같은 법 제1009조 및 제1010조에 따른 상속분에 따라 해당 상속주택을 소유하는 것으로 본다. 다만, 상속주택 외의 다른 주택을 양도한 이후 국세기본법 제26조의 2에 따른 국세부과의 제척기간 내에 상속주택을 협의분할하여 등기한 경우 납세지 관할 세무서장은 그 내용에 따라 거주자의 양도소득 과세표준과 세액을 결정하거나 경정하는 것이고, (2013년 2월 15일 이후 최초로 신고의무 발생분부터는) 지분변경에 따라 양도세 납세의무가 발생하는 자가 협의 분할내용에 따라 협의분

할 등기일이 속하는 달의 말일부터 2개월까지 신고·납부해야 한다.

89-155-13 [공동상속주택의 지분이 변동되는 경우]

상속 개시일 이후 공동상속주택의 상속지분이 변경된다고 하더라도 공동상속주택에 대한 소유자의 판정은 상속 개시일을 기준으로 한다.

상속인	상속인 보유 주택	공동상속주택 상속지분		일반주택을 양도 하는 경우
		상속 개시일	일반주택 양도 시	
A	일반주택	50%	30%	주택 수에 포함
B	일반주택	30%	50%	비과세 가능 (소령 §155③)
C	일반주택	20%	20%	비과세 가능 (소령 §155③)

89-155-14 [공동으로 상속받은 주택을 1인이 소유한 경우]

공동으로 주택을 상속받은 이후 소유지분이 가장 큰 상속인이 아닌 상속인이 다른 상속인의 소유지분을 추가로 취득하여 공동으로 상속받은 주택을 단독으로 소유한 경우 해당 주택은 비과세 특례규정이 적용되는 공동상속주택으로 보지 아니한다.

89-155-15 [상속주택 비과세 특례는 상속 당시 보유 1주택에 한함]

상속받은 주택(또는 조합원 입주권)을 소유한 상태에서 일반주택을 수차례 취득·양도하는 경우 매번 양도세를 비과세를 받을 수 있는 불합리를 개선하여 상속받은 시점에서 상속인의 1세대 1주택*에 대해서만 비과세 특례를 적용한다.**

다만, 수도권 밖의 읍·면에 소재하는 상속주택(피상속인이 5년 이상 거주한 주택에 한함)의 경우에는 기존과 같이 1세대 1주택 비과세 판정 시 주택 수 계산에서 제외하여 일반주택을 수차례 취득·양도해도 비과세의 계속 적용이 가능하다.

* 2013년 2월 15일 이후 일반주택을 취득해 양도하는 분부터 적용

** 2014년 2월 21일 이후 양도하는 분부터 상속 당시 보유한 조합원 입주권이 주택으로 전환된 경우도 포함. 한편 2021년 1월 1일 이후 양도하는 분부터 상속 당시 보유한 분양권 (2021년 이후 취득)이 주택으로 전환된 경우도 포함.

≫ 앞의 상속주택에 대한 비과세 특례(소령 제155조 제2항)는 상속 개시일 현재 보유

하고 있는 일반주택에 적용(2013년 2월 15일 이후)된다는 점에 유의하자. 다만, 상속 주택이 농어촌주택에 해당하면 상속 이후에 취득한 일반주택에 대해서도 비과세가 적용된다(소령 제155조 제7항). 두 조항 간 차이가 있음을 알아두자.

※ 상속주택 비과세 특례와 농어촌주택인 상속주택 비과세 특례규정의 비교

구분	상속주택 비과세 특례	농어촌주택인 상속주택 비과세 특례
근거 조항	소령 제155조 제2항	소령 제155조 제7항
비과세 특례 내용	· 상속주택 외 일반주택의 양도 시 비과세 적용 · 비과세 처분기한 없음.	농어촌주택인 상속주택 외 일반주택의 양도 시 비과세 적용
주요 비과세 요건	· 일반주택은 상속 개시일 당시에 보유할 것(2013. 2. 15). · 양도일 현재 일반주택은 1주택(일시적 2주택 포함)일 것.	· 일반주택은 상속주택 취득과 무관 · 세법상 요건을 갖춘 농어촌주택(상속주택)에서 피상속인이 5년 이상 거주할 것. · 양도일 현재 일반주택은 1주택(일시적 2주택 포함)일 것.
비과세 적용 횟수	사실상 1회	제한 없음.

혼인, 동거봉양 합가주택
1세대 1주택의 비과세 특례

혼인이나 동거봉양으로 세대를 합가해서 2주택이 된 경우에는 1세대 1주택에 대한 비과세 특례를 받을 수 있다. 또한, 일반주택이 일시적 2주택이 된 상태에서 합가주택이 있는 경우에도 마찬가지다. 이 경우 비과세 특례는 어떻게 받을까?

Case

다음과 같은 자료를 보고 물음에 대한 답을 하면?

구분	A	B	합가 후
상황 1	0주택	1주택	1주택
상황 2	1주택	1주택	2주택
상황 3	2주택 (일시적 2주택에 해당함.)	1주택	3주택

Q1 상황 1에서 혼인이나 동거봉양으로 합가하면 세무상 어떤 문제점이 발생하는가?

상황 1은 합가 후에도 1세대 1주택이 되므로 쟁점이 거의 발생하지 않는다. 참고로 2017년 8월 3일 이후에 적용되는 2년 거주요건은 합가 이전의 것을 합해 산정한다. 즉 합가 전의 세대에서 거주했다면 합가 후 일부 세대원이 거주하지 않았다고 하더라도 이를 통산해 인정하겠다는 것을 의미한다.

Q2 상황 2는 전형적인 세대합가에 의한 2주택이 된다. 이 경우 세대합가 원인이 혼인 또는 동거봉양이면 세무상 어떤 문제점이 발생하는가?

상황 2는 1세대 2주택이 된다. 따라서 주택 수가 많아지므로 다주택자에 대한 세제가 적용될 수 있다. 이에 소법은 다음과 같은 원리로 세제를 적용한다.

구분	세대합가 후 비과세 적용 여부	비고
① 두 세대가 1주택(일시적 2· 3주택 포함)씩 보유한 후 합가한 경우	적용	처분기한(합가일로부터 5년, 10년) 내 처분 시 비과세 적용
② 위 외의 경우	적용하지 않음.	처분 등을 통해 비과세 요건 충족 시 비과세 적용함.*

* Q4의 답변 참조할 것

Q3 상황 3은 비과세 특례가 적용되는가?

A 씨의 경우 합가 후 일시적 3주택 상태가 되므로 합가를 하더라도 비과세를 받을 수 있다. 본래 일시적 2주택은 비과세가 적용되는데, 이 상황에서 세법에서 인정되는 합가 사유로 주택 수가 증가했기 때문이다. 따라서 이 경우 다음 두 가지 특례제도를 순차적으로 받을 수 있다.

• 일시적 2주택 비과세 특례 적용
• 그 후 합가 비과세 특례 적용

Q4 상황 3에서 A 씨의 2주택은 일시적 2주택이 아니라고 하자. 이 상태에서 합가하면 3주택이 된다. 이 경우 비과세를 적용받을 방법은?

이때에는 A 씨가 주택 1채를 먼저 과세로 양도하면 합가로 인해 1세대 2주택이 된다. 따라서 이 경우에는 합가일로부터 5년(10년) 이내에 양도하면 비과세가 성립한다. 다음 해석을 참조하자.

※ 서면-2015-부동산-1588 [부동산납세과-1636], 2015. 10. 8.
[제목]
혼인으로 일시적 3주택이 된 후 2주택을 순차 양도 시 특례 적용 여부
[회신]
소령 제155조 제5항의 혼인 합가에 따른 1세대 1주택의 특례를 적용할 때 1주택(A) 보유자가 2주택(B, C) 보유자와 혼인함으로써 1세대가 3주택을 보유하게 되는 경우 먼저 양도하는 B 주택은 양도세를 과세하는 것이며, B 주택 양도 후 혼인한 날부터 5년 이내에 양도하는 A 주택 또는 C 주택에 대해서는 동 규정이 적용되는 것임.*

* 합가로 인해 비과세 내용이 달라지는 것을 방지하려는 조치에 해당한다.

Consulting

혼인이나 동거봉양에 의한 합가로 발생하는 세무상 쟁점을 세목별로 살펴보면 다음과 같다.

취득세	• 혼인으로 인한 세대합가 : 합가 세대를 1세대로 보아 취득세 부과함. • 동거봉양으로 인한 세대합가 : 각각 1세대로 간주하여 취득세 부과함(지령 제28조의 3 제2항 제2호).

종부세	• 혼인으로 인한 세대합가 : 합가 후 5년간은 각각 1세대로 간주해 종부세를 과세함(종부세령 제1조의 2 제4항). • 동거봉양으로 인한 세대합가 : 합가 후 10년간은 각각 1세대로 간주해 종부세를 과세함(종부세령 제1조의 2 제4항).

양도세	• 혼인으로 인한 세대합가 : 합가 후 5년 내 양도 시 비과세 특례를 적용함. • 동거봉양으로 인한 세대합가 : 합가 후 10년 내 양도 시 비과세 특례를 적용함.

※ 동거봉양에 대한 세목별 나이 요건

구분	취득세	종부세	양도세
요건	65세 이상 (1인이 65세 미만도 인정)	60세 이상 (1인이 60세 미만도 인정)	60세 이상 (1인이 60세 미만 또는 2인이 60세 미만이면 국민건강보험 법상 요양 환자인 경우도 인정)
비고	배우자의 직계존속 포함	명시적인 규정은 없으나 배우자의 직계존속 포함이 타당	배우자의 직계존속 포함

| 실전연습 |

K 씨는 1주택을 보유한 부모를 모시기 위해 세대합가 후 2주택 상태가 되었다. 물음에 답하면?

자료

- A 주택 : K 씨의 주택
- B 주택 : K 씨 부모의 주택
  - K 씨 부모의 나이는 모두 61세다.

Q1 이 상황에서 K 씨가 C 주택을 취득하면 취득세 중과세가 적용되는가?

원칙적으로 동거봉양을 위해 세대를 합가한 경우에는 각각 독립 세대로 인정해준다. 다만, 이때 취득세에서는 부모 중 한 명의 나이가 65세 이상이 넘어야 한다. 따라서 이 경우 3주택이 되어 중과세가 적용될 수 있다.

≫ 만일 부모 중 한 명이 65세를 넘었다면 K 씨는 2주택자가 되며, 신규주택이 비조정지역에 해당하면 1~3%, 조정지역에 해당하면 3년 이내에 종전주택을 처분하면 역시 1~3%의 세율이 적용된다.

Q2 C 주택을 취득한 날로부터 3년 이내에 A 주택이나 B 주택을 양도하면 양도세 비과세가 적용되는가?

이 경우 세대합가 후 2주택에 대해서는 동거봉양 합가에 따른 비과세 특례와 일시적 2주택 비과세 특례가 동시에 적용될 수 있는지를 묻고 있다. 이 경우 다음과 같이 비과세를 받을 수 있다.

① 일시적 2주택 비과세 특례 : C 주택 취득일로부터 3년 이내에 A 나 B 주택을 처분하면 일시적 2주택 비과세를 받을 수 있다.
② 동거봉양주택 비과세 특례 : 이후 A와 B 주택 중 남은 주택을 합가일로부터 10년 이내에 양도하면 비과세를 받을 수 있다.

☀️Tip 소득세 집행기준

89-155-16 [동거봉양 합가 후 같은 세대원으로부터 상속받은 주택에 대한 비과세 특례]
1주택을 보유한 1세대가 1주택을 보유하고 있는 60세 이상의 직계존속(배우자의 직계존속을 포함하며, 직계존속 중 어느 한 사람 또는 모두 60세 이상인 경우를 포함)을 동거 봉양하기 위하여 세대를 합친 후 직계존속의 사망으로 주택을 상속받으면 상속주택 외의 주택을 양도할 때에 해당 상속주택은 소령 제155조 제2항의 상속주택으로 본다 (2010년 2월 18일 이후 양도하는 분부터 적용).

89-155-17 [혼인 또는 동거봉양 전 보유한 조합원 입주권으로 취득한 주택에 대한 1세대 1주택 비과세 특례]
혼인·동거봉양에 따른 1세대 1주택 비과세 특례대상에 혼인 또는 동거봉양 전 보유한 조합원 입주권에 의해 취득한 주택을 포함하며, 주택 완공 후 보유기간이 2년 이상이고 혼인·동거 봉양한 날부터 5년 이내(동거봉양은 10년)에 양도하는 때에만 적용한다(2013년 2월 15일 이후 최초로 양도하는 분부터 적용).

89-155-18 [일반주택과 농어촌주택 등을 보유한 직계존속을 동거봉양하는 직계비속이 보유한 일반주택의 비과세 여부]

조특법 제99조의 4 제1항의 과세특례요건을 모두 갖춘 농어촌주택 등과 일반주택을 보유하는 직계존속이 구성하는 세대와 1주택을 보유하는 직계비속이 구성하는 세대가 소령 제155조 제4항에 따라 동거봉양 합가하는 경우, 직계비속 세대가 합가 전부터 보유하던 1주택을 합가일부터 10년 이내에 양도하는 경우 이를 1세대 1주택으로 보아 소령 제155조 제1항을 적용한다.

89-155-20 [동거봉양 합가 후 주택을 증여받은 경우]

동거봉양을 위하여 세대를 합가한 경우로서 합가일부터 10년 이내에 해당 직계존속 소유주택을 증여받은 때에는 증여받은 주택은 동거봉양 합가에 따른 특례규정이 적용되지 않으며, 합가일부터 10년 이내에 양도하는 본인 소유주택은 동거봉양 합가 특례규정이 적용된다.

89-155-21 [혼인 후 같은 세대원에게 양도하는 경우]

국내에 1주택을 보유하는 거주자가 1주택을 보유하는 자와 혼인하여 1세대가 2주택을 보유하게 된 상태에서 1주택을 같은 세대원에게 양도하는 경우에는 혼인 합가로 인한 1세대 1주택 비과세 특례규정이 적용되지 아니한다.

89-155-22 [혼인한 날의 의미]

1세대 1주택 비과세 특례규정이 적용되는 혼인 합가의 혼인한 날은 가족관계의 등록 등에 관한 법률에 따라 관할 지방관서에 혼인 신고한 날을 말한다.

소득세법상의 농어촌주택
1세대 1주택의 비과세 특례

일반주택을 보유 중에 귀농하면서 농어촌주택을 취득하면 2주택이 된다. 또한, 이농한 후에 일반주택을 취득하더라도 마찬가지다. 또한, 상속을 받은 경우도 마찬가지다. 이때 세법은 농어촌주택 외 일반주택을 양도하면 비과세 특례를 적용한다. 그런데 이에 대한 비과세 요건이 매우 까다로워 좀 더 관심을 둘 필요가 있다. 참고로 농어촌주택에 대한 비과세 특례규정은 소법과 조특법 두 개가 존재하는데, 후자에 대해서는 바로 뒤에서 별도로 살펴보자.

Case

K 씨는 귀농을 준비 중이다. 물음에 답하면? 단, 답변은 소득세법을 기초로 하기로 한다.

자료

• 현재 경기도에 1주택을 보유 중임.
• 충남 공주군에서 농어촌주택을 마련한 후 농지를 구입할 계획하고 있음.

Q1 소법상 농어촌주택이란 무엇을 의미하는가?

수도권 밖의 지역 중 읍 지역(도시 지역 안의 지역을 제외한다) 또는 면 지역에 소재하는 주택 중 다음의 주택을 말한다.

1. 상속받은 주택(피상속인이 취득 후 5년 이상 거주한 사실이 있는 경우에 한한다)
2. 이농인(어업에서 떠난 자를 포함한다)이 취득일 후 5년 이상 거주한 사실이 있는 이농주택(전업으로 다른 시 등으로 전출한 경우를 말함)
3. 영농* 또는 영어의 목적으로 취득한 귀농주택(농지 소재지에 있는 주택을 취득하는 경우를 말함)

   * 1,000㎡ 이상의 농지를 소유해야 함.

≫ 이들 농어촌주택에 대해서는 세부적인 요건을 확인해야 한다. 따라서 이러한 요건을 충족하지 않으면 일반주택이 됨에 유의해야 한다.

Q2 농어촌주택을 취득하면 2주택이 된다. 이 경우 어떤 비과세 특례가 적용되는가?

농어촌주택은 도시지역 내의 일반주택과는 결이 다르므로 일반주택을 양도할 때 이를 주택 수에서 제외해 일반주택에 대해서는 1세대 1주택 비과세를 적용해주겠다는 취지가 있다. 물론 이러한 제도를 악용하는 것을 방지하기 위해 까다롭게 비과세 요건을 정하고 있다.

Q3 농어촌주택은 지역 등의 요건이 있다. 구체적으로 이를 나열하면?

농어촌주택이 다음에 해당하는 경우에는 2주택이 되더라도 일반주택 1채만 있는 것으로 봐준다. 농어촌주택은 원칙적으로 수도권 밖에 소재한 주택을 말한다(단, 읍 지역의 도시지역 내는 특례 적용이 불가).

구분	① 상속·이농주택	② 귀농주택
소재 지역	서울, 인천을 포함한 경기 일원(수도권)을 제외한 읍(도시지역 밖), 면 지역	
규모	제한 없음.	고가주택을 제외한 대지면적이 660㎡ 이내
농지 취득 요건	없음.	1,000㎡ 이상의 농지 소유
일반 주택 취득 시기 요건	· 상속 농어촌주택 : 취득시기 불문(소 령 제155조 제2항 상속주택 비과세 특 례에서는 일반주택을 먼저 취득해야 함) · 이농 농어촌주택 : 이농 후 일반주택 취득해야 함.	귀농 농어촌주택 : 일반주택을 먼저 취득 한 후 귀농주택을 취득해야 함. 참고로 귀 농주택은 1,000㎡ 이상의 농지와 함께 취 득해야 함(단, 농지 취득 전 1년 이내에 이를 취득하거나 배우자 취득분도 인정).
세대원 전출 또는 전입 요건	· 상속주택 : 피상속인이 5년 이상 거주 하는 것으로 족함. · 이농주택 : 5년 이상 거주 후 영농 (영어) 종사자만 전출해도 인정	귀농주택 : 전 세대원이 원칙적으로 이사 해서 거주해야 함.
비과세 방법	일반주택은 1세대 1주택 비과세 요건 충족 시 언제든지 비과세	좌동 (단, 귀농주택은 취득일로부터 5년 내 일반주택 처분해야 함.)
비과세 적용 횟수	제한 없음.	1회 (최초 양도하는 1주택에 한해 비과세)
사후 관리	없음.	귀농해서 3년 이상 영농에 종사

Q4 사례에서 일반주택은 언제까지 양도해야 비과세를 적용받는가?

귀농주택을 취득한 후 5년 이내에 일반주택을 처분해야 비과세를 받
을 수 있다. 귀농주택 특례는 1회만 주어진다.

세목별로 농어촌주택에 대한 요건 등을 정리하면 다음과 같다.

구분	취득세	재산세	종부세	양도세	조특법
명칭	농어촌주택	없음.	지방 저가주택	농어촌주택	농어촌주택/ 고향주택
근거	지령 제28조의 2 제11호 등	-	종부령 제4조의 2 제3항	소령 제155조 제7항	조특법 제99조의 4
요건	· 660㎡(건평 150㎡ 이하) · 6,500만 원 이하 · 지역요건(조특법 의 농어촌주택과 같음)	-	· 공시가격 3억 원 이하 · 수도권 밖(일부 포 함), 광역시· 자치 시의 군· 읍· 면지 역, 기타 시도 지역	· 수도권 밖의 지역 중 읍지 역(도시지역 안 의 지역 제외) 또는 면 지역 · 상속·이농·귀 농주택	① 농어촌주택 · 지역요건(수도 권 밖, 도시지 역· 조정지역· 허가지역 등 외) · 취득 당시 3억 원(한옥 4억 원) 이하 ② 고향주택 · 지역요건(수도 권 밖, 조정지 역 등 외) · 10년 이상 고 향에서 거주
효과	· 취득세 중과세 제외 · 주택 수 제외	(일반주택으로 과세)	종부세 주택 수 제 외(1채에 한함)	일반주택 양도 세 비과세 특례*	일반주택 양도 세 비과세 특례 (농어촌주택은 3 년 이상 보유해야 함)*
비고	-	-	-	일반주택은 귀 농주택 전에 취 득(이농 시는 이 농 후 일반주택 취득, 상속주택은 무관)	일반주택은 농 어촌주택 등 전 에 취득해야 함.

* 농어촌주택은 다른 주택의 비과세 판단 시 주택 수에서 제외된다. 따라서 일반주택이 1세대 1주택이
거나 일시적 2주택에 해당하면 비과세를 받을 수 있다.

| 실전연습 |

다음 자료를 보고 물음에 답하면?

구분	주택 유형	취득시기
A 주택	일반주택	2021년 1월 1일
B 주택	상속주택	2021년 12월 1일

Q1 만일 B 주택이 서울에 소재하는 경우 A 주택에 대해 비과세를 받을 방법은?

① 일시적 2주택, ② 상속주택 비과세 특례, ③ 농어촌주택 비과세 특례가 적용되는지 순차적으로 검토하면 된다.

① 일시적 2주택 특례 → B 주택은 A 주택 취득일로부터 1년 이내에 취득한 것이므로 이 규정에 따라서는 비과세 불가
② 상속주택 비과세 특례 → 선 일반주택 취득, 후 상속주택 취득에 해당하므로 상속주택에 대한 비과세 특례가 적용됨. 따라서 이 경우 일반주택에 대한 비과세가 적용됨.
③ 농어촌주택 비과세 특례 → B 주택이 수도권 내에 소재하면 이 특례도 적용되지 않음.

Q2 만일 B 주택이 수도권 밖에 소재한 경우 A 주택에 대해 비과세를 받을 방법은? 단, B 주택은 1995년에 상속받았다고 하자.

이 경우 농어촌주택이 수도권 밖에 소재하면 농어촌주택 비과세 특례제도를 검토하면 된다. 물론 이 경우 농지의 취득 요건 등을 추가로 검토해야 한다.

Q3 Q2에서 A 주택을 양도하고 C 주택을 매수하면 역시 비과세를 받는데 제한이 없는가?

상속주택이 농어촌주택에 해당하는 경우에는 횟수와 관계없이 일반주택에 대해 비과세가 가능하다.

구분	상속주택	농어촌주택
근거	소령 제155조 제2항	소령 제155조 제7항
일반주택 비과세 횟수 제한	1회	제한 없음.

 일시적 2주택 상태에서 농어촌주택을 취득한 경우에 일시적 2주택 비과세가 성립하는가?

그렇다. 다음 해석을 참조하기 바란다.

※ 부동산 납세-2367(2015. 2. 2)

농어촌주택과 농어촌주택을 취득하기 전에 보유하던 종전의 일반주택을 각각 1채씩 보유한 상태에서 1채의 새로운 주택을 취득하여 일시적 3주택이 된 경우에도 1채의 농어촌주택을 제외하고 소령 제155조 제1항*의 일시적 1세대 2주택 특례를 적용하는 것임.

* 조특법 제99조의 4의 규정에 따른 농어촌주택도 일시적 2주택 특례가 적용된다.

89-155-24 [일반주택 취득 후 읍·면 지역 소재 주택을 취득한 경우 이농주택 해당 여부]

이농주택은 영농 또는 영어에 종사하던 자가 전업으로 인하여 다른 시·구·읍·면으로 전출할 때 이농하는 자가 소유하고 있는 주택을 말하는 것이므로, 일반주택을 먼저 취득한 후 농어촌주택을 취득한 경우 해당 농어촌주택은 이농주택에 해당하지 아니한다.

89-155-25 [귀농 후 최초로 양도하는 1개의 일반주택의 의미]

소령 제155조 제7항의 귀농 후 최초로 양도하는 일반주택은 귀농 후 비과세 요건이 갖추어지지 않은 일반주택의 양도는 제외하고 비과세 요건이 갖추어진 1개의 일반주택과 귀농주택을 보유한 상태에서 종전에 귀농주택 보유로 인한 비과세 혜택을 받은 사실이 없는 1개의 일반주택을 최초로 양도하는 경우를 말한다.

> **사례**
>
> • 1993년 1월 : 남편이 일반주택(A) 취득
> • 1998년 1월 : 남편이 농어촌주택(B) 취득해 농촌으로 이주
> • 1999년 1월 : 부인이 일반주택(C) 취득해 1세대 3주택 소유
> • 2002년 1월 : 부인의 일반주택(C) 양도
> • 2003년 1월 : 남편의 일반주택(A) 양도
>
> ≫ 남편이 양도하는 일반주택(A)은 농어촌주택과 일반주택을 소유한 1세대가 양도하는 주택에 해당해 비과세 특례규정 적용 가능

조특법상 농어촌주택·고향주택 1세대 1주택의 비과세 특례

앞에서 살펴본 소법상 농어촌주택 비과세 특례는 주로 농어촌주택을 보유한 상태에서 상속이 발생하거나 이농한 경우 그리고 귀농할 때 적용된다. 그런데 조특법 제99조의 4는 농어촌 경제의 활성화를 위해 일반주택 보유자가 일정한 농어촌주택이나 고향주택을 취득한 경우 소법과는 별개로 일반주택에 대해 비과세 특례를 적용한다.

Case

K 씨는 농어촌에서 주택을 취득하고자 한다. 취득목적은 휴양용이다. 현재 아래와 같은 주택을 보유하고 있다. 물음에 답하면?

자료

• 서울에 소재한 1주택
• 이 주택은 2015년에 취득했음.

Q1 K 씨가 농어촌에서 주택을 취득하면 취득세는?

지법상의 농어촌주택*을 취득하면 일반세율을 적용한다.

* 주로 수도권 외의 지역에서 대지면적이 660㎡ 이내, 건축물의 연면적이 150㎡ 이내, 건축물의 가액이 6,500만 원 이내 등의 요건을 갖춘 주택을 말한다(지법 제28조 등 참조).

Q2 K 씨가 농어촌주택을 취득하면 2주택이 된다. 이 경우 일반주택은 언제까지 양도하면 일시적 2주택으로 양도세 비과세를 적용하는가?

농어촌주택을 취득한 날로부터 3년 이내에 양도하면 일시적 2주택 비과세 특례를 받을 수 있다.

Q3 K 씨는 농어촌주택을 보유하면서 서울 소재 주택을 3년 후에 비과세를 받을 방법은 무엇인가?

이때에는 소법 또는 조특법상 농어촌주택에 해당하면 일반주택에 대해 비과세를 받을 수 있다. 다만, 사례의 경우 소법상 상속·이농·귀농주택에는 해당하지 않으므로 이때에는 조특법상의 농어촌주택에 해당하는지를 확인해야 한다.

- 조특법상 농어촌주택에 해당하는 경우 : 언제든지 일반주택을 양도하면 비과세 가능(요건은 다음 참조)

Consulting

조특법 제99조의 4에서 규정하고 있는 농어촌주택 등 취득자에 대한 양도세 과세특례제도를 정리해보자.

2003년 8월 1일부터 2025년 12월 31일까지의 기간(이하 이 조에서 '농어촌주택 취득 기간'이라고 한다) 중에 취득한 1채의 주택으로서 3년 이상 보유하고 당해 농어촌주택 취득 전에 보유하던 일반주택을 양도하는 경우 농어촌주택은 없는 것으로 보아 1세대 1주택 비과세 여부를 판단한다.

이때 농어촌주택의 요건은 다음과 같다.

※ 조특법상 농어촌주택과 고향주택 취득자에 대한 과세특례 비교

구분	농어촌주택	고향주택
취득시기	2003. 8. 1~2025. 12. 31	2009. 1. 1~2025. 12. 31
지역범위	읍·면 지역으로 하되, 다음 지역은 제외 ① 수도권 지역 ② 도시지역, 토지거래허가지역, 조정지역, 지정지역 ③ 관광단지(관광진흥법) ≫ 기회발전특구는 위의 지역요건을 적용하지 않음(2024년 이후 양도분).	다음의 요건을 갖출 것 ① 고향에 소재하는 주택 – 가족관계등록부에 10년 이상 등재된 등록기준지로서 10년 이상 거주한 사실이 있는 지역 ② 별표 12에 따른 시 지역으로 하되, 다음 지역은 제외 – 수도권 지역 – 도시지역, 조정지역, 지정지역 – 관광단지(관광진흥법)
규모 기준	대지 및 주택 면적 삭제됨.	좌동
가액 기준	취득 당시 기준시가 3억 원 이하(한옥의 경우에는 4억 원 이하) 등	
기타	일반주택이 행정구역상 같은 읍·면 또는 연접한 읍·면에 소재하지 않아야 함.	

※ 소법상의 귀농주택과 조특법상의 농어촌주택의 주요 내용 비교

구분	소법	조특법
조항	소령 제155조 제7항	조특법 제99조의 4
특례 내용	일반주택 양도 시 비과세	좌동
농어촌주택의 주요 요건	·수도권 밖 ·일반주택 취득 후 농어촌주택 취득 ·농어촌주택 보유 요건 없음.	·유사 ·좌동 ·3년 이상 보유
농지취득 요건	1,000㎡ 이상	없음.
일반주택 처분기한	귀농주택만 5년	없음.

≫ 조특법상의 농어촌주택은 농지취득 요건이 없다. 또한 비과세를 위한 처분 기한이 따로 없다.

| 실전연습 |

L 씨는 다음과 같이 주택을 보유하고 있다. 물음에 답하면?

자료

- A 주택 : 2010년에 취득함.
- B 주택 : 2023년에 취득함.

Q1 A 주택은 언제 양도하면 일시적 2주택으로 비과세를 받을 수 있는가?

일시적 2주택 비과세를 위해서는 2023년 취득일로부터 3년 이내에 A 주택을 양도해야 한다.

Q2 만약 2024년에 조특법상 농어촌주택을 취득하면 A 주택에 대해 비과세를 받을 수 있는가?

받을 수 있다. 다음 해석을 참조하자.

일시적 2주택을 보유한 1세대가 조특법 제99의 4에 따른 농어촌주택을 취득한 경우로서 일시적 2주택 중 종전주택을 신규주택 취득일부터 3년 이내에 양도하는 경우에는 국내에 1개의 주택을 소유하고 있는 것으로 보아 소법 89① 3호(비과세)를 적용한다(부동산-6220, 2022. 9. 14).

주택임대사업자의 거주주택 1세대 1주택의 비과세 특례

한동안 주택임대사업에 관한 관심이 많았다. 전·월세난을 해결하기 위해 주택임대사업자에게 파격적인 세제 혜택을 부여했기 때문이다. 하지만 2023년 12월 현재 아파트는 등록할 수 없고, 이미 등록된 주택들은 자동 말소 등이 되면서 다양한 세무상 쟁점이 많이 생기고 있다. 그중 거주주택에 대한 양도세 비과세에서 그 현상이 도드라진다. 이에 대해 알아보자.

Case

K 씨는 서울에서 2005년 19세대 다가구주택을 취득해서 임대하고 있다. 2018년에 담당 시청과 담당 세무서에 임대 등록을 해서 주택임대사업자가 되었다. 이 상황에서 현재 거주하고 있는 아파트를 양도하려고 하는데 이 경우 양도세 비과세를 받을 수 있을까? 단, 다가구주택은 호별로 기준시가가 6억 원 이하에 해당한다.

Solution

이 같은 물음에 답을 하기 위해서는 먼저 관련 규정부터 확인할 필요가 있다.

Step 1. 관련 규정의 확인

소령 제167조의 3 제1항 제2호 규정에 따른 장기임대주택과 거주주택 1개를 소유한 1세대가 거주주택을 양도하는 경우 거주주택의 보유기간이 2년 이상이고, 세대 전원의 거주기간이 2년 이상이면 거주주택을 1세대 1주택으로 보아 비과세를 적용하고 있다.

※ 장기임대주택이란

담당 세무서에 사업자등록과 담당 지방자치단체에 임대주택으로 등록한 주택으로 다음의 요건을 충족한 주택을 말한다. 참고로 임대주택 중 등록 시 기준시가 6억 원(지방은 3억 원)을 초과한 주택이 있는 경우에는 비과세 혜택을 받을 수 없음에 유의해야 한다.

구분	가액	호수	임대 기간	임대료 증액제한
매입 임대 주택	임대개시일 당시 기준시가 6억 원 (수도권 밖은 3억 원) 이하 ※ 다가구주택은 호별로 앞의 가액을 적용함.	1호 이상	5년* 이상	5% 이내 (2019. 2. 12 이후)

* 2020. 7. 11~8. 17 : 8년(장기임대) 이상, 2020. 8. 18 이후 : 10년(장기임대) 이상 임대를 해야 한다. 그전에는 장단기불문하고 5년 이상이다(단, 4년 자동 말소나 1/2 이상 임대 후 자진 말소 시 5년 이상 임대한 것으로 본다).

Step 2. 사례의 비과세 판단

2018년에 담당 시청과 담당 세무서에 임대사업자등록 및 사업자등록을 하고, 주택임대자로서 2년 이상 거주한 주택을 양도하는 것에 해당하므로 비과세를 받을 수 있다.

앞의 임대주택에는 오피스텔도 포함하는가?

오피스텔 중 주거용 오피스텔만 해당한다. 따라서 주거용 오피스텔을 보유하고 있는 경우 다른 주택과 같이 등록을 할 수 있다(아파트는 2018년 8월 18일 이후부터 등록 불가능).

>> 다가구주택이나 오피스텔 등에 대한 임대 등록 시 세제 혜택은 4장의 '실력 더하기'를 참조하기 바란다.

Consulting

주택임대사업자에 대한 세무상 쟁점을 세목별로 정리하면 다음과 같다.

취득세	• 신규로 분양된 60㎡ 이하의 공동주택(아파트 제외)과 오피스텔은 취득세 감면이 가능하다. • 임대주택은 주택 수에 포함되어 다른 주택의 취득세율 결정에 관여한다.
▼	
보유세	• 재산세 : 임대 등록된 주택에 대해서는 원칙적으로 재산세 감면을 적용한다. • 종부세 : 적법하게 임대 등록된 주택에 대해서는 종부세 합산배제를 받을 수 있다. 말소된 주택은 종부세 합산배제가 적용되지 않는다.
▼	
양도세	• 거주주택 비과세 : 2년 거주한 주택에 대해서는 생애 동안 1회 비과세를 적용한다. • 임대주택 중과 적용 배제 : 양도일 현재 조정지역 내의 임대주택은 중과세를 적용하지 않는다. • 장기보유특별공제 감면 등 : 장기임대기간 8년이면 50%, 10년 이상이면 70%가 적용된다.

※ 주택임대사업자의 거주주택 비과세 적용 시 유의할 점

☑ 거주주택 비과세를 받기 위해서는 장기임대주택과 거주주택에 대한 요건을 각각 확인해야 한다.

☑ 장기임대주택은 가액(6억 원, 3억 원)과 임대 기간요건(5~10년, 자동 말소 등)에 주의해야 한다.

☑ 등록한 임대주택은 반드시 등록 시기별로 5·8·10년 이상 임대해야 한다.

☑ 거주주택은 전 세대원들이 2년 이상 거주해야 함에 유의해야 한다. 전 세대원들이 함께 거주하지 못한 경우에는 반드시 이를 확인한 후 실행해야 한다.

☑ 자동 말소된 임대주택이 있다면 최초 말소된 날로부터 5년 이내에 거주주택을 양도해야 한다.

☑ 1/2 이상을 임대한 상태에서 자진 말소를 하면 최초 말소일로부터 5년 이내에 거주주택을 양도하면 비과세가 적용된다.

☑ 임대주택을 모두 처분한 후 나머지 주택이 1세대 1주택이라면 일반규정을 적용해 비과세를 적용한다. 만일 1채라도 임대주택이 있으면 임대사업자로서의 비과세 규정을 적용해야 한다.

☑ 거주주택 비과세는 생애 동안 1회만 적용된다(2019년 2월 12일 이후 취득분에 한함).

| 실전연습 |

K 씨는 부산광역시에서 등록임대주택 2채와 거주주택을 보유하고 있다. 물음에 답하면?

Q1 지방도 전 세대원이 2년 거주가 되어야 하는가?

주택임대사업자의 거주주택 비과세는 전국에 걸쳐 세대 전원이 2년 이상 거주한 사실이 있어야 한다.

Q2 거주주택에 대한 비과세를 받은 후 임대주택에서 2년 이상 거주하면 비과세가 적용되는가?

임대주택이 최종 1주택에 해당해야 비과세할 수 있다. 하지만 전체 양도차익에 대해 비과세되는 것이 아니라 직전 거주주택 양도일 이후에 발생한 양도차익에만 적용된다. 이는 2채 이상의 주택이 양도세 비과세 혜택을 중복해서 받는 것을 방지하기 위해서다.

예를 들어 H 씨의 다가구주택의 전체 양도차익이 3억 원이라고 하자. 이 중 거주주택을 양도한 이후에 발생한 양도차익이 1억 원이라면 다음과 같이 과세방식이 결정된다.

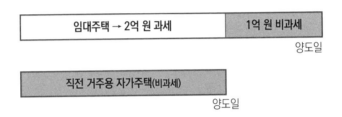

즉 전체 양도차익 3억 원 중 2억 원에 대해서는 과세가 적용되며, 1억 원에 대해서는 비과세가 적용된다는 것이다.

Q3 거주주택 비과세는 생애 1회만 적용되는데, 본인이 선택해서 신청할 수 있는가?

그렇지 않다. 다음 해석을 참조하기 바란다.

※ 사전법규재산 2023-393(2023. 7. 26)

장기임대주택을 보유한 상태에서 거주주택을 양도하는 경우 소득령§155<20> 특례 요건을 갖춘 거주주택은 양도가액 12억 원 범위에서 소득령 §154①에 의해 당연히 비과세되는 것으로 비과세 적용 여부의 임의적 선택은 불가함.

임대주택의 자동 말소에 따른 거주주택 1세대 1주택의 비과세 특례

주택임대사업자들이 등록한 주택은 민특법상 임대유형에 따른 임대의무 기간이 있다. 임대유형은 크게 4년 단기임대와 8년 또는 10년 장기임대로 구분할 수 있다. 그런데 이 중 일부는 임대의무 기간이 종료되면 등록이 자동 말소가 되기도 하며, 임대의무 기간이 종료되기 전이라도 자진해서 말소도 가능하다. 그렇다면 이러한 말소제도가 세법에 어떤 영향을 줄까?

Case

K 씨는 아래와 같이 주택을 보유하고 있다. 물음에 답하면?

자료

- A 주택 : 거주용 주택
- B 주택 : 4년 단기임대주택으로 2023년 1월 자동 말소됨.
- C 주택 : 8년 장기임대주택(아파트)으로 2025년 1월 자동 말소될 예정임.

Q1 2024년 기준 종부세는 중과세가 적용되는가?

요건을 갖춰 임대 등록한 주택들은 종부세 합산배제가 된다. 사례의 경우 C 주택이 이에 해당한다. 따라서 이 경우 종부세 과세대상 주택 수가 A와 B 주택 등 2채가 되므로 중과세[*]가 적용되지 않는다.

* 종부세 중과세가 적용되기 위해서는 개인이 3채 이상 주택을 보유하고 있어야 한다.

Q2 거주용 주택은 언제까지 양도하면 비과세가 적용될까?

주택임대사업자가 거주하고 있는 주택은 생애 동안 1회에 한해 비과세를 받을 수 있다. 물론 다음과 같은 요건을 충족해야 한다.

- 거주주택에서 2년 이상 거주할 것(전국적으로 적용됨).
- 2 이상의 임대 등록주택이 있는 경우 최초 말소일로부터 5년 이내에 처분할 것.

사례의 경우 2023년 1월에 최초 자동 말소가 되었으므로 이날로부터 5년 이내에 거주주택을 처분하면 비과세를 받을 수 있다.

 만일 B 주택을 먼저 처분하는 경우에는 언제까지 거주주택을 양도해야 비과세를 받을 수 있을까?

이에 대해 과세관청은 C 주택이 있는 한 B 주택의 말소일로부터 5년 이내에 처분하도록 하고 있다. 다음 해석을 참조하기 바란다.

※ 기획재정부 재산세제과-1308, 2022. 10. 18.

장기임대주택이 소령 제155조 제23항 각 호에 해당하여 등록이 말소된 후 취득한 주택을 양도하는 경우 같은 조 제20항이 적용되지 않는 것임. 또한, 장기임대주택을 2호 이상 임대하는 경우에는 최초로 등록이 말소되는 장기임대주택(거주주택 양도일 현재 최초로 등록이 말소되는 장기임대주택의 보유 여부를 불문한다)의 등록 말소 이후 5년 이내에 거주주택을 양도하는 경우에 한정하여 소령 제155조 제23항이 적용되는 것임.

만일 B 주택과 C 주택을 모두 처분하면 이 경우 거주주택은 언제까지 양도해야 비과세를 받을 수 있을까?

이 경우에는 거주주택이 1세대 1주택에 해당하므로 일반규정(소령 154조)에 따라 언제든지 양도해도 비과세가 성립한다.

Q3 만일 C 주택을 자진 말소하면 세제에는 어떤 영향을 주는가?

우선 이에 대한 답을 찾기 위해서는 민특법상 자진 말소가 가능한지, 아닌지부터 알아봐야 한다.

구분	자동 말소가 되는 임대주택	자진 말소를 할 수 있는 임대주택
4년 단기임대	모든 임대주택	모든 임대주택
8년 장기임대	아파트만 해당	아파트만 해당
10년 장기임대	없음.	없음.

사례의 경우 8년 장기임대로 해당 주택이 아파트에 해당하므로 자진 말소가 가능하다. 이 경우 다음과 같이 세제 등을 적용한다.

- 민특법상 임대의무 기간 미충족에 따른 과태료 면제
- 거주주택에 대한 양도세 비과세 : 임대의무 기간의 1/2 이상 임대와 임차인 동의를 얻으면 가능
- 말소주택에 대한 양도세 중과배제 : 임대의무 기간의 1/2 이상 임대와 임차인 동의를 얻으면 가능

Q4 주택임대사업자가 세제 혜택을 받으려면 임대의무 기간 내에 임대료를 5% 이내에서 올려야 한다. 이때 임대료는 어떤 식으로 올려야 하는가?

주택임대사업자에 대한 세제 혜택은 임차인의 주거안정을 위해 임대료를 5% 이내에서 올릴 수 있도록 하고 있다. 다만, 5% 증액제한은 임

대차계약 조건에 따라 증액제한이 적용되는 기간이 달라진다.

구분	민특법	세법
2년 계약 기간 임차인이 같은 경우	2년 후 증액 가능	좌동*
1년 계약 기간 이후 임차인이 변경된 경우 (동일 임차인은 협의 시 증액 가능)	1년 후 증액 가능	좌동*
1년 계약 기간 내에서 임차인이 변경된 경우	전 계약 기간과 합해 1년 후 증액 가능	좌동*

* 임대료 증액제한 규정은 양도세 100% 감면, 장기보유특별공제 70% 적용 등을 규정한 조특법에서 시작되었으며, 종부세법이나 소법에서는 2019년 2월 12일에 도입되었다. 따라서 후자의 경우 이날 이후에 계약된 것을 기준으로 5% 이내 증액 여부를 확인해야 한다(렌트홈 홈페이지 참조).

Q5 말소 후에는 임대를 하지 않아도 문제가 없는가?

자동 말소 후에는 더 임대사업자가 아니므로 임대업을 폐지하거나 임대료를 5% 이상 임대해도 전혀 문제가 없다(재산세제과-151, 2022. 1. 24).

Consulting

주택임대사업자의 자동 말소와 자진 말소에 따른 세제의 변화를 세목별로 정리하면 다음과 같다.

취득세	• 자동 말소 : 취득세 추징은 없다. • 자진 말소* : 상동

▼

종부세	• 자동 말소 : 종부세 추징은 없으나, 말소 이후는 종부세가 과세된다. • 자진 말소* : 상동

▼

양도세	• 자동 말소 : 양도세 중과배제, 거주주택 비과세 등을 받을 수 있다. • 자진 말소** : 임대의무 기간의 1/2(2년, 4년) 이상 임대 후 자진 말소한 경우에만 양도세 중과배제, 거주주택 비과세 등을 적용한다.

* 취득세와 종부세는 민특법에 따라 자진 말소를 하면 추징하지 않는다.

** 양도세는 민특법상 임대의무 기간의 1/2 이상이 지난 상태에서 임차인의 동의를 전제로 자진 말소를 해야 세제 혜택을 부여한다.

| 실전연습 |

K 씨는 다음과 같이 임대 등록을 했다. 물음에 답하면?

자료

구분	취득지역	임대유형	취득시기	등록 시기	등록 시 기준시가	임대료 상한률
A 아파트	서울시 (동작구)	8년 장기임대	2017년 12월 1일	2018년 3월 31일	7억 원	5% 이내 충족
B 아파트	부산시	4년 단기임대	2005년 1월 1일	2020년 4월 1일	2억 원	
C 다세대주택	고양시	10년 장기임대	2017년 2월 1일	2018년 4월 1일	3억 원	

Q1 앞의 주택을 임대 중에 거주하는 주택을 양도하면 비과세 받을 수 있나?

거주주택에 대한 양도세 비과세는 임대 등록이 되어 있다고 무조건 적용되는 것은 아니다. 아래와 같이 장기임대주택에 대한 요건을 별도로 두고 있기 때문이다. 따라서 사례의 경우 A 주택이 기준시가 요건을 갖추지 못해 거주주택에 대한 비과세를 받을 수 없다.

임대주택의 요건	거주주택의 요건
· 임대개시일 6억 원(3억 원) 이하에 해당할 것 · 임대료 5% 이내에서 인상할 것 · 의무임대 기간이 등록 시기별로 5~10년 이상일 것	· 2년 이상 거주할 것 · 최초 말소일로부터 5년 이내에 처분할 것 등

Q2 앞의 임대주택 중 자진 말소가 가능한 것은?

4년 단기임대는 모든 주택이, 8년 장기임대는 아파트만 자진 말소가 가능하다. 하지만 2020년 8월 18일 이후에 등록한 다세대주택 등은 자진 말소가 불가능하다. 따라서 사례의 경우 A와 B 아파트는 자진 말소할 수 있다.

Q3 A 아파트를 자진 말소 후 이를 먼저 양도하면 거주주택은 비과세를 받을 수 있는가? 그렇다면 이 경우 언제까지 거주주택을 양도해야 하는가?

자진 말소한 후 이를 양도하더라도 다른 임대주택이 있는 한 2년 이상 거주한 주택을 양도하면 역시 비과세를 받을 수 있다. 이때 임대주택이 남아 있는 경우(임대주택이 2채 이상인 경우)에는 최초 말소일로부터 5년 이내에 거주주택을 양도해야 비과세를 받을 수 있다. 다만, 기준시가 요건을 충족하지 못한 임대주택을 먼저 양도한 경우에도 거주주택 비과세가 가능한지의 여부는 유권해석을 통해 확인해야 할 것으로 보인다.

Q4 A~C 임대주택을 모두 처분한 후에 거주주택을 양도하면 처분기한이 있는가?

이 경우에는 더 이상 주택임대사업자가 아니므로 일반규정에 따라 1세대 1주택 비과세를 받으면 된다. 이때 1세대 1주택자는 처분기한이 없다(일시적 2주택자는 3년 이내에 처분).

※ 임대주택 수와 비과세 적용법

1. 등록임대주택이 1채인 경우

- 임대주택이 등록 중인 경우 : 언제든지 거주주택 양도 시 비과세 가능(소령 제155조 제20항)
- 임대주택이 자동 말소(또는 자진 말소)되었으나 계속 임대 중인 경우 : 말소일로부터 5년 이내에 거주주택 양도 시 비과세(소령 제155조 제20항)

- 임대주택을 먼저 처분한 경우 : 언제든지 일반주택 양도 시 비과
세 가능(소령 제154조 제1항)

2. 등록임대주택이 2채 이상인 경우
- 임대주택이 모두 등록 중인 경우 : 언제든지 거주주택 양도 시
비과세 가능(소령 제155조 제20항)
- 임대주택 중 자동 말소(또는 자진 말소)된 주택이 있는 경우 : 최초 말
소일로부터 5년 이내에 거주주택 양도 시 비과세(소령 제155조 제20항)
- 임대주택을 모두 처분한 경우 : 언제든지 일반주택 양도 시 비과
세 가능(소령 제154조 제1항)

☀Tip 거주주택 비과세 특례와 중첩 적용 사례

Q1 일정 요건을 충족한 임대주택을 소유하고 있는 경우에도 거주주택에 대해 동거
봉양 합가 특례 또는 혼인 합가 특례 또는 일시적 2주택 비과세 특례가 가능한가?
요건 충족 임대주택을 소유하고 있는 상태에서 양도하는 거주주택에 대해서는 거주
주택 비과세 특례와 동거봉양 합가 비과세 특례 또는 거주주택 비과세 특례와 혼인
합가 비과세 특례 또는 거주주택 비과세 특례와 일시적 2주택 비과세 특례를 각각 중
첩 적용할 수 있다(부동산거래관리과-44, 2012. 1. 17, 부동산거래관리과-244, 2012. 5.
1, 사전-2020-법령해석재산-0320, 2021. 1. 20).

Q2 농어촌주택, 장기임대주택, 거주주택, 대체주택을 소유한 때도 비과세 특례가
적용되는가?
2주택을 보유하는 1세대가 조특법 제99의 4에 따른 농어촌주택 1개를 취득한 후 종
전 보유주택 중 1개의 주택을 '장기임대주택'으로 등록함에 따라 농어촌주택과 소세
령 155〈19〉(현행 〈20〉)에 따른 거주주택, 장기임대주택을 보유한 상태에서 거주주택
취득일로부터 1년 이상이 지난 후에 일반주택을 취득하고 일반주택 취득일로부터 3
년 이내에 거주주택을 양도하는 경우 해당 거주주택은 1세대 1주택 비과세대상에 해
당하는 것임(재산-0198, 2017. 7. 10).

주택임대사업자들이 임대 등록하면 다음과 같은 세제 혜택을 누릴 수 있다. 다만, 2020년 8월 18일 이후에는 아파트(도시형 생활주택은 제외)를 제외한 주택만 임대 등록이 가능하다.

1. 취득세 감면

주택임대사업을 하기 위해 신축된 공동주택(주거용 오피스텔 포함)을 취득하면 취득세를 감면받을 수 있다(지특법 제31조).

1) 감면조건

취득세는 지방세에 해당하는 세목으로 다음과 같은 조건을 충족해야 감면을 적용한다.

① 임대주택으로 등록을 할 것

물건지가 소재한 담당 시·군·구청 세무과에 임대주택을 등록해야 한다. 신규로 분양된 공동주택(주거용 오피스텔 포함)은 취득한 날로부터 60일 이내에 등록하면 된다. 참고로 여기서 '취득한 날'은 잔금을 청산한 날을 말한다. 한편 민특법 시행령(제7조)에서는 다음과 같은 주택을 기본적으로 보유하도록 하고 있다.

- 건설 임대주택의 경우 : 단독주택은 2호(다가구주택은 1호), 공동주택은 2세대
- 매입 임대주택의 경우 : 단독주택은 1호, 공동주택은 1세대

② 신규로 분양된 공동주택(주거용 오피스텔 포함)일 것

취득세 감면은 신규로 분양된 공동주택과 주거용 오피스텔에만 적용한다. 따라서 신규가 아닌 기존주택 등은 감면대상이 아니며(즉 최초 1회에 대해서만 감면), 공동주택이 아닌 단독주택(다가구주택 포함)도 감면대상이 아니다.

 분양권 전매를 통해 임대주택을 취득한 때도 취득세를 감면받을 수 있을까?

지방세의 경우에는 주택의 취득 시점에서 감면을 적용하므로 이 경우 감면이 가능할 것으로 보인다(조세심판원 2010이지 0593, 2010. 10. 8).

 취득세는 담당 세무서에 등록하지 않더라도 감면이 적용된다고 한다. 왜 그런가?

취득세는 지방세에 해당하기 때문이다. 따라서 국세를 담당하는 담당 세무서에 사업자등록을 하지 않더라도 감면을 적용받을 수 있다.

③ 전용면적이 60㎡ 이하일 것

취득세 감면이 적용되는 주택은 전용면적이 60㎡(18평) 이하여야 한다. 따라서 전용면적이 이를 초과한 주택은 감면받지 못한다.

④ 가격 요건

수도권은 시가표준액이 6억 원, 그 밖의 지역은 3억 원 이하에 해당해야 한다.

2) 최소납부세액 제도의 적용

2016년부터는 취득세 감면조건을 모두 충족하더라도 100%가 아닌 85%만을 감면받는다. 15% 정도는 최소한 내도록 하는 제도가 적용되기 때문이다(지특법 제177조의 2).

3) 감면세액의 추징

취득세를 감면받은 후 민특법 시행령 제13조에서 규정하고 있는 임대의무 기간(10년 등) 내에 파산 등의 사유를 제외하고 임의매각 시 감면받은 세액이 추징된다(지특법 제31조 제2항).

>> 단, 민특법상 절차에 따라 자동 말소와 자진 말소 시에는 추징하지 않는다.

2. 보유세 감면

재산세는 감면, 종부세는 합산배제 규정이 적용된다. 이 둘을 나눠서 살펴보자.

1) 재산세의 감면

재산세를 감면받기 위해서는 다음과 같은 요건을 모두 충족해야 한다.

① 등록 조건

담당 시·군·구청에 주택임대사업자로 등록을 해야 한다.

② 감면대상 주택조건

재산세를 감면받기 위해서는 공동주택(주거용 오피스텔 포함)을 보유해야 한다. 다만, 최근 다가구주택도 감면받을 수 있게 되었다(지특법 제31조의 3).

③ 보유주택 수조건

재산세를 감면받기 위해서는 임대주택이 2호 이상이 되어야 한다.

④ 면적조건

이상과 같은 조건을 충족하면 다음과 같은 감면율을 적용한다.

구분	40㎡ 이하	60㎡ 이하	85㎡ 이하
감면율	100%	50%	25%
비고	30년 이상 임대	5~10년 이상 임대	5~10년 이상 임대

2) 종부세의 합산배제

종부세 합산배제를 받기 위해서는 종부세를 담당하는 세무서에도 사업자등록이 필요하다. 그리고 매년 9월 16~30일 사이에 담당 세무서에 합산배제 신청을 해야 한다. 참고로 종부세 합산배제요건은 다음과 같다.

구분	종부세 합산배제요건
매입 임대주택	1채 이상, 임대 기간 5~10년 이상 단, 임대개시일 기준 6억 원(수도권 밖 3억 원) 이하일 것(면적조건은 2011. 10. 14 삭제) ≫ 2018년 9월 14일 이후 조정지역 내 취득분은 합산과세됨(단, 6월 1일 현재 조정지역 해제 시 합산배제 가능함).
건설 임대주택	2채 이상, 5~10년 이상 임대 단, 주택은 149㎡(45평), 9억 원 이하일 것

매입 임대주택의 경우 1채 이상이면 종부세 합산배제를 받을 수 있다. 다만, 임대 기간이 5년* 미만인 상태에서 이를 매각하는 경우에는 종부세를 추징한다.

* 2020. 7. 11~8. 17은 8년, 2020. 8. 18 이후는 10년 이상 임대해야 한다.

3. 임대소득세 감면

주택임대사업자가 주택을 임대하는 경우의 세금 관계를 알아보자. 단, 주택임대 시에는 부가가치세는 면세가 되므로 종합소득세 정도만 관심을 두면 된다.

보유 주택 수	임대소득세가 과세되는 경우	비고
1채	고가주택의 월세	고가주택은 기준시가 12억 원 초과 주택
2채 이상	임대주택의 월세 (3주택 이상자는 전세보증금에 대해 과세함*)	일반적으로 2채 이상을 소유한 상태에서 1주 택 이상을 월세로 임대하면 소득세를 과세하 는 것이 원칙임.**

* 단, 소형임대주택(40㎡ 이하, 기준시가 2억 원 이하)은 전세보증금 과세 시 주택 수에서 제외된다.
** 연간 임대소득이 2,000만 원에 미달하면 분리과세와 종합과세 중 선택할 수 있다.

앞에서 보유주택 수는 다음과 같이 계산한다.

☑ 본인과 배우자가 주택을 각각 소유하는 경우에는 이를 합산한다.

☑ 공동소유의 주택은 지분이 가장 큰 자의 소유로 계산한다. 지분이
같은 경우에는 각각의 소유로 한다. 다만, 지분이 가장 큰 자가 2
인 이상인 경우로서 그들이 합의해 그들 중 1인을 당해 주택의 임
대수입의 귀속자로 정한 경우에는 그의 소유로 계산한다(소령 제8조
의 2 제3항 제2호).

☑ 다가구주택은 1채의 주택으로 본다.

☑ 구분등기가 된 다세대주택은 각각을 1채로 계산한다.

4. 양도세 특례

임대 중에 임대주택 또는 거주주택을 양도하면 다음과 같이 과세 여
부가 결정된다.

보유주택 수	과세 여부	비고
임대주택	과세함.	장기보유특별공제 특례 적용 등을 검토해 야 함.
거주주택	비과세함.	말소 시 처분기한 등에 유의

1) 임대주택의 양도

임대주택을 양도하면 다음과 같은 세금 관계가 형성된다.

① 의무임대 기간 내 임의 양도하는 경우

취득세 감면(재산세는 제외), 종부세 및 거주주택 양도세 비과세 등을 받은 경우 의무임대 기간 미충족으로 인해 세금이 추징될 수 있다. 만일 이러한 감면이나 비과세를 받지 않으면 일반주택에 대한 과세체계로 세금이 발생한다.

② 의무임대 기간 후에 양도하는 경우

5년 등 의무임대 기간 후에 양도하는 경우에는 감면이나 비과세 등을 추징당하지 않는다. 한편 임대주택의 양도로 인한 양도세는 부과하는 것이 원칙이나 조특법에 따른 감면이 적용되는 경우에는 장기보유 특별공제 특례(50~70%)* 등을 받을 수 있다.

* 2021년 이후 양도분부터 전체 양도차익 중 8년 또는 10년 임대기간에 대한 양도소득에 대해서만 공제를 적용한다(나머지 차익에 대해서는 전체 보유기간에 2%가 적용된다. 법령해석재산-1392, 2021. 10. 28). 참고로 이 공제특례에 대해서는 농특세가 부과되지 않는다.

2) 거주주택의 양도

임대주택 외 거주주택을 양도하는 경우에는 다음과 같은 조건을 충족하면 비과세를 받을 수 있다.

① 담당 시·군·구청에 임대사업자등록을 하고 담당 세무서에 사업자 등록을 별도로 할 것.

② 거주주택은 등록 시 기준시가가 6억 원(지방은 3억 원) 이하에 해당할 것.

③ 등록 후 의무임대 기간(등록 시기별로 5~10년) 이상 임대할 것(단, 자동말소와 자진 말소 시에는 5~10년 임대를 하지 않아도 됨).

※ 거주주택 비과세를 위한 등록유형 및 의무임대 기간

구분	2020. 7. 10 이전	2020. 7. 11~8. 17	2020. 8. 18 이후
임대유형	4(5년) 단기 또는 8년 장기 불문	8년 장기 임대	10년 장기 임대
		아파트 제외 단기 → 장기 제외 (논란 있음*)	-
의무임대 기간	5년 이상	8년 이상	10년 이상
의무임대 기간 특례	자동 말소 또는 자진 말소 (1/2 임대 후) 시 의무임대 기간 충족함.	-	-
의무임대 기간 미충족 시 불이익	거주주택 비과세 추징		

* 이 기간에 단기에서 장기로 변경하면 거주주택 비과세를 해주지 않는다고 하나, 이미 4년 단기임대 를 마친 상태에서 장기로 변경한 경우에는 비과세를 해주는 것이 타당하다. 유권해석을 통해 확인하 기 바란다.

☀Tip 거주주택 비과세 관련한 주요 상담 사례(국세청)

Q1 거주주택 비과세 규정을 적용하면서 거주주택의 요건은?

취득 당시 조정대상지역인지, 아닌지 및 취득시기와 관계없이 무조건 1세대가 거주 주택 보유기간에 거주기간이 2년 이상이어야 함. 거주주택이 직전 거주주택 보유주 택이면 소법 제168조에 따른 사업자등록과 민특법 제6조에 따른 임대사업자등록을 한 날 이후의 거주기간이 2년 이상이어야 함(소령 제155조 제20항 제1호).

Q2 거주주택 비과세를 받기 위한 매입임대주택의 의무임대 기간(임대 기간 요건)은?

2020년 7월 10일 이전에 시·군·구청 임대사업자등록 신청한 단기민간임대주택 및 장기일반민간임대주택은 5년 이상, 2020년 7월 11일부터 2020년 8월 17일까지 기간에 시·군·구청 임대사업자등록 신청한 장기일반민간임대주택(아파트 제외)은 8 년 이상, 2020년 8월 18일 이후 시·군·구청 임대사업자등록 신청한 장기일반민간임 대주택(아파트 제외)은 10년 이상임(소령 제155조 제20항, 2020.10.7 개정 소령 부칙 제 31083호).

Q3 매입임대주택의 의무임대 기간 계산 시 임대개시일은 언제인가?

시·군·구청 임대사업자 등록 및 세무서 사업자등록을 하고 임대주택으로 등록해 임대하는 날부터 임대를 개시한 것으로 봄(부동산 거래관리과-647, 2012. 11. 29, 소령 제155조 제20항, 제167조의 3 제3항).

Q4 임대주택의 의무임대 기간 충족 전에 거주주택을 먼저 양도해도 비과세되는가?

비과세됨. 다만, 거주주택 비과세 특례를 적용받은 후에 장기임대주택의 임대 기간요건을 충족하지 못하게 된(임대의무호수를 임대하지 않은 기간이 6개월을 지나면 포함) 때에는 비과세한 거주주택 양도세 추징됨(소령 제155조 제21항, 제22항, 사전-2020-법령해석재산-0207, 2020. 6. 17).

Q5 거주주택 1개와 2호 이상의 임대주택을 보유한 1세대가 거주주택을 양도하는 경우로서 거주주택 양도 당시 2호 이상의 임대주택 중 일부 임대주택에 공실이 발생한 경우 거주주택이 비과세 되는가?

거주주택 양도일 현재 임대주택 중 일부 공실이 발생한 때도 그 공실이 자가거주 등 임대 이외의 목적으로 사용되는 것이 아닌 한 임대사업을 계속하고 있는 것으로 보아 거주주택 비과세 특례 적용됨(재산세제과-213, 2021. 3. 15).

Q6 임대주택의 의무임대 기간 충족 전에 거주주택을 먼저 팔아 비과세한 후 의무임대 기간 충족 전에 임대주택의 시·군·구청 임대 등록을 임차인 동의를 받아 신청 말소(자동 말소 대상 임대주택에 한함)하는 경우, 비과세한 거주주택이 양도세가 추징되는가?

'민특법' 제43조에 따른 임대의무 기간의 1/2 이상을 임대한 후 같은 법 제6조 제1항 제11호에 따라 시·군·구청 임대사업자등록을 신청 말소한 경우 그 등록이 말소된 날에 해당 임대 기간요건을 갖춘 것으로 봄. 즉 거주주택 양도 후부터 시·군·구청 임대사업자등록 말소일까지 사이에 임대의무호수를 임대하지 않은 기간이 6개월이 지나지 않고, 임대료 등의 증가율이 5%를 초과하지 않으면 추징 안 됨(소령 제155조 제22항 라목, 법령해석재산-1755, 2021. 12. 23).

Q7 임대주택이 1개인 상태에서 임대 기간요건 충족 전에 거주주택을 먼저 팔아 비과세한 후 임대 기간요건 충족 전에 임대주택이 임대하지 않은 기간이 6개월을 지나면 비과세한 거주주택의 양도세가 추징되는가?

추징됨. 사후관리규정 위반에 해당하기 때문에 임대하지 않은 기간이 6개월이 지난 날이 속하는 달의 말일부터 2개월 이내에 비과세한 거주주택 양도세를 신고하고 납부해야 함(소령 제155조 제22항).

Q8 2호 이상 임대주택의 의무임대 기간 충족 전에 거주주택을 먼저 팔아 비과세한 후 의무임대 기간 충족 전에 2호 이상의 임대주택 중 일부 호수가 임대하지 않은 기간이 6개월을 지나면 비과세한 거주주택의 양도세가 추징되는가?

사후관리규정 위반에 해당하지 않아 이미 비과세한 거주주택 양도세 추징하지 않음(재산세제과-213, 2021. 3. 15).

Q9 2020년 7월 11일 이후 단기민간임대주택을 장기일반민간임대주택으로 변경신고한 후 거주주택을 양도하면 거주주택이 비과세 되는가?

2020년 7월 11일 이후 기존 단기민간임대주택을 장기일반민간임대주택으로 변경신고한 경우 거주주택 비과세 특례 적용 안 됨[소령 제155조 제20항 본문 전단 대괄호, 제167조의 3 제1항 제2호 마목 3)].

≫ 2020년 7월 10일 이전에 단기로 임대 등록한 후 이를 같은 해 7월 11일부터 8월 17일 사이에 장기로 변경등록한 경우에는 거주주택 비과세를 적용해주는 것이 타당해 보인다(저자 문의).

Q10 거주주택 A와 2019년 2월 12일 이후 매매계약하고 취득한 임대주택 B, C(임대주택 요건 충족)를 보유한 거주자가 A를 비과세로 양도하고 임대주택을 의무임대 기간 종료 후 2년 거주하는 등 거주주택 요건을 충족한 뒤 B, C를 순차적으로 양도하는 경우 해당 임대주택들의 비과세 적용 방법은?

2019년 2월 12일 이후 취득한 임대주택은 거주주택 전환 후 2년 이상 거주하더라도 마지막으로 남은 1주택(직전 거주주택 보유주택)에 대해서만 직전 거주주택(양도한 다른 거주주택이 둘 이상이면 가장 나중에 양도한 거주주택) 양도 후 기간분에 대해 비과세 적용되므로 B는 비과세 적용 기간이 없고, C는 B양도 후 보유한 기간에 대해서만 비과세가 적용됨(소령 제155조 제20항, 조세법령 운용과-939, 2021. 11. 2).

Q11 자동 말소 대상 임대주택의 시·군·구청 임대 등록이 '민특법'에 따른 임대의무기간이 종료된 날에 자동 말소 또는 같은 법에 따른 임대의무 기간의 1/2 이상 임대 후 신청 말소된 임대주택 보유상태에서 거주주택을 비과세하기 위해서는 거주주택을

언제까지 팔아야 하는가?

시·군·구청 임대 등록이 말소된 이후(임대주택을 2호 이상 임대하는 경우에는 최초로 등록이 말소되는 임대주택의 등록 말소 이후) 5년 이내에 거주주택을 양도하는 경우에 한정해 임대 기간요건을 갖춘 것으로 보아 거주주택 비과세 특례 규정을 적용함. 2020년 8월 18일 전에 임대의무 기간이 지나면 2020년 8월 18일에 그 임대주택의 등록이 말소된 것으로 봄(소령 제155조 제23항, 2020. 8. 18 개정 민특법 부칙 제17482호 제7조).

Q12 임대주택이 도시 및 주거환경정비법에 따라 재개발·재건축되는 경우 거주주택 비과세 특례를 적용받으려면 거주주택을 언제까지 팔아야 하는가?

임대주택을 임대하고 있는 상태에서 임대주택에 대한 시·군·구청 임대 등록 말소 전까지 거주주택을 양도해야 거주주택 비과세 특례 적용됨(소령 제155조 제20항 제2호, 서면-2021-법규재산-6402, 2022. 3. 28).

Q13 임대주택의 시·군·구청 임대 등록 자동 말소 또는 신청 말소 후, 등록 말소된 임대주택 보유상태에서 거주주택을 비과세하기 위해서는 등록 말소된 임대주택도 임대료 상한 5% 요건을 지켜야 하는가?

소령 제155조 제23항에 따라 임대사업자 등록 말소 후 5년 이내에 양도하는 거주주택은 해당 임대주택이 임대사업 등록 말소 이후 임대료 등 5% 증액 상한을 준수하지 않더라도 소령 제155조 제20항 비과세 특례를 적용받을 수 있음(재산세제과-151, 2022. 1. 24).

≫ 자동 말소 이후에는 더 이상 임대사업자가 아니므로 임대료 증액제한, 사업자등록 유지, 임대 등의 요건을 충족하지 않아도 비과세를 받을 수 있다.

Q14 임대주택의 시·군·구청 임대 등록 자동 말소 또는 신청 말소 후, 등록 말소된 임대주택이 공실인 상태에서 거주주택을 팔아도 거주주택의 비과세 특례가 적용되는가?

소령 제155조 제23항에 따라 임대사업 등록 말소 후 5년 이내에 양도하는 거주주택은 해당 임대주택이 임대사업 등록 말소 이후 공실이거나 직접 거주해 임대사업을 하고 있지 않더라도 소령 제155조 제20항 비과세 특례를 적용받을 수 있음(재산세제과-151, 2022. 1. 24).

Q15 임대주택의 시·군·구청 임대 등록 자동 말소 또는 신청 말소 후, 세무서 주택임

대사업자 등록을 폐업한 상태에서 거주주택을 팔아도 비과세 되는가?

소령 제155조 제23항에 따라 임대사업 등록 말소 후 5년 이내에 양도하는 거주주택은 해당 임대주택 임대사업 등록 말소 후 세무서 주택임대사업자 등록을 폐업한 상태에서도 소령 제155조 제20항 비과세 특례를 적용받을 수 있음(재산세제과-151, 2022. 1. 24).

Q16 2020년 8월 18일 이후 시·군·구청에 임대 등록 신청한, 일정 요건을 갖춘 장기일반민간임대주택을 임대하고 있는 상태에서 2년 이상 거주한 거주주택을 양도해 비과세한 후 의무임대 기간 10년 충족 전에 임대 등록을 말소해도 비과세한 양도세를 추징하지 않는가?

2020년 8월 18일 이후 시·군·구청에 장기일반민간임대주택으로 등록 신청한 임대주택의 경우 시·군·구청과 세무서 임대 등록 상태에서 10년 이상 임대하는 경우에만 거주주택 비과세 특례가 적용되므로 거주주택 비과세 양도 후 의무임대 기간 10년 충족 전에 임대 등록 말소하면 비과세한 양도세가 추징됨(소령 제155조 제20항, 제22항, 2020. 10. 7 개정 소령 부칙 제31083호 제4조 제2항, 제5조).

Q17 2018년 10월에 4년 단기임대주택(요건 갖춘 임대주택임)으로 등록해서 임대하고 있는 임대주택 1개와 거주주택 1개를 보유하고 있는데, 2021년에 2년 거주한 주택 양도하면 비과세 되는가?

2020년 7월 10일 이전에 민특법 제5조에 따른 임대사업자등록 신청을 한 임대주택은 단기민간임대주택인 경우에도 거주주택 비과세 특례 적용됨(소령 제155조 제20항 본문 전단 대괄호).

Q18 1세대가 1주택을 보유한 상태에서 2018년 9월 14일 이후 조정대상지역에서 추가로 취득한 주택(아파트 아님)을 지금 시·군·구청과 세무서에 장기일반민간임대주택으로 등록하면 기존 거주주택에 대해 거주주택 비과세가 되는가?

1세대가 1주택을 보유한 상태에서 2018년 9월 14일 이후 조정대상지역에서 추가로 취득한 주택이라도 일정 요건[시·군·구청과 세무서에 장기일반민간임대주택으로 등록, 임대개시 당시 주택 및 부수토지의 기준시가 합계액이 6억 원(수도권 밖의 지역은 3억 원) 이하, 임대료 등의 증가율이 100분의 5를 초과하지 않을 것 등]을 충족한 임대주택으로 등록하면 거주주택 비과세 특례 적용됨(소령 제155조 제20항 본문 전단 대괄호, 2021. 2. 17 개정 소령 부칙 제31442호 제2조 제2항).

Q19 양도하는 거주주택이 2019년 2월 12일 이후 취득한 주택이면 생애 최초로 양도하는 거주주택이 아니면 거주주택 비과세 특례를 적용받을 수 있는 경우는 아예 없는가(예외)?

2019년 2월 12일 전에 요건 충족한 임대주택을 보유하고 있고, 2019년 2월 12일 전에 거주주택을 취득하기 위해 매매계약을 체결하고 계약금을 지급한 사실이 증빙서류에 의해 확인되는 거주주택은 생애 최초로 양도하는 거주주택이 아니어도 거주주택 비과세 특례 적용됨(소령 제155조 제20항 본문 괄호, 2019. 2. 12 개정 소령 부칙 제29523호 제7조 제2항 제2호, 서면-2021-법령해석재산-1409, 2021. 4. 27).

Q20 일정 요건을 충족한 임대주택을 소유하고 있는 경우에도 거주주택에 대해 동거봉양 합가 특례 또는 혼인 합가 특례 또는 일시적 2주택 비과세 특례가 가능한가?

요건 충족 임대주택을 소유하고 있는 상태에서 양도하는 거주주택에 대해서는 거주주택 비과세 특례와 동거봉양 합가 비과세 특례 또는 거주주택 비과세 특례와 혼인 합가 비과세 특례 또는 거주주택 비과세 특례와 일시적 2주택 비과세 특례를 각각 중첩 적용 가능(부동산 거래관리과-44, 2012. 1. 17, 부동산 거래관리과-244, 2012. 5. 1, 사전-2020-법령해석재산-0320, 2021. 1. 20).

Q21 거주주택 비과세 특례 적용 시 자동 말소 대상 임대주택은 임대 의무기간의 1/2 이상 임대 후 신청 말소가 가능한데, 임대주택의 시·군·구청과 세무서 임대사업자등록 시기가 서로 다른 경우 어느 날을 기준으로 1/2 이상 임대 여부를 판단하는가?

민특법 제43조에 따른 임대의무 기간의 1/2 이상이므로 시·군·구청 임대 등록일을 기준으로 계산을 시작함. 다만, 시·군·구청 임대사업자 등록 후에 임대가 개시되는 경우에는 임대차계약서상의 실제 임대개시일임[소령 제155조 제22항 제2호 라목 1), 제23항 1호, 민특법 제43조 제1항, 같은 법 시행령 제34조 제1항].

Q22 일정 요건을 충족한 임대주택과 2년 이상 거주한 주택을 소유하다가 거주주택이 관리처분계획 인가 후 조합원 입주권으로 양도되는 경우에도 거주주택 비과세 특례가 적용되는가?

거주주택이 관리처분계획 인가 후 조합원 입주권으로 변경되어 양도되는 경우에는 거주주택 비과세 특례 적용 안 됨(서면-2017-법령해석재산-1581, 2018. 4. 18).

Q23 혼인 전 취득해서 2년 거주한 주택에 대해 혼인 후 배우자가 당해 주택에 거주

한 적 없어도 거주주택이 비과세 되는가?

거주주택 비과세 특례 적용을 위한 거주주택 판정 시 혼인 전 취득한 주택의 경우, 해당 주택을 보유하면서 혼인 전 거주한 기간과 혼인 후 배우자와 함께 거주한 기간을 통산하는 것이므로 거주주택 비과세 특례 적용 가능(사전-2019-법령해석재산-0660, 2019. 12. 30).

Q24 조정대상지역 지정 전에 취득한 주택(일반주택)과 일정 요건을 충족한 임대주택을 보유하다가 거주하지 않은 일반주택 양도 시 비과세 되는가(일시적 2주택 비과세는 안 되는 것으로 가정)?

일정 요건을 충족하는 임대주택을 보유하는 중에 일반주택에 대해 비과세를 적용받기 위해서는 일반주택 취득 당시 조정대상지역 여부나 취득시기와 관계없이 보유기간에 2년 이상 거주해야 거주주택 비과세 특례가 적용되는 것임(소령 제155조 제20항 제1호).

Q25 임대주택 1개와 거주주택 1개를 보유하다가 거주주택을 거주주택 비과세 특례로 양도한 경우, 남은 임대주택은 임대 기간요건 충족 후 1주택 상태에서 1세대 1주택 비과세 요건을 충족해서 양도하면 전부 비과세 되는가?

전체 양도차익 중 거주주택 양도일 이후의 기간분에 대해서만 국내에 1주택을 소유하고 있는 것으로 보아 비과세됨(소령 제155조 제20항 각 호 외의 부분 후단, 제154조 제10항, 제161조).

※ 저자 주

2020년 8월 18일 이후에는 아파트를 제외하고는 임대 등록할 수 있으나 다음과 같은 점이 문제점으로 지적된다. 따라서 등록 전에 이러한 점을 고려해야 할 것으로 보인다.

- 10년 이상 장기로만 임대할 수 있다.
- 10년이 경과해도 자동 말소가 되지 않는다.
- 중도에 말소하면 과태료가 부과된다(단, 동업자에게 포괄양도 시는 제외).
- 기타 보증의무 등이 발생한다.

• 2020년 8월 18일 이후 임대 등록이 가능한 주택

구분	내용
아파트	2020년 8월 18일 이후* 등록 불가 (도시형 생활주택은 등록 가능)
도시형 생활주택	등록 가능(10년)
다가구주택	
다세대주택	
오피스텔	

* 세제지원은 2020년 7월 10일까지 적용된다. 따라서 2020년 7월 11일부터 8월 17일까지 아파트도 등록할 수 있지만, 세제지원은 받을 수 없다.

제5장

조합원 입주권(분양권)과 비과세 적용법

조합원 입주권과
양도세 비과세

보유한 주택이 재건축이나 재개발되는 경우 원조합원으로서 입주권을 받는 것이 일반적이다. 그렇다면 이 입주권을 양도하면 비과세가 가능할까? 지금까지 앞에서 본 비과세제도들은 모두 주택을 대상으로 했다. 양도일 현재 주택에 해당하기 때문이다. 따라서 이를 기준으로 본다면 입주권에 대해서는 비과세를 해주면 안 된다. 하지만 세법은 법의 절차에 따라 진행되는 재건축 등을 원활히 진행할 수 있도록 입주권에 대해서도 제한적으로 비과세를 적용하고 있다. 참고로 입주권에 대한 비과세는 두 가지 상황에만 적용된다. 다음 사례를 통해 확인해보자.

Case

K 씨는 현재 1주택과 재개발하고 있는 입주권 1개를 가지고 있다. 물음에 답하면?

자료

- 조합원 입주권 : 2010년 7월 주택 취득, 2023년 5월 관리처분인가를 받음.
- 주택 : 2023년 6월 취득

Q1 조합원 입주권은 무엇을 의미하는가?

조합원 입주권(入住權)은 말 그대로 주택이 완공되면 그 주택에 입주할 수 있는 권리를 말한다. 세법에서는 재건축 또는 재개발사업 절차상 '관리처분계획인가일*~완공일 전'까지를 입주권으로 부른다(유상으로 분양받으면 분양권으로 부름).

* 재건축이나 재개발사업에서 사업이 시작되는 시점을 말한다.

Q2 왜 입주권에 대해서도 비과세를 적용하는가?

원래 입주권은 실제 주택이 아니므로 이를 양도하면 비과세를 적용하면 안 된다. 하지만 세법은 2년 보유 등의 충족요건을 양도일에서 관리처분계획인가일(철거일)로 옮겨 이날을 기준으로 2년 이상 주택으로 보유했다면 이에 대해서도 비과세를 받을 수 있도록 하고 있다.

Q3 입주권 비과세는 어떤 식으로 적용하는가?

소법 제89조 제1항 제4호에서는 다음 두 가지 형태로 비과세를 적용하고 있다.

> 4. 조합원 입주권을 1개 보유한 1세대[도시 및 주거환경정비법 제74조에 따른 관리처분계획의 인가일 및 빈집 및 소규모주택 정비에 관한 특례법 제29조에 따른 사업시행계획인가일(인가일 전에 기존주택이 철거되는 때에는 기존주택의 철거일) 현재 제3호 가목에 해당하는 기존주택을 소유하는 세대*]가 다음 각 목의 어느 하나의 요건을 충족하여 양도하는 경우 해당 조합원 입주권을 양도하여 발생하는 소득. 다만, 해당 조합원 입주권의 양도 당시 실지거래가액이 12억 원을 초과하면 양도세를 과세한다.
>
> * 원조합원을 말한다.
>
> 가. 양도일 현재 다른 주택 또는 분양권을 보유하지 아니할 것(2021. 12. 8 개정)

* 2021년 1월 1일 이후에 취득한 분양권도 주택 수에 포함되므로 이러한 규정이 필요하다.

앞의 가목은 1세대 1주택, 나목은 일시적 2주택과 같은 원리로 비과
세를 적용하고 있다.

Q4 사례의 경우 어떤 식으로 비과세가 적용되는가?

앞의 K 씨는 2주택자에 해당한다. 따라서 일시적 2주택으로 비과세
를 받을 수 있다. 다만, 다음과 같은 요건을 갖추어야 한다.

- 주택을 취득한 날인 2023년 6월부터 3년 이내에 입주권을 양도할
  것.
- 입주권은 관리처분인가일과 철거일 중 빠른 날 현재 2년 이상 보유
  등을 할 것.

※ 주택과 입주권에 대한 일시적 2주택 비과세 원리 비교

구분		주택 일시적 2주택	입주권 일시적 2주택
종전주택/ 입주권	2년 보유 (거주)	양도일 현재 기준	관리처분일과 철거일 중 빠른 날 기준
	처분기한	신규주택 취득일로부터 3년 내 종전주택 처분	신규주택 취득일로부터 3년 내 입주권 처분
신규주택	중복 보유기간	종전주택 취득일로부터 1년 이후에 신규주택 취득	규정 없음.*

* 비과세가 적용되는 입주권은 신규주택의 취득일 기준으로 2년 이전에 취득한 것에 해당하므로 이 기
준을 둘 이유가 없다.

재건축 또는 재개발사업과 관련된 세무상 쟁점을 세목별로 정리해보자.

취득세	• 멸실 전에 주택의 취득 시는 주택에 대한 취득세를 내야 한다. • 멸실 후에는 대지를 취득한 것으로 본다. • 완공 시에는 건물을 원시취득한 것으로 보아 일반세율로 취득세를 내야 한다.

보유세	• 재산세는 조합에 부과된다. • 종부세는 부과되지 않는다.

양도세	• 원조합원은 입주권에 대해서도 비과세가 적용된다. 또한 사업 시행 중 대체주택에 대해서도 비과세가 적용된다. • 승계조합원은 입주권에 대해서는 비과세가 적용되지 않는다. 다만, 1주택자가 입주권을 취득하면 완공 후 3년까지 종전주택을 양도하면 양도세 비과세를 받을 수 있다(특례).

※ 원조합원과 승계조합원의 구분 실익

☑ 관리처분 전의 조합원을 원조합원, 그 후에 원조합원의 권리와 의무를 승계한 조합원을 승계조합원이라고 한다.

☑ 원조합원은 양도세 비과세를 받는 데 상당히 유리하다(보유기간을 당초 주택 취득 기간부터 따지기 때문이다).

☑ 원조합원은 재개발사업에 의해 취득한 주택이 전용면적 85㎡ 이하에 해당하면 취득세를 일부 감면(50~75%)받을 수 있다(재건축은 과세함).

☑ 승계조합원은 완공일부터 2년 이상 보유해야 비과세 받을 수 있다(원조합원에 비해 다소 불리). 단, 관리처분계획인가일 이후에 주택을 취득해 실제 거주한 경우에는 완공일로부터 비과세 기간이 기산

되는지는 별도로 검토해야 한다(실질과세의 원칙 적용).

☑ 승계조합원은 완공된 건물분에 대해 취득세를 무조건 내야 한다(승계한 토지에 대한 취득세는 취득 당시에 납부를 해야 한다. 토지취득세율은 원칙적으로 4.6%가 된다).

| 실전연습 |

김봉팔 씨가 사는 지역이 최근 재개발로 들어갔다. 그는 현재 1주택을 보유하고 있는데 다음과 같은 상황이 궁금하다.

Q1 청산금도 양도세가 과세하는가?

주택재개발사업에 따라 청산금을 받으면 주택의 양도로 보게 되므로 청산금에 대해서는 과세하는 것이 원칙이다. 다만, 관리처분인가일 현재 재개발로 들어가는 주택이 1세대 1주택 비과세 요건(2년 이상 보유, 양도가액 12억 원 초과하는 고가주택이 아닌 주택)을 충족한 경우에는 당해 청산금에 대해서도 1세대 1주택으로 비과세를 받을 수 있다.

Q2 청산금 대신 주택을 2채 받은 후 이를 양도하면 양도세는 어떻게 부과하는가?

현금청산을 신청하지 않고 종전의 1주택에 대해 2개의 조합원 입주권을 신청해 완공 후에 양도하는 경우, 먼저 양도하는 1주택은 양도세가 과세하며 그 이후에 양도하는 1주택이 비과세 요건을 갖추면 그 주택은 양도세를 비과세를 받을 수 있다.

※ 재건축·재개발 양도세 절세법

☑ 관리처분계획인가일 전은 부동산에 관한 세법 규정이 그대로 적용된다.

☑ 관리처분계획인가일 이후에 입주권이나 주택을 처분한 경우에는

비과세를 받을 수 있다.

☑ 준공 후에 처분하는 경우에는 주택에 관한 세제가 적용된다.

⏩ 재건축·재개발 세무상 쟁점은 저자의 《재건축·재개발 세무 가이드북》을 참조하기 바란다.

주택과 조합원 입주권을 소유한 경우 1세대 1주택의 특례

앞에서 살펴본 입주권 비과세제도는 소법 제89조 제1항 제4호에서 규정하고 있다. 이는 오랫동안 1주택을 유지한 상태에서 생성된 입주권을 사실상의 주택으로 보아 비과세를 해주겠다는 취지가 있다. 그런데 1주택 보유 중에 입주권을 취득하거나 상속 또는 동거봉양 등에 의한 합가로 입주권이 추가되면 주택 수가 늘어나게 된다. 이때 일반주택에 대한 비과세는 어떻게 적용될까?

Case

K 씨는 아래와 같이 주택들을 보유하고 있다. 물음에 답하면?

자료

• A 주택 : 10년에 취득함.
• B 입주권 : 2023년 9월에 입주권을 승계 취득함.

Q1 K 씨는 소법상 주택 수가 몇 채인가?

입주권도 소법상 주택 수에 포함된다. 따라서 K 씨는 2주택자에 해당한다.

Q2 A 주택을 언제까지 양도하면 비과세가 적용되는가?

B 입주권 취득일로부터 3년 이내에 양도하면 비과세를 받을 수 있다. 이는 일시적 2주택 비과세와 같은 원리에 해당한다.

Q3 K 씨는 B 입주권을 주택으로 완공되면 그곳으로 이사를 하려고 한다. 이때 A 주택은 3년 후에 양도해도 비과세가 적용되는가?

그렇다. 다만, 이 경우에는 다음과 같은 요건이 추가된다. 이를 실거주 요건이라고 한다.

- 입주권이 주택으로 완공되면 완공일로부터 3년 이내에 그 주택으로 이사하고 그곳에서 1년 이상 거주할 것.
- 완성 전* 또는 완성일로부터 3년 이내에 대체주택을 양도할 것.

  * 완공일 전에 종전주택을 양도해도 비과세가 적용된다.

Q4 K 씨는 A 주택만 보유하고 있다고 하자. 이 주택이 재건축 등에 들어가려고 한다. 그래서 사업 시행 인가 후에 거주용 주택을 대체 취득하면 이에 대해서도 비과세가 적용된다고 하는데 맞는 말인가?

그렇다. K 씨의 경우 보유한 주택이 재건축으로 들어가면 당장 거주할 집이 없다. 그래서 이때 거주할 주택을 취득할 수 있다. 이에 소법은 다음 요건을 갖추면 대체주택에 대해 비과세를 적용한다.

- 입주권이 완공되면 완공일로부터 3년 이내에 그 주택으로 이사하고 그곳에서 1년 이상 거주할 것.
- 대체주택에서 1년 이상 거주할 것.
- 완공 전 또는 완공일로부터 3년 이내에 대체주택을 양도할 것.

주택과 입주권을 소유한 경우의 1세대 1주택의 특례는 소령 제156조의 2에서 정하고 있다. 그런데 이러한 특례는 소령 제155조의 특례 제도와 다르게 규정되어 있다. 내용을 표로 요약하면 다음과 같다. 구체적인 내용은 규정을 통해 확인하기 바란다(분양권도 이와 유사하게 전개된다. 바로 뒤에서 살펴본다).

유형		비과세 특례 적용 요건	적용 조문	비고
1. 종전주택+입주권 또는 대체주택(기본)		① 종전주택을 3년 내 양도하는 경우	소령 §156조의 2③	주택과 유사
		② 종전주택을 3년 경과 후 양도하는 경우	소령 §156조의 2④	주택에는 없음.
		③ 대체주택을 양도하는 경우	소령 §156조의 2⑤	주택에는 없음.
2. 상속입주권 +일반주택	상속입주권 +일반주택	일반주택을 양도하는 경우	소령 §156조의 2⑥	주택과 유사
	공동상속 입주권 등+ 일반주택	일반주택을 양도하는 경우	소령 §156조의 2⑦	주택과 다른 방식으로 비과세 (합가의 경우 다음 Tip 참조)
3. 일반주택+입주권(동거 봉양)		동거봉양 합가일부터 10년 이내 먼저 양도하는 주택	소령 §156조의 2⑧	
4. 일반주택+입주권(혼인 합가)		혼인 합가일부터 5년 이내 먼저 양도하는 주택	소령 §156조의 2⑨	
5. 문화재주택 + 일반주택+ 입주권		일반주택을 양도하는 경우	소령 §156조의 2⑩	
6. 농어촌주택(이농주택)+ 일반주택+입주권		일반주택을 양도하는 경우	소령 §156조의 2⑪	
7. 수도권 밖에 소재하는 주택+일반주택		–	–	관련 규정 없음.
8. 장기임대주택+일반주택 (거주주택)		–	–	

※ 소득세 집행기준 89-155-3 [일시적 1세대 2주택 비과세 특례규정 적용 시 기존주택을 멸실하고 재건축한 경우]

일시적 2주택에 대한 양도세 비과세 특례를 적용할 때, 기존주택을 멸실하고 재건축한 주택은 기존주택의 연장으로 본다.

A 주택 취득	A 주택 멸실	B 주택 취득	A 주택 준공	B 주택 양도
2002. 5. 1	2007. 1. 6	2007. 3. 1	2009. 1. 5	2010. 3. 10

⊗ 기존주택을 멸실하고 재건축한 주택은 기존주택의 연장으로 보는 것이므로 B 주택 양도 시 비과세 특례규정을 적용받을 수 없음.

| 실전연습 |

K 씨와 K 씨의 부모는 동거봉양에 따른 합가를 했다. 물음에 답하면?

자료

1. K 씨
   • A 주택 : 10년 전에 취득함.

2. K 씨 부모(70세)
   • B 주택 : 20년 전에 취득함(일반주택에 해당함).
   • C 입주권 : 원조합원으로 보유하고 있음.

Q1 합가 후 주택 수는 몇 채인가?

1세대 3주택에 해당한다.

Q2 A 주택을 양도하면 비과세가 적용되는가?

소령 제156조의 2 제8항 제3호를 보면 합가 전 1세대가 1주택을 보유하고, 다른 1세대는 주택과 입주권을 보유한 상태에서 합가 후 1주택만 보유한 상태에서 이 주택을 양도하면 비과세를 적용하고 있다. 따라서 A 주택은 비과세를 받을 수 있다. 다음의 집행기준(상황 2)을 참조하기 바란다.

Q3 B 주택을 양도하면 비과세가 적용되는가?

이에 대해서는 소령 제156조의 2 제8항 제4호에서 정하고 있다. 물음의 경우 다음 집행기준의 상황 2에 따라 비과세 판단을 내릴 수 있다.

- 사례는 1조합원 입주권과 1주택을 가진 세대의 주택을 양도했으므로 이에 대한 비과세 판단은 다음 집행기준의 ②에 따라 한다.
- 이러한 상황에서는 양도주택이 대체주택(1년 이상 거주)에 해당하거나 입주권이 승계조합원 지위에서 취득되어야 한다.
- 그런데 사례의 경우에는 이 두 가지에 해당하지 않으므로 비과세가 적용되지 않는다.

※ 조합원 입주권을 소유한 상태에서 동거봉양·혼인 합가 시 비과세 특례

(소득세 집행기준 89-156의 2-14)

상황	1세대	1세대	합가 후	비과세 판단
1	1입주권	1주택 + 1입주권	1주택 + 2입주권	②
2	1주택	1주택 + 1입주권	2주택 + 1입주권	①, ②
3	1주택 + 1입주권	1입주권	1주택 + 2입주권	②
4	1주택 + 1입주권	1주택	2주택 + 1입주권	①, ②
5	1주택 + 1입주권	1주택 + 1입주권	2주택 + 2입주권	②

[비과세 판단]

① 합가 전 1주택만을 소유한 세대의 주택을 먼저 양도한 경우	② 합가 전 1주택과 1입주권을 소유한 세대의 주택을 먼저 양도한 경우
합가일부터 5년(또는 10년) 이내 주택 양도 시 '비과세 가능'	가. 주택을 양도한 세대가 최초로 취득한 입주권을 소유한 경우 : 양도한 주택이 사업 시행인가일 이후 거주를 위해 취득한 대체주택으로서 1년 이상 거주한 주택인 경우 '비과세 가능' 나. 주택을 양도한 세대가 승계 취득한 입주권을 소유한 경우 : 양도주택을 취득한 이후 입주권을 취득한 경우 '비과세 가능'

주택과 분양권을 소유한 경우
1세대 1주택의 특례

2021년 1월 1일(취득세는 2020년 8월 12일) 이후에 취득한 주택분양권도 다른 주택에 대한 비과세나 중과세 등을 판단할 때 주택 수에 포함된다. 분양권은 실제 주택은 아니지만, 주택 수에 포함하면 다른 주택에 대한 비과세나 중과세 판단에 영향을 줄 수밖에 없다. 여기서는 주택 수에 포함되는 분양권과 주택이 있는 경우의 1세대 1주택 비과세 특례에 대해 알아보자. 참고로 분양권에 대한 비과세 특례는 입주권 비과세 특례와 유사하게 전개된다.

Case

K 씨는 분양권과 관련된 세제를 정리하고 있다. 물음에 답하면?

Q1 분양권을 주택 수에 포함하면 세제는 어떻게 변하는가?

취득세와 양도세 관점에서 아래와 같은 내용이 바뀌게 된다.

- 취득세 : 주택 수가 증가하므로 취득세율이 1~3%에서 8~12%까지 올라갈 수 있다.
- 양도세 : 주택 수가 증가하므로 다른 주택에 대한 양도세 비과세가 과세로, 일반과세가 중과세로 바뀔 수 있다.

>> 참고로 주택분양권은 보유세에는 영향을 주지 않는다.

Q2 소법상 주택 수에 포함되는 분양권의 범위는?

소법상 주택분양권은 다른 주택에 대한 과세방식에 영향을 주기 위해 주택 수에 포함(2021년 1월 1일 이후)되고 있다. 그런데 이러한 분양권은 소법 제88조 제10호에서 열거된 분양권의 범위에 해당해야 주택 수에 포함된다. 이는 다음과 같은 법률에 따라 태어난 것들이 그 대상이 된다.

10. '분양권'이란 주택법 등 대통령령으로 정하는 법률에 따른 주택에 대한 공급계약을 통하여 주택을 공급받는 자로 선정된 지위(해당 지위를 매매 또는 증여 등의 방법으로 취득한 것을 포함한다)를 말한다.

법 제88조 제10호에서 '주택법 등 대통령령으로 정하는 법률'이란 다음 각 호의 법률을 말한다. 다음의 법률에 따라 생성되지 않은 분양권은 주택 수에 포함되지 않는다.

1. 건축물의 분양에 관한 법률
2. 공공주택 특별법
3. 도시개발법
4. 도시 및 주거환경정비법
5. 빈집 및 소규모주택 정비에 관한 특례법
6. 산업입지 및 개발에 관한 법률
7. 주택법
8. 택지개발촉진법

Q3 현재 1주택을 보유 중에 2023년에 분양권을 취득했다. 취득세와 양도세 관계는 어떻게 되는가?

2023년 12월 현재 주택분양권은 취득세와 양도세 과세 시 주택 수에 포함된다. 따라서 다음과 같이 취득세와 양도세 관계가 형성된다.

- 취득세 : 분양권에 의해 완성된 주택이 조정지역에 소재하면 일시적 2주택에 해당해 둘 중 한 채를 3년 이내에 양도해야 1~3%가 적용된다. 비조정지역에 소재하면 처분과 관계없이 무조건 1~3%가 적용된다.
- 양도세 : 분양권을 취득한 날로부터 3년 이내에 종전주택을 양도하거나, 3년 후에 양도하는 경우에는 완공주택으로 3년 내 이사 등의 실거주 요건을 충족해야 비과세가 적용된다.

Consulting

주택분양권과 관련된 세무상 쟁점을 세목별로 정리해보자.

취득세	• 2020년 8월 12일 이후에 당첨되어 계약한 주택분양권은 주택 수에 포함된다. • 분양주택에 대한 취득세율은 분양권 계약일 현재의 주택 수를 가지고 판정한다.

▼

보유세	• 주택분양권은 보유세와 관련이 없다.

▼

양도세	• 분양권 양도 시 비과세는 불가능하다. • 주택 보유 중에 분양권을 취득하면 일시적 2주택으로 비과세를 받을 수 있다(3년 후에 비과세를 받고 싶다면 3년 이내에 분양주택으로 이사 등을 해야 한다).

※ 주택과 분양권을 소유한 경우 1세대 1주택의 특례

유형		비과세 특례 적용 요건	적용 조문
1. 종전주택+분양권		① 종전주택을 3년 내 양도하는 경우	소령 §156조의 3②
		② 종전주택을 3년 경과 후 양도하는 경우	소령 §156조의 3③
		③ 대체주택을 양도하는 경우	분양권은 관련 규정 없음.
2. 상속분양권 +일반주택	상속분양권 +일반주택	일반주택을 양도하는 경우	소령 §156조의 3④
	공동상속 분양권 등+ 일반주택	일반주택을 양도하는 경우	소령 §156조의 3⑤
3. 일반주택+분양권(동거봉양)		동거봉양 합가일부터 10년 이내 먼저 양도하는 주택	소령 §156조의 3⑥
4. 일반주택+분양권(혼인 합가)		혼인 합가일부터 5년 이내 먼저 양도하는 주택	
5. 문화재주택+일반주택+ 분양권		일반주택을 양도하는 경우	소령 §156조의 3⑦
6. 농어촌주택(이농주택)+ 일반주택+분양권		일반주택을 양도하는 경우	소령 §156조의 3⑧
7. 수도권 밖에 소재하는 주택 +일반주택		–	규정 없음.
8. 장기임대주택+일반주택 (거주주택)		–	규정 없음.

| 실전연습 |

K 씨의 주택 등 보유현황은 다음과 같다. 물음에 답하면?

> **자료**
> · 현재 1세대 1주택임. 2년 보유 및 거주 중임.
> · 주택과 주택분양권은 모두 조정지역에 소재함.

Q1 만일 주택분양권을 2023년 12월에 취득하면 원칙적으로 언제까지 주택을 처분하면 비과세를 받을까?

2021년부터 주택분양권도 주택 수에 포함되어 다른 주택에 대한 양도세 비과세와 중과세에 영향을 미친다. 따라서 사례의 경우 2023년 12월부터 3년 이내에 주택을 양도하면 비과세를 받을 수 있다.

Q2 주택분양권이 주택으로 완성된 날로부터 3년 이내에 양도하면 비과세가 적용된다고 하는데 왜 그런가?

Q1처럼 주택을 양도하면 주택분양권이 주택으로 완성되는 동안 새로운 거주지가 필요하다. 그래서 세법은 주택분양권이 주택으로 완성된 날로부터 3년 이내에 양도해도 비과세를 허용해주고 있다. 다만, 이때에는 다음과 같은 요건이 추가된다.

- 완공일로부터 3년 이내에 이사할 것.
- 해당 주택에서 1년 이상 거주할 것.

Q3 주택분양권에 의해 완성된 주택에 대한 취득세율은 몇 %인가?

주택과 분양권이 있는 상태에서 분양권에 의해 완성된 주택에 대한 취득세율은 다음과 같이 결정된다.

① 분양권 당첨계약일 현재 주택 수를 기준으로 세율을 결정한다.
② 일시적 2주택*에 해당하는 경우에는 완성된 날로부터 3년 이내에 종전주택이나 신규주택(완성주택) 중 한 채를 처분하면 일반세율을 적용받을 수 있다.

* 신규주택(분양권에 의해 취득한 주택 포함)이 조정지역에 소재한 경우를 말한다. 비조정지역에 소재하면 처분하지 않아도 일반세율이 적용된다.

구분	처분대상 주택	처분기산점	처분기한	비과세 적용 횟수
1. 일시적 2주택	종전주택	신규주택의 취득일	3년	제한 없음.
2. 상속주택 비과세 특례	일반주택 (단, 상속 전에 취득한 주택에 한함. 2013. 2. 15)	없음.	없음.	1회 (부모 기준 2회)
3. 혼인합가주택 비과세 특례	제한 없음.	혼인신고일	5년	제한 없음.
4. 동거봉양 합가주택 비과세 특례	제한 없음.	세대합가일	10년	제한 없음.
5. 농어촌주택 비과세 특례-귀농주택	일반주택	귀농주택 취득일	5년	1회 (최초 양도분)
6. 농어촌주택 비과세 특례-이농주택	일반주택	없음.	없음.	제한 없음.
7. 농어촌주택 비과세 특례-상속주택	일반주택	없음.	없음.	제한 없음.
8. 수도권 밖의 주택 비과세 특례	일반주택	해소 사유*일 * 취득, 근무, 요양 등	3년	제한 없음.
9. 주임사의 거주주택 비과세 특례	거주주택	신규주택의 취득일	3년	1회
10. 입주권 비과세 특례	일반주택	입주권 취득일 (승계조합원)	3년 내 또는 완공 후 3년* * 실거주 요건 추가	제한 없음.
11. 사업 시행 중 대체 주택 비과세 특례	대체주택 (거주주택)	완공일	3년 내 또는 완공 후 3년* * 실거주 요건 추가	제한 없음.
12. 분양권 비과세 특례	일반주택	분양권 취득일	3년 내 또는 완공 후 3년* * 실거주 요건 추가	제한 없음.

제6장

다가구주택·다중주택· 상가겸용주택·별장·감면주택 등과 절세법

다가구주택과
세무상 쟁점

지금부터는 실무상 쟁점이 많은 유형의 주택들에 대한 세무상 쟁점들을 종합적으로 살펴보자. 먼저 다가구주택에 대해 알아보자. 다가구주택은 호별로 구분해 등기되지 않고 지분으로 등기된 주택을 말한다. 보통 모습은 단독주택처럼 되어 있다.

Case

대구광역시에 사는 K 씨는 현재 1개 필지에 8세대가 살 수 있는 1동의 건물을 짓고 임대하고 있다. 향후 이를 매도하는 경우 양도세 과세는 어떻게 될까? K 씨는 각 호별로 개별등기를 했다.

Solution

K 씨의 문제를 해결하기 위해서는 우선 다가구주택과 다세대주택의 차이점을 비교해볼 필요가 있다.

구분	다가구주택*	다세대주택
구분기준	건축면적이 660㎡·3층·19세대 이하 주택	동당 건축면적이 660㎡·4층 이하 주택
세법상 취급	원칙적으로 단독주택으로 간주	각각 1채로 간주

* 면적과 층수 등의 요건을 벗어나면 세법상 다가구주택으로 보지 않음에 유의해야 한다. 참고로 지하 층은 제외(주거 불문), 1층 주차장 사용 시 층수 제외(주거 부분은 층수에 포함), 옥탑에 주거시설이 있는 경우 건물의 수평투영면적의 1/8 초과 시 층수에 포함한다.

세법은 한 동의 주택을 호별로 등기한 경우에는 이를 다세대주택으로 보고, 각각을 1채로 보아 양도세에 관한 규정을 적용한다. 그러므로 K 씨의 경우에는 구분 등기된 1호가 각각 1주택에 해당한다. 따라서 8세대로 구분 등기된 1동의 다세대주택을 전체 양도하는 경우에는 8주택을 양도한 것이 되어 양도세 과세대상이 된다.

 만일 앞의 주택이 지분등기가 된 경우에는 1세대 1주택으로 비과세를 받을 수 있는가?

그렇다. 이처럼 같은 모양이라도 어떤 식으로 등기가 되어 있는가에 따라 과세의 내용이 달라진다는 점에 주의해야 한다.

※ 세목별 다가구주택의 개념과 주택 수 판정요령

구분		취득세	종부세 · 임대소득세	양도세		
				비과세	중과세	감면
다가구주택 정의		660, 3층 이하, 19세대 이하	좌동	좌동	좌동	좌동
주택 수 판정	원칙	단독주택(1채)	좌동	공동주택	좌동	좌동
	예외	–	–	하나의 매매단위로 양도 시 단독주택		각 호 1채 (단, 비과세 적용 시 1채 선택 가능)

※ 다가구주택에 대한 세제 요약

☑ 취득세 : 주택가격 등에 따라 1~3%로 부과된다.

☑ 재산세 : 다가구주택을 임대 등록하면 감면받을 수 있다.

☑ 종부세 : 주택가격이 9억 원(1세대 1주택 단독명의는 12억 원) 초과 시 과세한다. 단, 임대 등록 시 종부세 합산배제 신청이 가능하다.

☑ 임대소득세 : 1주택은 기준시가 12억 원 초과 시, 2주택 이상은 과세하는 것이 원칙이다.

☑ 양도세 : 1세대 1주택인 경우에는 비과세를 받을 수 있다. 1세대 2주택 이상이면 주택임대사업자등록을 하면 거주주택에 대해 비과세를 받을 수 있다. 다가구주택을 임대 등록하는 경우에는 각 호의 기준시가가 6억 원(지방은 3억 원) 이하여야 한다.

※ 다가구주택의 지분 소유와 세금

다가구주택은 여러 사람이 지분으로 가지고 있는 경우가 많다. 이러한 지분과 관련된 세금 문제를 정리하면 다음과 같다.

☑ 주택 수 판정 시 소수지분도 각각 1채로 보는 것이 원칙이다. 단, 생계를 같이하는 동일 세대원은 1채로 본다.

☑ 예외적으로 상속주택의 경우에는 소수지분은 주택 수에서 제외하는 것이 원칙이다(상속의 불가피성 배려).

☑ 세금을 계산할 때는 지분별로 소득을 나눠 계산한다(소득세 과세는 개인별 과세원칙을 유지하고 있음). 따라서 공동소유가 단독소유보다 세금이 낮게 나올 가능성이 크다.

Consulting

다가구주택에 대한 세무상 쟁점을 부동산 거래단계별로 따져보면 다음과 같다. 참고로 다가구주택의 용도와 층수 등과 관련해 다양한 쟁점들이 발생하고 있으므로 항상 주의해야 한다. 특히 공부상 용도와 실질 용도가 맞지 않는 경우에는 실질 용도에 따라 세법을 적용해야 함에 유의해야 한다.

취득 시	• 다가구주택은 취득 시 1주택으로 본다. • 취득세율은 일반적인 주택과 차이가 없다.

▼

보유/임대 시	• 다가구주택을 보유하면 주택에 대한 재산세 등이 부과된다. • 다가구주택을 임대 등록하면 재산세를 감면받는 한편 종부세를 비과세한다. • 다가구주택을 임대하면 1주택자는 기준시가 12억 원 초과 시, 2주택자는 주로 월세소득에 대해 임대소득세가 부과되는 것이 원칙이다.

▼

처분 시	• 다가구주택만 보유한 1주택자는 2년 이상 보유 시 비과세를 받을 수 있다(고가주택은 비과세가 일부 제한됨). • 다가구주택을 포함한 2주택자는 처분순서에 따라 과세형태가 달라진다. – 다가구 임대주택을 먼저 처분하는 경우 : 과세 – 거주주택을 먼저 처분하는 경우 : 비과세 가능

※ 불법 증축한 옥탑방과 과세 판단

세법은 1세대 1주택 비과세를 판정할 때 등기부 등 공부의 등재 내용과 실질 내용이 다른 경우에는 실질 내용에 따르나, 실질 내용이 불분명한 경우에는 공부상의 내용에 따른다. 따라서 상가 건물 옥탑 및 불법 증축한 건물 부분을 상시 주거용으로 1세대가 주택으로 사용한 경우에는 그 부분은 주택으로 본다. 이는 실질과세의 원칙을 적용한 결과로 양도세 과세 판단 시 폭넓게 적용되고 있다.

≫ 세법은 건물을 불법으로 사용해도 실질과세의 원칙(국세기본법 제14조)을 적용해 과세 판단을 하고 있음에 유의할 필요가 있다. 이러한 원리는 주거용 오피스텔을 주택으로 취급하거나 상가를 개조해 주택으로 사용하는 경우 주택으로 취급하는 것 등과 관계가 있다.

| 실전연습 |

K 씨는 현재 다가구주택 한 채를 보유하고 있다. 그는 다음과 같은 상황이 궁금하다. 물음에 답하면?

Q1 다가구주택에서 매월 1,000만 원의 월세소득이 나온다. 신고해야 하는가?

현행 세법에서는 1세대 1주택자는 기준시가가 12억 원이 넘는 주택만 월세소득에 대해 과세한다. 따라서 이 주택은 기준시가가 12억 원이 넘지 않으므로 월세소득의 크기와 무관하게 임대소득세가 비과세된다.

Q2 이 다가구주택은 기준시가가 8억 원이다. 재산세와 종부세는 나오는가?

재산세만 그렇다. 참고로 종부세의 경우 기준시가가 9억 원(1주택자는 12억 원)을 넘으면 과세하는데, 이 사례의 경우 과세기준에 미달하므로 종부세는 부과되지 않는다. 만일 종부세가 과세될 때는 임대 등록을 한 후 합산배제 신청을 해야 한다.

Q3 이 다가구주택을 양도하면 양도세는 얼마가 나오는가? 시세는 15억 원가량이 된다.

다가구주택이 1세대 1주택으로 실거래가액이 12억 원 넘을 때는 양도차익 일부에 대해 양도세가 과세된다. 구체적인 세금계산법은 앞에서 살펴본 고가주택 편을 참조하기 바란다.

Q4 다가구주택을 숙박용으로 이용할 때 발생하는 세무상 쟁점은?

부가가치세와 양도세 관점에서 이를 정리해보자.

① 부가가치세

다가구주택이나 숙박 시설로 숙박용역을 제공하고 대가를 받는 사업이라면 부가가치세를 과세해야 한다.

② 양도세

- 민박사업용 주택의 보유하는 주택 수 포함 여부(양도, 서면 인터넷방문상담 4팀-424, 2006. 2. 28)

주택은 공부상 용도에도 불구하고 상시 주거용으로 사용하는 건물을 말하는 것으로, 숙박용역을 제공하는 사업용으로만 사용했다면 주택으로 보지 않는다. 다만, 양도하는 주택 또는 보유하는 주택이 사업용으로만 사용하는 건물에 해당하는지는 사실을 확인해서 판단할 사항이다.

- 다세대주택을 다가구주택으로 용도변경한 경우의 장기보유특별공제(소득세 집행기준 95-159의 4-4)

다세대주택을 다가구주택으로 용도변경한 후 양도하는 경우 보유기간별 공제율을 적용하고자 할 때, 다가구주택으로 용도변경한 날부터 양도일까지의 보유기간을 계산해 장기보유특별공제를 적용한다.

☑ 다중주택이란 : 아래 주택법 제2조 제2호 참조

☑ 다중주택과 취득세 : 단독주택을 취득한 것으로 보아 세율을 적용한다.

☑ 다중주택과 보유세 : 단독주택을 보유한 것으로 보아 보유세를 적용한다.

☑ 다중주택과 양도세 : 단독주택을 보유한 것으로 보아 양도세를 적용한다.

☑ 다중주택과 임대사업 : 단독주택을 보유한 것으로 보아 면적이나 기준시가 요건을 적용한다.

※ 주택법상의 주택

제2조(단독주택의 종류와 범위)

주택법 제2조 제2호에 따른 단독주택의 종류와 범위는 다음 각 호와 같다.

1. 단독주택

2. 다중주택*

3. 다가구주택**

* 다음의 요건을 모두 갖춘 주택을 말한다.
   1) 학생 또는 직장인 등 여러 사람이 장기간 거주할 수 있는 구조로 되어 있는 것
   2) 독립된 주거의 형태를 갖추지 않은 것(각 실별로 욕실은 설치할 수 있으나, 취사 시설은 설치하지 않은 것을 말한다.)
   3) 1개 동의 주택으로 쓰이는 바닥면적(부설 주차장 면적은 제외한다. 이하 같다)의 합계가 660㎡ 이하이고 주택으로 쓰는 층수(지하층은 제외한다)가 3개 층 이하일 것. 다만, 1층의 전부 또는 일부를 필로티 구조로 하여 주차장으로 사용하고 나머지 부분을 주택(주거 목적으로 한정한다) 외의 용도로 쓸 때는 해당 층을 주택의 층수에서 제외한다.
   4) 적정한 주거환경을 조성하기 위하여 건축조례로 정하는 실별 최소 면적, 창문의 설치 및 크기 등의 기준에 적합할 것
** 다음의 요건을 모두 갖춘 주택으로서 공동주택에 해당하지 아니하는 것을 말한다.
   1) 주택으로 쓰는 층수(지하층은 제외한다)가 3개 층 이하일 것. 다만, 1층의 전부 또는 일부를 필로티 구조로 하여 주차장으로 사용하고 나머지 부분을 주택(주거 목적으로 한정한다) 외의 용도로 쓸 때는 해당 층을 주택의 층수에서 제외한다.
   2) 1개 동의 주택으로 쓰이는 바닥면적의 합계가 660㎡ 이하일 것
   3) 19세대(대지 내 동별 세대수를 합한 세대를 말한다) 이하가 거주할 수 있을 것

제3조(공동주택의 종류와 범위)

① 법 제2조 제3호에 따른 공동주택의 종류와 범위는 다음 각 호와 같다.

1. 아파트

2. 연립주택

3. 다세대주택

제4조(준주택의 종류와 범위)

법 제2조 제4호에 따른 준주택의 종류와 범위는 다음 각 호와 같다.

1. 기숙사*

2. 다중생활 시설

3. 노인복지주택

4. 오피스텔

* 일반기숙사 : 학교 또는 공장 등의 학생 또는 종업원 등을 위하여 사용하는 것으로서 해당
기숙사의 공동취사 시설 이용 세대 수가 전체 세대 수(건축물 일부를 기숙사로 사용하는 경우에
는 기숙사로 사용하는 세대 수로 한다. 이하 같다)의 50% 이상인 것(교육기본법 제27조 제2항에 따
른 학생복지주택을 포함한다.)

상가겸용주택
절세법

    상가와 주택이 결합해서 있는 주택을 '상가겸용주택(또는 상가주택, 겸용주택)'이라고 한다. 이러한 유형의 주택이 상당히 많은데, 이에 대한 절세법을 찾아보자.

Case

    인천시에서 중개업을 하는 J 씨는 상가겸용주택을 가지고 있는 고객의 방문을 받고 상당한 혼란을 겪고 있다. 고객이 주택의 면적과 상가의 면적이 같은 상태에서 이를 양도하면 양도세 비과세를 받을 수 있는지를 물어보았지만, 이에 대해 답변을 할 수 없었기 때문이다. 이 겸용주택은 10억 원 정도가 된다.

    실력 있는 중개사무소가 되기 위해서는 어떤 준비를 하고 있어야 할까?

Solution

    상가겸용주택의 전체 양도가액이 12억 원 이하*인 경우에는 다음과 같이 면적을 기준으로 1세대 1주택에 대한 비과세 판단을 해야 한다.

* 12억 원 이하라도 1세대 1주택 비과세대상이 아니거나 전체 양도가액이 12억 원 초과 시에는 상가와 주택으로 구분해서 세제를 적용한다.

Step 1. 매매계약 전에 층별 전체면적을 확인한다.

전체면적은 '건물 각 층의 바닥면적을 모두 합한 넓이'를 말한다.

Step 2. 면적에 따른 과세 판단을 한다.

만일 주택 전체면적의 합계액이 상가 전체면적보다 더 큰 경우에는 세법은 전체를 주택으로 간주하므로 전체의 양도차익에 대해 비과세를 받을 수 있다(단, 주택으로 보유기간이 2년 이상이 되어야 하고, 12억 원 이하에 해당해야 한다). 하지만 주택 전체면적이 상가 전체면적보다 작거나 같으면 주택 부분은 비과세를 받을 수 있지만, 상가 부분에 대해서는 양도세를 내야 한다. 앞의 고객이 이에 해당한다.

Step 3. 대안을 마련한다.

만일 상가 전체면적이 주택 전체면적보다 같거나 큰 상황에서는 주택의 전체면적을 늘리면 전체를 비과세를 받을 수 있게 된다. 이때 지하층을 주거용으로 용도변경하거나 옥탑방 등을 증축하면 주택 전체면적이 늘어난다. 여기서 주의할 것은 용도변경 등을 한 경우에는 주택으로 사용하는 기간은 2년 이상이 되어야 한다는 것이다.

 상가겸용주택 지하의 보일러실, 계단 등은 어느 건물로 구분되는가?
겸용주택에 부설된 보일러실이나 계단* 등 시설물은 사실상의 용도에 따라 구분한다. 다만, 용도가 불분명한 경우에는 주택의 면적과 주택 외의 면적비율로 안분 계산한다(부동산 거래관리-1502, 2010. 12. 21 등).

* 주거 전용 계단은 주택으로 보아 면적계산을 한다.

상가겸용주택은 주택과 상가가 결합한 경우로 주택에 대한 비과세 등은 다음과 같이 판단한다.

구분		고가상가겸용 주택*인 경우	고가상가겸용 주택이 아닌 경우
1. 1세대 1주택 비과세 판단 시	① 주택 전체면적 〉 상가 전체면적	주택 부분만 주택	전부 주택
	② 주택 전체면적 ≤ 상가 전체면적		주택 부분만 주택
2. 위 외 과세 시	–	주택과 상가로 구분해 각각 과세	

* 소득세 집행기준 89-156-3 [겸용주택의 고가주택 판정]
하나의 건물이 주택과 주택 외의 부분으로 복합된 겸용주택의 주택면적이 주택 외의 면적보다 큰 경우로서 그 전부를 주택으로 보아 1세대 1주택 비과세 규정을 적용하는 때에는 그 주택 외의 부분 가액이 포함된 전체 건물과 그에 딸린 토지의 실지거래가액을 기준으로 고가주택을 판정한다.

| 실전연습 |

K 씨는 1~2층은 점포, 3층은 주택으로 이루어진 상가겸용주택(A)을 가지고 있다. 이 건물이 15억 원이라면 어떻게 하는 것이 세금을 줄이는 길이 될까? K 씨는 다른 주택(B) 한 채도 가지고 있다.

이 경우 K 씨는 1세대 2주택자가 된다. 따라서 두 주택 중 어떤 주택을 먼저 파는 것이 유리한지 세금계산을 해봐야 한다.

① 만약 B 주택을 먼저 양도하는 것이 유리하다면 → 남아 있는 A 주택은 비과세를 받을 수 있다. 그런데 A 주택은 고가의 상가겸용주택으로 주택 부분만 비과세가 되므로 비과세 혜택을 늘리기 위해서는 건물 전체를 주택으로 인정받는 것이 좋다. 이를 위해서는 미리 2층을 주택으로 용도변경을 하거나 실제 주택으로 사용해서

주택으로 인정받도록 한다.

② 만일 A 주택을 먼저 양도하는 것이 유리하다면 → 이러한 상황은 보통 B 주택이 A 주택의 비과세에 영향을 주지 않을 때 가능하다. 예를 들어 B 주택에 대해 감면이 적용되거나 상속주택 등에 해당하는 경우가 이에 해당한다(좀 어려운 개념이 될 수 있음).

※ 상가겸용주택의 절세법 정리

☑ 상가겸용주택에 대한 양도세 비과세를 판단할 때는 전체 양도가액이 12억 원 이하인 경우와 초과한 경우로 나눠 살펴봐야 한다.

☑ 12억 원 초과 시에는 상가는 무조건 과세되며, 주택에 대해서만 비과세가 적용된다.*

> * 소득세 집행기준 95-160-1 [겸용주택의 경우 장기보유 특별공제액 계산]
> 12억 원을 초과하는 고가 겸용주택은 2022년 1월 1일 이후 양도분부터 주택 부분만 주택으로 보아 양도차익 및 장기보유특별공제액을 계산한다.

☑ 12억 원 이하 시는 면적을 확인해 과세 여부를 판단한다. 이 경우 상황에 따라서는 면적을 유리하게 만든다(용도변경, 증축 등 활용).

☑ 상가겸용주택에 대해 과세가 적용되는 경우에는 면적 구분을 할 이유가 없다.

☑ 상가겸용주택 외 주택을 보유하고 있다면 처분순서를 달리해서 유리한 방법을 찾도록 한다.

💡Tip 상가겸용주택 취득세·임대소득세 절세법

상가겸용주택에 대한 취득세와 보유세 그리고 임대소득에 대한 절세법을 K 씨의 사례를 통해 알아보자.

- 1층은 상가, 2층과 3층은 주택
- 총매입 예상가액 : 8억 원(부가가치세 별도)
- 임대현황 : 1층은 업무용으로 임대, 2층과 3층은 주거용으로 임대
- 예상 임대료 : 1층 150만 원, 2·3층 150만 원

1. 상가겸용주택 취득세

지법은 상가와 주택을 각각 구분해 취득세를 부과하고 있다. 따라서 다음과 같이 취득세율이 적용된다.

구분	상가	주택
취득세율	4%	1~12%
농특세 등을 포함한 총세율	4.6%	1.1~13.4%

만일 상가의 기준시가는 2억 원이고 주택의 기준시가(시가표준액)는 3억 원이라면, 8억 원 중 3.2억 원(=8억 원×2억 원/5억 원)은 상가공급가액, 나머지 4.8억 원은 주택공급가액에 해당한다고 볼 수 있다. 이렇게 나눈 후 취득세를 계산하면 다음과 같다(주택 취득세율은 1% 가정).

구분	상가	주택	계
취득가액	3.2억 원	4.8억 원	8억 원
×취득세율	4%	1%	-
=취득세	1,280만 원	480만 원	1,760만 원

만일 상가공급가액을 낮추고 주택공급가액을 인위적으로 높일 때는 조세회피에 해당해서 세무조사를 받을 수 있다. 시가표준액(기준시가) 등을 사용해 최대한 객관적으로 적절히 나누는 것이 좋다.

2. 상가겸용주택 임대소득세

상가겸용주택을 임대하면 두 가지 형태의 건물에서 임대료가 발생한다. 하나는 상가임대소득이며, 다른 하나는 주택임대소득이다. 그렇다면 임대소득세는 어떻게 정리될까?

먼저 상가임대소득에 대해 알아보자.

상가임대수입(매출액)에 대해서는 부가가치세를 과세하는 것이 원칙이며, 1년에 2회(간이과세자는 1회) 부가가치세 신고·납부의무가 있다. 여기서 참고할 것은 부동산 임대업의 경우, 간이과세자는 연간 매출액이 4,800만 원에 미달하면 부가가치세 납부의무가 면제된다는 것이다.

그런데 이렇게 부가가치세 신고 때 신고한 수입에 대해서는 다음 해 5월(성실신고확인사업자는 6월) 중에 종합소득세 신고를 반드시 이행해야 한다. K 씨의 경우 상가수입금액이 연간 1,800만 원이므로 이를 기준으로 경비를 차감해 소득세를 계산하게 된다. 만일 K 씨가 근로소득자나 사업자라면 근로소득이나 사업소득과 합산해서 세금을 정산해야 한다.

다음으로 주택임대소득에 대해 알아보자.

부부의 보유주택 수별로 다음과 같은 기준에 따라 임대소득세가 부과된다.

구분	임대수입에 대해 과세*하는 경우	비고
① 부부의 합산 주택 수가 1채인 경우	기준시가가 12억 원 초과 시	기준시가 12억 원 이하 시는 비과세
② 부부의 합산 주택 수가 2채 이상인 경우	개인별 주택임대수입이 발생 시	

* 수입금액에 따라 종합과세 또는 분리과세가 적용된다.

☀️Tip 상가겸용주택 재산세

상가겸용주택은 재산세가 무조건 나온다. 그런데 상가겸용주택의 지하가 유흥주점업으로 사용되면 재산세가 0.25%가 아닌 4%로 중과세될 수 있다. 따라서 상가겸용주택의 임대차계약을 맺을 때 재산세는 임차인이 부담하는 식의 특약을 맺어두는 것이 좋다.

별장(농어촌주택)과
세무상 쟁점 정리

일반적으로 별장은 도시 밖에서 휴양을 위한 주택을 말한다. 이러한 주택은 대개 농어촌지역에 소재하는 경우가 많은데, 최근 정부는 이러한 주택에 대해서는 규제를 풀어주는 식으로 세법을 적용하고 있다.

Case

K 씨는 현재 도시지역 내에서 1주택을 보유하고 있다. 그는 다음과 같은 주택을 취득해 휴양용으로 사용하고자 한다. 물음에 답하면?

자료

• 제주도 서귀포시 표선면 소재 주택

Q1 위 주택을 취득하면 취득세가 중과세되는가?

별장*에 대한 취득세 중과세 규정은 폐지되었으므로 이를 판단할 필요가 없다.

* 별장은 주거용 건축물로서 상시 주거용으로 사용하지 아니하고 휴양, 피서, 위락 등의 용도로 사용하는 건축물을 말한다.

Q2 앞의 주택을 보유하면 재산세가 중과세되는가?

별장에 대한 재산세 중과세 규정도 폐지되었으므로 이 경우에도 이를 판단할 필요가 없다.

Q3 앞의 주택을 보유한 상태에서 도시지역의 주택을 양도하면 언제든지 비과세를 받을 수 있는가?

이는 제주에 있는 주택이 주택 수에 포함되는지를 묻고 있다. 이에 대해서는 주택으로 볼 가능성이 크다. 다음의 해석을 참조하자.

※ 재일 46014-422, 1996. 2. 14.
[제목]
1세대 1주택을 적용하면서 주택에 해당하는지 여부

[회신]
1. 소법 제89조 제3호 및 같은 법 시행령 제154조 제1항의 규정에 따른 1세대 1주택을 적용하면서 '주택'에는 상시 거주용이 아닌 별장은 포함되지 아니하는 것임.
2. 귀 문의 경우 공부상 주택인 건물이 지법규정에 따른 재산세가 별장으로 과세되었더라도 해당 건물을 상시 주거에 공한지, 아닌지를 소관세무서장이 가려 주택 해당 여부를 판정해야 함.

Q4 앞의 주택이 조특법 제99조의 4에서 규정한 농어촌주택이라면 일반주택에 대해서는 비과세를 받을 수 있는가?

그렇다.

Consulting

별장과 관련된 세무상 쟁점을 세목별로 정리하면 다음과 같다.

취득세	• 별장에 대한 취득세 중과세는 2023년에 폐지되었음. 이에 따라 별장에 대한 개념도 삭제함. • 따라서 별장에 대한 취득세는 통상 주택으로 보아 과세됨.

▼

보유세	• 별장에 대한 재산세 중과세(4%)도 2023년에 폐지되었음. 이에 따라 별장에 대한 개념도 삭제함. • 따라서 별장에 대한 재산세는 통상 주택으로 보아 과세됨.

▼

양도세	• 양도세 비과세 : 별장에 대한 개념이 없음. 실질 용도에 따라 주택 여부 등을 판단함. • 비사업용 토지 중과세 : 휴양, 피서 등을 위한 건축물을 말함(단, 농어촌주택은 제외).*

* 대지면적 660㎡ 이하(건평 150㎡ 이하), 2억 원 이하, 기타지역 요건(수도권 밖, 도시지역 밖 등 소령 제168조의 13 참조)을 충족한 주택을 말한다.

| 실전연습 |

K 씨는 농어촌지역에서 다음과 같은 주택을 양도했다. 이 주택을 양도하면 전체 양도차익에 대해 비과세가 적용되는가?

> **자료**
>
> • 양도 예상가액 : 12억 원(취득가액은 6억 원임)
> • 이 주택은 1세대 1주택으로 2년 이상 보유 등의 요건을 갖추었음(단, 부수토지 중 일부는 건물정착면적의 법정 적용 배율을 초과함).

자료상의 주택은 양도가액이 12억 원 이하로 소법상 고가주택에 해당하지 않는다. 따라서 일반적으로 1세대 1주택 비과세 요건을 갖춘 경우라면 전체 양도차익에 대해 비과세가 적용된다. 그런데 여기서 문제는 부수토지가 법에서 정한 배율(3~10배)을 초과한다는 것이다.

그렇다면 이에 대한 과세방식은 어떻게 될까?

이에 대해 세법은 주택정착면적의 3~10배까지 주택부수토지로 보아 1세대 1주택 비과세를 적용하며, 이를 초과하는 면적은 비사업용 토지에 해당하므로 기본세율에 10%P를 가산하도록 하고 있다. 다음 심판례를 참조하자.

※ 조심 2018서2003(2018. 8. 30)

주택정착면적의 5배를 초과하는 토지에 대하여 비사업용 토지로 보아 양도세를 과세한 처분은 잘못이 없다.

주택 양도세
감면제도의 모든 것

양도세 비과세를 받지 못한 경우에는 감면주택에 해당하는지를 점검해야 한다. 감면주택에 해당하면 양도세를 100% 감면받는 대신 농특세만 감면세액의 20%로 납부하면 되기 때문이다. 한편 감면주택은 감면 시기에 따라 거주자의 주택 수에 포함되지 않는 등의 혜택도 부여되고 있다.

Case

경기도 고양시 일산에 사는 N 씨는 2주택을 보유하고 있다. 그중 한 채는 최근에 매입한 양도세가 감면되는 주택(A)이고, 다른 한 채는 일반주택(B)이다. N 씨는 이 중 한 채를 정리하고자 한다. 어떤 식으로 양도해야 세금 측면에서 이익이 될까?

Solution

이에 대한 문제를 해결하기 위해서는 다음처럼 접근하는 것이 좋다.

Step 1. 감면주택을 먼저 처분하는 경우

일단 감면주택을 먼저 처분하는 경우에는 감면규정이 적용된다. 따라서 정상적으로 양도세를 계산한 후 감면세액을 계산하고 농특세액을 계산한다. 예를 들어 과세표준이 1억 원이고 100% 감면이 된다면 다음과 같이 농특세액이 계산된다.

구분	금액	비고
과세표준	1억 원	
×세율	35%	
−누진공제	1,544만 원	
=산출세액	1,956만 원	
−감면세액	1,956만 원	
=납부세액	0원	
농특세액	391만 원	감면세액×20%

Step 2. 감면주택 외의 주택을 처분하는 경우

감면주택 외의 주택을 처분하는 경우에는 다음과 같이 두 가지의 형태의 과세방식이 발생한다.

구분	내용	관련 규정
① 비과세를 받을 수 있는 경우	감면주택이 거주자의 소유주택에 해당하지 않는 경우	조특법 제99조의 2 (최근의 감면규정)
② 비과세를 받을 수 없는 경우	감면주택이 거주자의 소유주택에 해당하는 경우	조특법 제99조 (IMF 기간의 신축주택에 대한 감면)

즉 감면규정에 따라 감면주택이 거주자의 주택 수에 포함되지 않으면 비과세 가능, 포함되지 않으면 비과세를 받을 수 없다.

Step 3. 결론

N 씨가 감면주택 외의 주택을 먼저 처분하는 경우에는 법 규정에 따

라 비과세를 받을 수 있는지부터 살펴보고 처분에 나서야 한다. 사례의 경우 N 씨가 보유한 감면주택은 최근에 구입한 것이므로 감면 외 주택은 비과세를 받을 수 있다. 이처럼 감면주택이 거주자의 주택 수에서 차감되면 1세대 1주택 비과세를 받을 수 있는 길이 넓어진다.

Consulting

감면주택에 대한 세금은 다음과 같은 절차에 따라 검토해야 한다.

감면조건 및 감면내용 확인	• 감면은 조특법에서 여러 조항에 걸쳐 규정되어 있다. • 감면조건을 충족한 경우 감면소득에 대해 100% 감면한다. 단, 이때 감면세액의 20%만큼 농특세가 과세하는 것이 일반적이다.

감면주택 외
주택에 대한
비과세 판단
	• 감면주택은 감면규정에 따라 거주자의 다른 주택 비과세 판단에 달리 영향을 미친다.
	  − 2000년 초반의 감면규정 : 거주자의 소유주택에 포함되어 다른 주택의 비과세에 영향을 미친다(단, 5호 이상의 임대주택은 예외).
	  − 최근의 감면규정 : 거주자의 소유주택에서 제외해 다른 주택의 비과세에 영향을 주지 않는다.

처분 의사결정	이상과 같이 감면조건 및 다른 주택에 대한 비과세 판단 등이 확인되었다면 처분 의사결정을 자유롭게 내릴 수 있다.

≫ 원래 감면이 적용되는 주택은 해당 거주자의 소유주택으로 보지 않는 것이 원칙이다. 따라서 감면주택 외의 주택이 1세대 1주택 비과세 요건을 갖춘 경우라면 비과세를 적용하는 것이 원칙이다. 하지만 이렇게 되면 다주택자들이 비과세와 감면을 동시에 받게 되어 과도한 조세지출이 된다. 이에 정부는 감면주택(장기임대주택 등 일부는 제외)도 거주자의 소유주택으로 보아 2007년부터 감면주택 외의 주택에 대한 비과세를 제한했다. 하지만 최근에는 적체된 미분양주택을 해소해주기 위해 이 규정을 완화해 감면주택에 대해 양도세 100% 감면과 거주자의 소유주택에

서 제외하는 식으로 이중의 혜택을 부여하고 있다. 다음 규정으로 이 내용을 확인해보자.

※ 관련 규정 : 조특법 제99조의 2 【신축주택 등 취득자에 대한 양도세의 과세특례】
① 거주자 또는 비거주자가 대통령령으로 정하는 신축주택, 미분양주택 또는 1세대 1주택자의 주택으로 취득가액이 6억 원 이하이거나 주택의 연면적(공동주택의 경우에는 전용면적)이 85㎡ 이하인 주택을 2013년 4월 1일부터 2013년 12월 31일까지 주택법 제38조에 따라 주택을 공급하는 사업 주체 등 대통령령으로 정하는 자와 최초로 매매계약을 체결하여 그 계약에 따라 취득(2013년 12월 31일까지 매매계약을 체결하고 계약금을 지급한 경우를 포함한다)한 상황에 해당 주택을 취득일부터 5년 이내에 양도함으로써 발생하는 양도소득에 대해 양도세의 100분의 100에 상당하는 세액을 감면하고, 취득일부터 5년이 지난 후에 양도하는 경우에는 해당 주택의 취득일부터 5년간 발생한 양도소득 금액을 해당 주택의 양도세 과세대상 소득금액에서 공제한다. 이 경우 공제하는 금액이 과세대상 소득금액을 초과하는 경우 그 초과금액은 없는 것으로 한다(2013. 5. 10 신설).
② 소법상 1세대 1주택 비과세 규정 등을 적용할 때에는 제1항을 적용받는 주택은 해당 거주자의 소유주택으로 보지 아니한다(2013. 5. 10 신설).

| 실전연습 |

대전광역시에 거주하고 있는 용수문 씨는 2007년 12월에 계약하고 2010년 1월에 완공된 양도세 감면주택을 취득했다. 물음에 답하면?

Q1 용 씨가 이 주택을 2024년에 처분하면 5년이 지나 100% 감면을 받을 수 없는가?

아니다. 100% 감면받을 수 있다. 계약일이 아닌 잔금청산일로부터 5년간 100%를 적용하기 때문이다. 참고로 취득 후 5년이 지나면 5년간 발생한 양도소득 금액을 전체 양도소득 금액에서 차감한다.

Q2 용 씨가 이 주택을 2024년 1월에 양도하는 경우 감면세액은 얼마나 되는가? 단, 총양도차익은 1억 원이 발생했으며, 기준시가는 다음과 같다.

구분	취득 시점	5년 시점	양도 시점
기준시가	3억 원	3.5억 원	4억 원

용 씨가 해당 주택을 2024년 1월에 양도하면 취득 후의 보유기간은 9년 정도가 된다. 따라서 전체 양도소득 금액을 감면되는 부분과 과세하는 부분으로 나눠 세금계산을 해야 한다. 구분기준은 기준시가의 비율을 사용한다.

Step 1. 양도소득 금액 계산

양도소득 금액은 양도차익에서 장기보유특별공제액을 차감해 계산한다. 따라서 사례의 경우에는 1억 원에서 2,800만 원(14년×2%)을 차감한 7,200만 원이 양도소득 금액이 된다.

Step 2. 양도소득 금액 안분

전체 양도소득 금액을 기준시가 비율로 적절히 나눈다.

• 감면되는 양도소득 금액 = 전체 양도소득 금액 × $\dfrac{\text{5년 시점 기준시가 - 취득 시점 기준시가}}{\text{양도 시점의 기준시가 - 취득 시점 기준시가}}$

$$= 7{,}200\text{만 원} \times \dfrac{3.5\text{억 원}-3\text{억 원}}{4\text{억 원}-3\text{억 원}} = 3{,}600\text{만 원}$$

Step 3. 양도세 계산

구분		금액	비고
양도세	양도소득 금액	7,200만 원	
	−기본공제	250만 원	
	=과세표준	6,950만 원	
	×세율	24%	
	−누진공제	576만 원	
	=산출세액	1,092만 원	
	−감면세액	5,656,400원	
	=결정세액	5,263,600원	
지방소득세		526,360원	
농특세액		1,131,280원	감면세액의 20%
계		6,921,240원	

위에서 감면세액의 계산은 다음의 산식에 의한다(조특법 집행기준 99-99-4, 2012. 12. 17).

- 감면세액 = (양도소득 과세표준×세율)× $\dfrac{\text{(감면소득 금액−양도소득 기본공제)}}{\text{양도소득 과세표준}}$

$$= 1,092\text{만 원} \times \frac{(3,600\text{만 원}-0\text{원})^{*}}{6,950\text{만 원}} = 5,656,400\text{원}$$

* 과세소득과 감면소득이 있는 경우 양도소득 기본공제는 과세소득금액에서 먼저 공제하고, 미공제분은 감면소득 금액에서 공제한다(소득세 집행기준 103-0-3).

구분	내용	감면
장기임대 주택 (조특법 제97조)	· 1986~2000. 12. 31 사이에 신축한 주택(5호 이상) 등을 5년 이상 임대할 것.	50% 감면+ 소유주택 제외
	· 5년 이상 임대한 건설주택(5호 이상), 10년 이상 임대한 매입 임대주택(5호 이상) 등을 임대할 것.	100% 감면+ 소유주택 제외
신축임대 주택 (제97조의 2)	· 1호 이상의 신축임대주택을 포함해 2호 이상을 5년 이상 임대할 것. · 1999. 8. 20~2001. 12. 31까지 신축되거나 매입한 임대주택일 것	100% 감면 (소유주택에 포함)
신축주택 (제99조, 제99조의 3)	· 1998. 5. 22~1999. 6. 30 또는 2001. 5. 23~2003. 6. 30 사이에 신축주택의 계약 시	100% 감면 (단, 거주자의 소유 주택에 포함)

※ 주의 : IMF 때 태어난 감면주택 중 신축임대주택(조특법 제97조의 2 등)은 거주자의 소유주택으로 보아 다른 주택의 비과세에 영향을 미친다.

◆ 부동산 거래 시 양도세 체크리스트

거래에 앞서 다음과 같은 내용을 중심으로 양도세 문제를 정확히 점검할 필요가 있다. 사후에 양도세 과세문제로 인해 곤란을 겪는 것을 방지하기 위해서다.

대상	점검해야 할 항목	점검해야 할 내용	점검
1 주택자	① 1세대의 범위	1세대에 포함되는 가족들의 범위 점검	
	② 1세대가 소유한 주택 수	2주택 이상 보유에 해당하는지 여부 점검	
	③ 2년 이상 보유 여부	2년 미만 보유 시 보유 특례 점검	
	④ 부수토지 범위	공동주택이 아닌 경우로 대지가 넓은 경우 반드시 확인	
2 주택자	⑤ 1세대 1주택 비과세 특례제도 적용 가능 여부	2주택이라도 이사나 혼인 등의 사유면 비과세를 받을 수 있음.	

대상	점검해야 할 항목	점검해야 할 내용	점검
1·2 주택자 공통	⑥ 고가주택, 다세대주택, 겸용주택 해당 여부	고가주택은 12억 원까지만 비과세, 구분 등기된 다세대주택은 각 호가 1주택임(구분등기가 안 되어 있으면 1주택). 상가와 주택이 결합한 경우 안분 문제가 발생함.	
	⑦ 농어촌주택, 상속 주택 여부	농어촌주택과 일반주택이 있으면 일반주택에 대해서는 양도세 비과세 가능성 있음. 상속주택은 양도세를 부과하나 주택 수 판정에 영향을 줌.	
3주택 이상자	⑧ 일시적 2주택 비과세 여부	감면주택과 일시적 2주택으로 3주택인 경우 일시적 2주택 비과세를 받을 수 있음.	
	⑨ 주택임대사업자 등록	주택임대사업자 등록을 통한 비과세 검토	
공통	⑩ 감면주택 해당 여부	외환위기 시절 또는 최근에 취득한 주택으로 감면요건을 갖추면 감면과 주택 수에서 제외해주는 혜택이 있음. 상당히 중요한 내용임.	
	⑪ 양도세 계산 및 절세방법 강구	· 중과세율 적용 판단 · 양도세 계산* · 절세방법 강구(양도시기 등 검토) · 신고방법 안내	

* 양도세 자동계산은 국세청 홈택스나 저자의 카페를 통해 할 수 있다.

부수토지가 비교적 넓은 단독주택을 양도할 때 발생할 수 있는 세무상 쟁점을 정리해보자.

1. 단독주택의 범위

세법은 주택 건물과 이의 부수토지를 합해 주택으로 구분하고 있다. 토지는 주택의 한 부분으로 보고 과세하는 것이 바람직하기 때문이다. 하지만 건물 부분은 작은데 부수토지가 넓으면 토지의 효율적 이용과 거리가 멀게 된다. 그래서 세법은 이를 규제하는 측면에서 배율을 정해 이에 대해 규제하고 있다.

1) 취득세

취득세에서는 주택법 제2조 제1호에 따른 주택*에 해당하면 이에 대해 1~12%까지의 세율을 곱한다. 따라서 여기에서는 배율 같은 개념을 적용하지 않는다.

* '주택'이란 세대(世帶)의 구성원이 장기간 독립된 주거생활을 할 수 있는 구조로 된 건축물의 전부 또는 일부와 그 부속 토지를 말하며, 단독주택과 공동주택으로 구분한다.

≫ 참고로 2023년부터 지법에서는 별장이라는 개념을 삭제해서 취득세 중과세와 재산세 중과세 등을 적용하지 않는다.

2) 보유세

재산세와 종부세는 주택으로 보아 이를 부과한다(단, 재산세의 경우 주택부수토지의 경계가 불확실할 때는 바닥면적의 10배를 부수토지로 본다).

3) 양도세

주택에 대한 양도세 비과세는 주택과 그에 딸린 토지 중 건물의 정착 면적의 일정 배율 내의 토지만 그 적용 대상으로 한다.

도시지역			도시지역 밖
수도권		수도권 밖	
주거·상업·공업지역	녹지지역		
3배	5배		10배

 주택의 바닥정착면적이 100㎡이고, 대지의 면적이 1,000㎡인 경우 과세방식은? 단, 이 토지는 수도권 밖의 도시지역에 소재한다.

구분	주택부수토지	나대지
면적	500㎡ (=100㎡×5배)	500㎡
과세방식	주택으로 보아 비과세 등 적용	비사업용 토지로 보아 과세

≫ 이러한 상황에 있으면 2년 전에 바닥정착면적을 늘려두면 향후 주택부수토지가 늘어나 세금이 줄어든다.

2. 주택부수토지의 분할 양도

주택부수토지를 분할해서 양도하는 때도 있다. 이 경우 토지의 양도로 보아 과세하는 것이 원칙이다. 다음 집행기준을 참조하기 바란다.

구분		비과세 여부
지분 양도		비과세
분할 양도*	1주택을 2 이상의 주택으로 분할해서 양도(주택과 토지)	· 먼저 양도하는 주택과 토지 : 과세 · 나중 양도하는 주택과 토지 : 비과세
	주택 전부를 먼저 양도	비과세
	토지 전부를 먼저 양도	과세

* 공익사업에 수용된 경우에는 잔존주택을 5년 이내 양도 시 비과세 가능함.

3. 주택의 멸실 후 양도

주택을 멸실한 후 이를 양도하면 주택이 아닌 토지의 양도로 본다. 참고로 1세대 1주택을 멸실조건으로 잔금 전에 주택을 멸실시킨 경우 비과세 혜택이 주어지지 않으므로 주의해야 한다. 최근 해석을 변경시켰기 때문이다.

- 종전 해석 : 계약일 현재를 기준으로 비과세 판단
- 신규 해석 : 양도일 현재를 기준으로 비과세 판단(해석 : 기획재정부 재산-1007, 2022. 8. 19)

4. 용도변경

상가 등을 주택으로 용도변경하거나 그 반대로 용도변경하는 경우의 세무상 쟁점을 정리해보자. 여기서 용도변경이란 건축법에 따라 용도를 바꾸는 것을 말한다(건축물대장 정리 필수).

1) 주택을 상가로 용도변경한 경우

주택을 상가로 용도변경한 후 이를 양도하는 경우 다음과 같이 세제가 적용된다.

- 양도 물건은 상가가 된다. 양도일 현재를 기준으로 과세대상을 판단하기 때문이다.
- 세율 적용 : 당초 취득일부터 보유기간에 따른 세율이 적용된다.
- 장기보유특별공제 : 당초 취득일부터 보유기간에 따른 공제율이 적용된다. 따라서 주택을 상가로 용도변경한 경우에는 예전 용도와 관계없이 전체 보유기간에 따른 6~30%를 적용하는 것이 원칙이다.

※ 사전-2022-법규재산-0684, 2022. 11. 28.
1세대가 조정대상지역에 2주택을 보유한 상태에서 소법 제104조 제7항 제1호에 따른 양도세가 중과되는 1주택을 근린생활시설로 용도변경하여 사용하다 이를 양도하는 경우, 같은 법 제95조 제2항의 장기보유특별공제액을 계산함에 있어 보유기간은 근린생활시설로 용도변경한 날을 기산일로 하여 계산하는 것임.

2) 상가를 주택으로 용도변경한 경우

상가를 주택으로 용도변경한 후 이를 양도하는 경우 다음과 같이 세제가 적용된다.

- 양도 물건은 주택이 된다. 양도일 현재를 기준으로 과세대상을 판단하기 때문이다.
- 비과세 보유기간 : 용도변경일로부터 2년 이상 보유(거주)해야 한다.
- 세율 적용 : 당초 취득일부터 보유기간에 따른 세율이 적용된다.
- 장기보유특별공제 : 당초 취득일부터 보유기간에 따른 공제율이 적용된다. 다만, 용도변경으로 1세대 1주택에 해당할 경우 전체 보유기간 중 주택을 보유한 기간을 통산하는 것이 원칙이다. 한편 이 규정은 2025년 이후 양도분부터 개정되어 적용될 예정이다(다음 페이지 세법개정안 참조).

95-159의 4-3 [주택의 용도를 변경한 경우 보유기간 계산]

주택을 주택 외의 용도로 변경하여 사용하다가 이를 다시 주택으로 용도변경하여 사용한 후 양도한 경우 해당 주택의 보유기간 계산은 해당 건물의 취득일부터 양도일까지의 기간 중 주택으로 사용한 기간을 통산한다.

89-155-7 [1주택자가 보유 중인 상가를 용도변경하여 주택으로 사용하는 경우]

1세대 1주택자가 소유하던 상가를 용도변경하여 주택으로 사용하는 때에는 주택으로 용도변경한 때에 다른 주택을 취득한 것으로 보아 일시적인 1세대 2주택 비과세 특례규정을 적용한다.

※ 2024년 세법개정안

현행	개정안
□ 주택으로 용도변경(또는 주거용 사용) 시 1세대 1주택 비과세 보유기간 및 장기보유 특별공제액	□ 계산방법 합리화
① 1세대 1주택 비과세 보유기간 : 자산 취득일~양도일	① 용도변경일(또는 주거용 사용일)로 기산일 변경
② 1세대 1주택 장기보유 특별공제액 : 보유기간을 '취득일~양도일'로 보아 공제액 산출	② (좌동)
〈단서 신설〉	– 다만, 용도변경으로 1세대 1주택에 해당할 경우 ❶ (보유기간 공제율*) 비주택 보유기간에 대한 일반 공제율 + 주택 보유기간에 대한 1세대 1주택 공제율 * 최대 40% 적용 ❷ (거주기간 공제율) 주택 거주기간에 대한 1세대 1주택 공제율을 합한 금액

≫ 위 개정안은 2025년 1월 1이 이후 양도분부터 적용될 예정이다.

5. 취득가액 환산

오래된 단독주택의 경우 낮은 취득가액으로 인해 세금이 생각보다 많은 경우가 많다. 따라서 취득가액을 어떤 식으로 신고해야 하는지 등에 대해 미리 검토하는 것이 좋을 것으로 보인다. 참고로 2020년 이후 취득분에 대해 환산하면 가산세 5%가 부과된다.

| 사례 |

서울 마포구 신수동에 거주하고 있는 김영철 씨는 오래된 주택을 보유하고 있었다. 그런데 문제는 취득가액을 알 수가 없다는 것이다. 어떻게 하면 될까?

- 양도 물건 : 단독주택
- 양도 일자 : 2024. 5. 31
- 취득가액 : 불명(취득가액은 환산하기로 함)
- 취득 시 기준시가 : 5,000만 원
- 양도세 세율 : 6~45%

- 취득 일자 : 1986. 12. 31
- 양도가액 : 6억 원
- 양도 시 기준시가 : 4억 원
- 장기보유특별공제율은 30% 적용

(단위 : 원)

구분	금액	비고
양도가액	600,000,000	
(-) 필요경비 취득가액 기타필요경비	76,500,000 75,000,000 1,500,000	취득가액 환산 (6억 원×5,000만 원/4억 원) 개선공제액(5,000만 원×3%)
(=) 양도차익	523,500,000	
(-) 장기보유특별공제	157,050,000	30% 공제(가정)
(=) 양도소득 금액	366,450,000	
(-) 기본공제	2,500,000	연간 1회 적용
(=) 과세표준	363,950,000	

구분	금액	비고
(×) 세율	40%	
(-) 누진공제	25,940,000	
(=) 산출세액	119,640,000	

  사례의 경우 취득연도는 1986년이다. 따라서 취득가액이 상당히 낮을 수 있다. 그 결과 양도차익이 상당히 많아져 양도세가 커질 가능성이 크다. 따라서 이렇게 오래된 부동산은 취득가액을 입증하기가 힘들어 부득이 이를 환산하는 경우가 많다. 그런데 취득가액을 환산하는 경우 필요한 기준시가 중 취득 시점의 기준시가를 파악하기가 쉽지 않다. 이 사례에서는 취득 시 기준시가를 5,000만 원으로 하고 있지만, 실무에서는 단독주택의 경우 다음과 같이 파악해야 한다(소령 164조 제7항 등). 참고로 단독주택에 대한 기준시가는 국세청 홈택스(www.hometax.go.kr)에서 비교적 쉽게 계산할 수 있다. 이를 위해서는 건축물대장과 공시지가 등에 관한 정보를 미리 준비해야 한다.

• 취득 당시의 기준시가

$$=최초로\ 공시한\ 주택가격 \times \frac{취득\ 당시\ 토지\cdot건물기준시가\ 합계액}{최초로\ 고시한\ 당시의\ 토지\cdot건물기준시가의\ 합계액}$$

※ 단독주택의 절세법

☑ 대지가 넓은 단독주택의 부수토지는 바닥정착면적의 3~5배(도시지역 내) 또는 10배(도시지역 밖)까지만 비과세를 받을 수 있다.

☑ 5배 등을 초과하는 부수토지는 나대지(비사업용 토지)로 분류되어 많은 세금이 나오게 된다. 따라서 대지면적이 넓은 경우에는 미리 세금 문제를 검토한 후 매매에 나서는 것이 좋다.

☑ 부수토지가 3~10배를 초과하면 실제 면적과 공부상의 면적이 차

이가 나는지 검토하는 것이 좋다. 만약 차이가 난 경우에는 측량 등을 통해 실제 면적을 입증(국토정보공사 등에 의뢰)하면 절세할 수 있다.

☑ 오래된 단독주택은 취득가액을 환산해서 정할 수 있다.

오래된 단독주택을 허물고 임의로 재건축한 때도 있다. 이 경우 다양한 세무상 쟁점이 생길 수 있다. 다음에서 이에 대해 정리해보자.

1. 임의 재건축의 성격

임의 재건축은 일반개인이 노후화된 주택을 멸실하고 그 자리에 주택을 신축하는 경우를 말한다. 이러한 임의 재건축은 도정법에 따른 재건축이나 재개발처럼 이해관계인이 없으며, 건축법을 적용받게 된다.

구분	도정법상 재건축	임의 재건축
적용되는 법규	도정법 등	건축법
재건축 사유	도정법상의 절차에 따름.	소실, 노후화
이해관계인	많음.	없음.

2. 임의 재건축과 세무상 쟁점

임의 재건축에 의해 탄생한 주택에서 발생하는 세무상 쟁점들을 정리해보자.

1) 비과세 적용

1세대 1주택 비과세를 받기 위해서는 2년 보유(조정지역은 2년 거주)가 필요하다. 이에 대해 세법은 다음과 같이 비과세를 위한 보유기간과 거주기간을 정하고 있다.

한편 소령 제154조 제8항에서는 노후화 등에 따라 임의 재건축한 주택 비과세를 위한 보유기간과 거주기간은 재건축 전과 후를 통산하도록 하고 있다. 다음 집행기준 등을 참조하기 바란다.

※ 소득세 집행기준 89-154-26 [재건축한 주택의 보유 및 거주기간 계산]

구분	보유 및 거주기간 포함 여부		
	종전주택	공사 기간	재건축주택
소실·노후 등으로 재건축한 경우	포함	포함하지 않음.	포함
도시 및 주거환경 정비법에 따라 재건축한 경우	포함	· 보유 : 포함 · 거주 : 포함하지 않음.	포함

※ 기획재정부 재산-1007, 2022. 8. 19.

소령 제159조의 4에 따른 1세대 1주택의 거주기간을 산정할 때, 노후 등으로 인하여 멸실되어 임의로 주택을 재건축한 경우 그 멸실된 주택에 거주한 기간을 통산하여 계산하는 것임.

2) 장기보유특별공제 적용 기간

임의 재건축한 주택에 대한 장기보유특별공제법을 정리해보자.

① 주택 중 건물분

주택은 건물과 토지로 구성되는데, 이 중 건물분에 대한 장기보유특별공제는 완공일, 즉 사용승인서 교부일로부터 시작한다. 기존 건물은 가치가 거의 없어 이를 적용할 이유가 없기 때문이다. 다음의 집행기준을 참조하기 바란다.

※ 소득세 집행기준 95-159의 4-1 [멸실 후 신축한 1세대 1주택의 장기보유 특별공제액 계산]

1세대가 양도일 현재 국내에 1주택을 소유하고 있는 경우로서 그 주택이 기존주택을 멸실하고 신축한 주택에 해당하면, 장기보유특별공제율 적용을 위한 보유기간은 신축한 주택의 사용승인서 교부일부터 계산한다.

② 주택 중 토지분

주택 중 토지분은 그 형태나 가치 등이 그대로 존속하므로 종전주택의 보유기간과 재건축주택의 보유기간을 통산한다. 다음 해석을 참조하기 바란다.

※ 양도, 기획재정부 재산세제과-34, 2017. 1. 16.

[제목]

임의 재건축한 주택의 부수토지에 대한 장기보유특별공제 보유기간

[회신]

노후 등으로 인하여 종전주택을 멸실하고 재건축한 주택으로서 소법 제89조 제1항 제3호에 따른 비과세대상에서 제외되는 고가주택을 양도하는 경우, 해당 고가주택의 부수토지에 대한 장기보유특별공제액을 계산할 때 소법 제95조 제2항 표2에 따른 공제율은 종전주택의 부수토

지였던 기간을 포함한 보유기간별 공제율을 적용하는 것임.

3) 세율 적용법

임의 재건축에 따라 재건축된 주택을 양도할 때의 세율은 보유기간에 따라 달라진다. 이때 보유기간은 원칙적으로 해당 자산의 취득일부터 양도일을 기준으로 한다. 따라서 임의 재건축된 주택을 신축 후 바로 양도하면 건물분은 사용승인서 교부일로부터, 토지는 당초 취득일로부터 보유기간을 산정해야 한다.

> ※ 소법 제104조
> ② 제1항 제2호 및 제3호의 보유기간은 해당 자산의 취득일*부터 양도일까지로 한다.
> * 자가신축의 경우 사용승인서 교부일을 말한다.

4) 주택 수 포함 여부

종전주택이나 완공된 주택은 취득세나 양도세에서 주택 수에 포함되나, 공사 중은 주택 수에 포함되지 않는다. 임의 재건축은 주택법이나 도정법 등처럼 열거된 법률이 아닌 건축법에 따라 생성되기 때문이다.

※ 소득세 집행기준 89-155-5 [주택신축을 위한 나대지를 보유하고 있는 경우]

1세대 1주택을 보유한 자가 다른 주택을 신축하고자 매입한 낡은 주택을 헐고 나대지 상태로 보유하고 있는 기간에 종전의 주택을 양도하는 경우 1세대 1주택 비과세를 적용받을 수 있다.

구분			종전 주택	공사 기간	재건축 주택
1. 비과세 요건	보유/거주기간		○	X	○
2. 장기보유특별공제(별표 1)	주택(30%)		X	X	○
	토지(30%)		○	X	○
3. 장기보유특별공제(별표 2)	보유기간 (40%)	주택	X	X	○
		토지*	○	X	○
	거주기간 (40%)	주택	X	X	○
		토지	○	X	○
4. 세율	보유기간	주택	X	X	○
		토지	○	X	○
5. 주택 수 포함			○	X (주택 수에 미포함)	○

* 별표 1(30%)과 별표 2(80%) 중 높은 공제율을 적용함.

제7장

상업용 부동산과 토지에 대한 세무상 쟁점

상업용 부동산과
세무상 쟁점

상업용 부동산은 주로 임대소득을 목적으로 보유하는 자산군을 말한다. 이에는 대표적으로 상가나 빌딩, 업무용 오피스텔 등이 있다. 그런데 이러한 상업용 부동산과 관련해서 다양한 세무위험이 발생한다. 이에는 대표적으로 부가가치세가 있다. 한편 상업용 부동산을 주거용으로 사용하면 이를 주택으로 보아 과세할 위험성도 있다. 이러한 점에 유의해 아래의 내용을 살펴보자.

Case

K 씨는 아래와 같은 부동산을 보유하고 있다고 하자. 물음에 답하면?

구분	공부상 용도	실질 용도
① 오피스텔	근린생활시설 (근생)	상시 주거용
② 생활형 숙박 시설	근린생활	상시 거주용
③ 아파트(85㎡ 초과)	주택	회사의 종업원 숙소로 활용
④ 민박(에어비앤비)	다가구주택	숙박 시설
⑤ 고시원	근린생활시설	고시생이나 직장인 등 숙소로 활용

Q1 ① 오피스텔 임대 중에는 부가가치세가 발생하는가?

　① 오피스텔을 주거용으로 사용하고 있으므로 주택의 임대로 보아
　　부가가치세를 면세한다.

Q2 ② 생활형 숙박 시설은 소법상 주택에 해당하는가?

　② 생활형 숙박 시설은 상시 주거용이 아니므로 소법상 주택이 아니
　　나, 사례처럼 이를 상시 주거용으로 사용하면 소법상 주택에 해당
　　할 가능성이 크다.

Q3 ③ 아파트를 임대하면 부가가치세가 발생하는가?

　③ 회사의 숙소로 사용되는 아파트에 대해서는 부가가치세가 과세되
　　는 것이 원칙이다.

Q4 ④ 다가구주택을 양도하면 부가가치세가 발생하는가? 또한, 양도하면
주택이 아닌 것으로 보아 과세되는가?

　④ 숙박 시설로 사용되는 다가구주택을 양도하면 부가가치세가 과세
　　될 것으로 보인다(유권해석 확인이 필요하다). 한편 이의 양도 시점에 주
　　택인지, 아닌지는 사실 판단에 따라 그 결과가 달라질 것으로 보
　　인다.

　≫ 저자는 사업용으로 사용된 주택에 대해 부가가치세가 과세되었다는 것은 이
는 상시 주거용으로 사용되는 것이 아닌 만큼 양도 시점에서는 주택이 아니라고
보는 것이 합리적이라고 본다. 하지만 과세관청은 부가가치세와 양도세를 별개의
세목으로 보고 주택을 판단하는 것으로 이해된다. 다음 판례를 참조하기 바란다.

　※ 양도 당시 주택의 판단은 건물 공부상의 용도 구분과 관계없이 실
제 용도가 사실상 주거에 사용하는 건물인가에 따라 판단하고, 그 구조

및 기능이나 시설 등이 본래 주거용으로서 주거용에 적합한 상태에 있고 주거 기능이 그대로 유지·관리되고 있어 주택으로 사용할 수 있는 건물의 경우 '주택'으로 보아야 함[국패](대법원 2016두41941, 2016. 9. 7).

Q5 ⑤ 고시원 외 주택을 양도하면 비과세를 받을 수 있는가?

⑤ 고시원이 사업자가 건축법 시행령 제3조의 4(현행 제3조의 5) [별표 1]의 제2종 근린생활시설에 해당하는 고시원을 상시 주거용이 아닌 사실상 숙박 또는 숙식을 제공하는 형태로 사용하게 할 때는 부가가치세가 과세되는 것이며(부가-1339, 2010. 10. 8), 이 경우에는 주택으로 보지 않으므로 고시원 외 주택에 대해서는 비과세가 가능할 것으로 보인다.

※ 고시원 관련해서 주의해야 할 해석 사례

① 근린생활시설로 보는 경우

사회 통념상 고시생들은 장기거주를 목적으로 하기보다는 고시를 준비할 목적으로 고시 합격 때까지 또는 희망하는 일정 기간 '일시적'·'단기적'으로 고시원에 입주하여 고시원을 고시 공부 장소로 이용하였다고 보아야 할 것이고, 고시생들이 제공받는 방을 침실로도 이용하였다고 하여 고시생들이 장기 주거를 목적으로 고시원에 입주하였다고 보기는 어렵다(국심 2000서1105, 2000. 9. 28).

② 공동주택으로 보는 경우

법령에서 정한 고시원의 '요건'을 갖추고 있지 않은 점, 호실별로 독립된 주거가 가능한 구조를 갖춘 점, 쟁점 건물의 세입자들이 전입 신고하고 확정신고를 받아 거주하고 있었던 점 등에 비추어 볼 때, 쟁점 건물은 공동주택에 해당한다(조심 2021정2315, 2021. 8. 27).

상업용 부동산과 관련된 세무상 쟁점을 세목별로 정리하면 다음과 같다.

부가가치세/취득세	• 상업용 부동산을 취득하면 원칙적으로 취득세와 부가가치세가 발생한다. • 상업용 부동산의 취득세는 원칙적으로 기본세율(4%)이 적용된다.
보유세	• 상업용 부동산은 건물과 토지로 구분되어 보유세가 부과된다. • 상업용 부동산에 대한 종부세는 토지에 한해 공시지가 80억 원 초과 시 부과된다.
부가가치세/양도세	• 상업용 부동산을 양도하면 원칙적으로 부가가치세가 발생한다. • 상업용 부동산에 대한 양도세는 중과세 없이 일반과세가 적용된다. • 아파트 등을 사업용으로 사용한 후 양도하면 부가가치세와 양도세 적용방법에 주의해야 한다.

※ 상업용 부동산의 세금 제도들

☑ 취득 시에는 일반적인 취득세율 4%(농특세 등 포함 시 4.6%)가 부과된다.

☑ 취득 시에는 건물공급가액의 10%만큼 부가가치세가 과세되는 것이 일반적이다. 단, 포괄양수도계약*을 하면 부가가치세 없이 거래할 수 있다.

　　* 사업의 모든 권리와 의무가 그대로 승계되는 계약을 말한다(임차보증금, 직원 등도 승계되어야 한다).

☑ 보유 시에는 건물과 토지에 대해 각각 재산세 등이 부과된다.

☑ 임대 시에는 임대료에 대한 부가가치세와 임대소득에 대한 소득세가 발생한다.

☑ 처분 시에는 부가가치세와 양도세 과세문제가 있다.

| 실전연습 |

앞의 사례에서 ① 오피스텔은 주거용으로 사용되고 있지만, 현재 재산세과
세대장은 일반 건물로 표기되어 있다. 물음에 답하면?

Q1 이 오피스텔에 대한 재산세는 어떤 식으로 과세하는가?

재산세는 원칙적으로 재산세과세대장에 등재된 대로 과세된다. 따라
서 사례의 경우 일반 건물에 따라 재산세가 과세된다.

구분	주거용 오피스텔	업무용 오피스텔
과세표준	시가표준액×60%	시가표준액×70%
세율	주택 : 0.1~0.4%	· 건물분 : 0.25% · 토지분 : 0.2~0.4%

Q2 이 오피스텔에 대해 종부세가 부과되려면 어떻게 해야 하는가?

종부세는 재산세 과세방식과 연동되어 있으므로 재산세가 주택분으
로 과세되어야 한다. 다만, 주택으로 사용되고 있음에도 일반 건물로 재
산세가 과세되면 확인을 거쳐 주택으로 종부세가 과세될 수도 있다.

Q3 재산세과세대장의 변경절차는?

재산세는 사실상의 현황에 따라 부과하므로 공부상 현황과 사실상의
현황이 다른 경우, 이에 대해 재산세과세대상 변동신고서를 제출해야
한다.

① 사실상의 현황에 따른 재산세 부과

※ 지법 제106조
③ 재산세의 과세대상 물건이 토지대장, 건축물대장 등 공부상 등재되지 아니하였거나 공부상 등재현황과 사실상의 현황이 다른 경우에는 사실상의 현황에 따라 재산세를 부과한다. 다만, 재산세의 과세대상 물건을 공부상 등재현황과 달리 이용함으로써 재산세 부담이 낮아지는 경우 등 대통령령으로 정하는 경우에는 공부상 등재현황에 따라 재산세를 부과한다.

※ 지령 제105조의 2
법 제106조 제3항 단서에서 '재산세의 과세대상 물건을 공부상 등재현황과 달리 이용함으로써 재산세 부담이 낮아지는 경우 등 대통령령으로 정하는 경우'란 다음 각 호의 경우를 말한다.
1. 관계 법령에 따라 허가 등을 받아야 함에도 불구하고 허가 등을 받지 않고 재산세의 과세대상 물건을 이용하는 경우로서 사실상 현황에 따라 재산세를 부과하면 오히려 재산세 부담이 낮아지는 경우
2. 재산세 과세기준일 현재의 사용이 일시적으로 공부상 등재현황과 달리 사용하는 것으로 인정되는 경우(2021. 12. 31 신설)

② 신고의무

※ 지법 제120조
① 다음 각 호의 어느 하나에 해당하는 자는 과세기준일부터 15일 이내에 그 소재지를 관할하는 지방자치단체의 장에게 그 사실을 알 수 있는 증거자료를 갖추어 신고해야 한다.
6. 공부상 등재현황과 사실상의 현황이 다르거나 사실상의 현황이 변경된 경우에는 해당 재산의 사실상 소유자

☀Tip 상업용 부동산 세무관리법 요약

절차	일반적인 취득	경매 취득
취득 시	· 부가가치세 → 10%(일반과세자), 4%(간이과세자), 0%(비사업자) ≫ 위의 부가가치세는 포괄양수도계약에 의해 생략할 수 있음. · 취득세 → 취득가액(VAT 제외)의 4.6%(고급오락장은 12.6%)	(경매나 공매로 취득할 때는 부가가치세가 발생하지 않음.)
세금계산서 수수	· 일반과세자가 공급하는 경우(임대업 간이과세자는 발급 불가) · 토지는 계산서 발급(미발급하더라도 불이익이 없음)	–
사업자등록	· 사업자등록 → 사업개시일로부터 20일 내 등록, 사업개시 전도 가능	
부가가치세 환급	· 매월 단위 등 신고로 조기환급 가능	–
보유 시	· 재산세(매년 6월 1일 기준, 고급오락장은 4%로 중과세) · 종부세(토지 공시지가가 80억 원 초과 시 부과됨)	
임대 시	· 임대료에 대한 부가가치세(임대보증금에 대해서도 발생) · 임대소득세 → 다음 해 5월 중 신고(단, 성실신고확인사업자는 6월 말일까지)	
양도 시	· 상업용 부동산 양도 또는 폐업 시 부가가치세 검토 → 일반적으로 상업용 부동산은 잔금청산 후에 폐업하는 것이 바람직함. · 양도세 → 양도일이 속하는 달의 말일로부터 2개월 이내에 신고	
폐업 신고	· 폐업 신고 → 상업용 부동산 양도 후 폐업 신고 · 부가가치세 신고 → 폐업일이 속한 달의 말일로부터 25일 내	

≫ 상가 등 수익형 부동산에 대한 자세한 세무처리법은 저자의 《확 바뀐 상가·빌딩 절세 가이드북》을 참조하기 바란다.

업무용 오피스텔과
부가세 쟁점

오피스텔은 원래 업무용으로 건축된 건물을 말한다. 그런데 요즘에는 오피스텔이 주거 기능을 갖추는 것들이 많아 주택으로도 사용되고 있다. 이에 따라 오피스텔에 대한 세금 문제가 꼬이고 있다. 오피스텔의 용도가 주거용인지, 아닌지에 따라 과세방식이 복잡해지기 때문이다.

Case

K 씨는 업무용 오피스텔을 구입하면서 건물분에 대해 10% 부가세를 냈다. 이 상황에서 그는 다음과 같은 상황이 궁금하다. 물음에 답하면?

Q1 납부한 부가세는 언제, 어떻게 환급받을 수 있을까?

분양계약 당시 일반과세자로 등록하고 부가세 환급신고를 통해 이를 환급받을 수 있다. 부가세 환급은 '매월, 매 2월, 예정신고, 확정신고' 시에 할 수 있다. 매월 등의 단위로 조기환급 신고를 하면 조기환급 신고기한(다음 달 25일) 경과 후 15일 이내에 환급받을 수 있다.

Q2 임대사업을 도중에 그만두면 환급받은 부가세를 어느 정도 내야 할까?

부가세를 환급받은 일반과세자인 임대사업자가 당해 부동산 임대개시일로부터 10년 이내에 폐업, 주거용으로 전용, 간이과세자로 전환한 경우에는 당초 환급받은 세액 중에서 10년의 기간 중 미경과한 분에 대한 세액만큼 부가세를 반환해야 한다.

Q3 임대 후 이를 양도하면 부가세를 내야 할까?

일반(또는 간이)과세 사업자인 상태에서 당해 임대 부동산을 양도하는 경우, 이는 재화의 공급에 해당하므로 항상 부가세가 과세된다.

Consulting

업무용 오피스텔의 부가세와 관련된 세무상 쟁점을 정리하면 다음과 같다.

신축분양 시	• 업무용 : 부가세 환급이 가능하다. • 주거용 : 부가세 환급이 불가능하다.
▼	
업무용으로 계속 사용 시	• 업무용 임대료 부가세 : 10%가 발생한다. • 주거용 임대료 부가세 : 면세된다.
▼	
주거용으로 용도변경 시	• 양도 시 주택에 해당해 매각에 따른 부가세는 발생하지 않는다. • 단, 기환급받은 세액 중 일부는 반환해야 한다.

※ 업무용 오피스텔과 부가세(요약)

☑ 업무용 오피스텔을 사면서 일반과세자로 등록하면 부가세를 환급받을 수 있다.

☑ 환급 후 10년 이내에 임대를 폐지하거나 거주용으로 사용하면 남은 기간에 해당하는 부가세를 추징한다.

☑ 만일 10년 이내에 매각하더라도 양수자가 계속 임대하면 사업자의 지위가 이어지므로 환급받은 부가세는 추징당하지 않는다.

≫ 업무용 오피스텔을 중도에 주거용으로 임대하면 당초 환급받은 부가세를 추징당할 수 있다. 다만, 이때는 10년* 중 미경과한 부분에 대해서는 부가세를 추징한다. 예를 들어 분양받으면서 1,000만 원의 부가세를 환급받은 후 6년간 업무용으로 오피스텔을 운영하고 주거용으로 전환했다면 미경과분에 대한 환급세액 400만 원이 추징대상이 된다는 것이다. 참고로 업무용 오피스텔을 제삼자에게 매각하는 경우에는 10년 경과 여부와 관계없이 건물공급가액의 10%만큼 부가세가 발생한다. 다만, 양수자와 포괄양수도계약을 맺으면 부가세 없이 거래할 수 있다.

* 부가세법상 건물의 감가상각이 완료되는 기간(부가세 신고단위는 6개월이므로 10년은 20 과세기간과 같다)을 말한다. 따라서 이 기간이 지나지 않는 상태에서 주거용으로 전환하면 더 부가세가 발생하지 않으므로 10년 중 미경과한 기간에 해당하는 만큼 부가세를 추징하게 된다.

| 실전연습 |

성기찬 씨는 오피스텔을 분양받아 이를 임대하는 계획을 세웠다. 분양가는 총 2억 1,000만 원으로 이 중 1,000만 원은 부가세였다. 분양회사에서는 이 부가세를 환급받을 수 있다고 한다. 그래서 성 씨는 그쪽에서 시키는 대로 일반과세자로 사업자등록을 내고, 부가세 1,000만 원을 환급받았다. 그런데 1년 후에 담당 세무서에서는 당초 환급받은 부가세와 가산세를 붙여 이를 내라는 통보서를 보낸 것이 아닌가! 성 씨는 무엇을 잘못해서 이러한 상황에 몰린 것인가?

일반적으로 오피스텔은 건축법상 근린생활시설에 해당하며, 태생이 이러하므로 부가세가 과세되는 것이 원칙이다. 다만, 부가세는 일반적으로 공급가액의 10%로 부과되나 토지의 공급가액에 대해서는 부가세가 없다. 이에 대해서는 부가세를 면세 처리하고 있기 때문이다. 따라서 이 사례의 경우 토지와 건물의 공급가액은 각각 1억 원이라는 것을 알 수 있다.

구분	금액	비고
① 건물공급가액	1억 원	
② 건물부가세	1,000만 원	10% 환급대상
③ 토지공급가액	1억 원	부가세 면세
총분양가	2억 1,000만 원	

그런데 표의 ② 부가세는 분양받은 사람이 환급받을 수 있다. 분양계약과 동시(법상으로는 계약일이 속하는 과세기간 종료일로부터 20일 내)에 임대 사업자등록(일반과세자로 등록해야 함)하고, 다음 달 25일까지 환급신청을 하면 15일 내로 환급받을 수 있다. 그런데 문제는 환급받은 후에 있다. 분양자가 업무용으로 임대해야 하는데, 이를 주거용으로 임대하면 세법은 이 오피스텔을 주택으로 보기 때문이다. 이렇게 되면 당초 환급한 부가세를 추징할 수밖에 없다.

이러한 내용으로 보건대 성 씨는 해당 오피스텔을 일반인한테 임대해 부가세 추징이 일어난 것으로 해석할 수 있다.

토지와
세무상 쟁점

토지는 국민경제를 위한 생산요소로 사용되기 때문에 규제법률이 상당히 많다. 따라서 이들에 대한 세금을 이해하기 위해서는 이러한 법률적인 요소를 미리 공부해두는 것이 좋다. 여기서는 토지와 관련된 세무상 쟁점을 정리해보자.

Case

경기도 부천시에 거주하고 있는 박판 씨는 상가 건물을 지어 이를 분양하기 위해 토지(나대지)를 매입하고자 한다. 박 씨는 취득 관련 세금을 얼마나 부담해야 하는가? 토지의 취득가액은 10억 원이라고 하자.

Solution

위의 물음에 대한 답을 찾기 위해서는 먼저 토지에 대한 취득세율(농특세율 등 포함)을 이해할 필요가 있다.

취득유형	농지*		농지 외의 토지	
	과세표준	세율	과세표준	세율
유상취득	실거래가	3.4%	실거래가	4.6%
경매에 의한 취득	낙찰가격	3.4%	낙찰가격	4.6%
증여에 의한 취득	기준시가	4.0%	기준시가	4.0%
상속에 의한 취득	기준시가	3.16%	기준시가	3.16%

* 자경 농민이 농지를 취득하는 경우 : 50% 감면이 가능함.

다음으로 박 씨가 부담해야 할 취득 관련 세율은 다음과 같다.

- 나대지 취득세 : 10억 원×4.6%*=4,600만 원

  * 취득세 4%+농특세 0.2%+지방교육세 0.4%=4.6%

※ 토지에 대한 취득세율의 특징

☑ 토지에 대한 취득세율은 주택의 세율과 차이가 난다.

☑ 자경농민이 농지를 취득하면 취득세가 50% 감면된다.

☑ 법인이 토지를 취득하면 취득세 중과세 제도가 적용될 수 있다(개인사업자는 이러한 규정이 적용되지 않음).

Consulting

개인이 취득한 토지에 대한 세금 문제는 '취득→보유/임대→양도' 등의 과정에서 다양하게 발생한다. 그런데 이 중 가장 관심이 있는 세금은 양도단계의 세금이 된다. 주요 세무상 쟁점들을 살펴보면 다음과 같다. 참고로 자경하고 있는 농지를 자경자녀 등에게 증여하면 증여세를 1억 원까지 감면받을 수 있다. 다만, 이 감면을 받은 후 5년 내에 양도 등을 하면 감면받은 세액을 추징한다(조특법 제71조 참조).

취득 시	• 토지에 대한 취득세는 얼마인가? • 토지에 대한 취득세가 비과세되거나 감면되는 경우는? • 토지에 대한 취득세가 중과세되는 경우는? • 토지거래허가구역 내의 토지취득시기 등은?

▼

보유/임대 시	• 토지를 보유하면 보유세가 부과된다. • 토지를 임대하면 임대료에 대해 부가가치세가 부과된다(사업자등록을 해야 함).

▼

처분 시	• 토지를 처분하면 양도세가 부과된다. • 토지를 처분하는 경우로서 양도세가 비과세되거나 감면되는 경우는? • 감면 사실은 어떻게 입증해야 하는가? • 토지가 수용되면 보상금에 대한 감면적용법은? 그리고 토지보상금 관리법은?

※ 토지 양도세 과세방식

토지의 세금을 정복하기 위해서는 지목별로 세제를 이해하는 것이 매우 필요하다. 예를 들어 농지는 국민 생활과 직결되고 따라서 비과세나 감면*을 폭넓게 받을 수 있지만, 나대지는 주로 투자 목적으로 보유하고 있으므로 비과세 등을 적용하지 않고 대신 중과세를 적용한다. 토지에 대한 중과세는 장기보유특별공제가 적용되며, 세율은 6~45%+10%P가 적용된다.

* 8년 자경농지 감면규정(다음의 ①~⑤ 동시 충족해야 함.)

① 소유자가 취득일부터 양도일 사이에 8년간 농지가 소재하는 시·군·구(자치구인 구를 말함)와 그와 연접한 시·군·구, 또는 해당 농지로부터 직선거리 30㎞ 이내의 지역에 거주하면서 그 소유농지에서 농작물의 경작 또는 다년생 식물의 재배에 상시 종사하거나 농작업의 2분의 1 이상을 자기의 노동력에 의하여 경작 또는 재배한 사실이 있을 것.

② 소유자의 근로소득(총급여) 및 사업소득(농업·축산업·임업, 부동산 임대업 제외)이 연간 3,700만 원 이상인 기간은 자경 기간에서 제외할 것.

③ 양도일 현재 농지일 것.

④ 양도일 현재 특별시, 광역시(광역시에 있는 군지역을 제외함) 또는 시(도·농 복합형태의 시의 읍·면 지역을 제외함)에 있는 농지로서 국토의 계획 및 이용에 관한 법률에 따른 주거지역·상업지역 및 공업지역

내의 농지로 이 지역에 편입된 후 3년이 지나지 않을 것.

⑤ 농지가 도시개발법 그 밖의 법률에 따라 환지처분 전에 농지 외의 토지로 환지예정지 지정을 받으면 그 환지예정지 지정일부터 3년이 지나지 않은 농지의 양도일 것.

| 실전연습 |

K 씨는 현재 시가가 3억 원(취득가액은 1억 원)인 토지를 10년 이상 보유하고 있다. 이 토지에 대한 감면이나 중과세 등이 적용되는 경우 양도세는 얼마나 차이가 나는지 알아보자. 단, 중과세가 적용되는 경우 장기보유특별공제가 적용되지 않고 세율은 6~45%+10%P가 적용된다고 하자.

구분		감면이 적용되는 토지(100%)	중과세가 적용되는 토지	감면도 중과세도 적용되지 않는 토지
토지대상		농지	비사업용 토지	일반 토지
양도세	양도가액	3억 원	3억 원	3억 원
	(-) 필요경비 취득가액 기타필요경비	1억 원	1억 원	1억 원
	(=) 양도차익	2억 원	2억 원	2억 원
	(-) 장기보유특별공제 (30%)	6,000만 원	6,000만 원	6,000만 원
	(=) 양도소득 금액	1억 4,000만 원	1억 4,000만 원	1억 4,000만 원
	(-) 기본공제	250만 원	250만 원	250만 원
	(=) 과세표준	1억 3,750만 원	1억 3,750만 원	1억 3,750만 원
	(×) 세율	35%	45%	35%
	(-) 누진공제	1,544만 원	1,544만 원	1,544만 원
	(=) 산출세액	32,685,000원	46,435,000원	32,685,000원
	(-) 감면세액	32,685,000원	0원	0원
	(=) 감면 후 세액	0원	46,435,000원	32,685,000원

토지에 대한 감면이 100% 적용되면 납부할 세액이 없게 되나, 중과세가 적용되면 중과세율 적용으로 일반과세보다 세금이 다소 증가하게 된다.

 만일 8년 자경한 농지를 분할해서 양도하면 5년간 2억 원까지 감면 받을 수 있는가?

농지에 대한 감면 종합한도가 1년간 1억 원(5년간 2억 원)으로 되다 보니 이를 연도별로 쪼개 파는 경우가 있다. 이에 정부는 다음과 같은 개정안을 통해 양도세 감면 종합한도를 제한할 것으로 보인다(조특법 §133).

현행	개정안
□ 조특법에 따른 양도소득세 감면의 종합한도* * 감면세액 총계에 적용	□ 감면 한도 합리화
○ 1개 과세기간 1억 원, 5개 과세기간* 2억 원 * 해당 과세기간 및 직전 4개 과세기간	○ (좌동)
〈단서 신설〉	- 다만, **다음 요건에 모두 해당**하는 경우, **1개 과세기간 내 양도로 봄** ❶ 분필한 토지(해당 토지의 일부를 양도한 날부터 소급하여 **1년 내 토지를 분할**한 경우) 또는 토지 지분의 일부를 양도 ❷ 토지(또는 지분) **일부 양도일부터 2년 내** 나머지 토지(또는 지분)를 동일인 또는 그 배우자에게 양도

〈적용 시기〉 2024년 1월 1일 이후 양도분부터 적용

비사업용 토지의
해법

    토지가 생산적으로 사용되지 못하면 비사업용 토지로 구분되고, 이에 대해서는 양도세 중과세 제도가 적용된다. 여기서 중과세 제도는 세율을 16~55%로 적용하는 것을 말한다. 여기서는 비사업용 토지에 대한 과세방식을 알아보자.

Case

K 씨가 보유한 토지가 아래와 같다. 물음에 답하면?

> **자료**
> • 10년 전에 증여받은 농지(부친의 농지로 부친은 8년 이상 재촌·자경함)
> • 양도가액 3억 원, 증여 취득가액 2억 원, 증여 후 5년 보유 가정

Q1 이 농지는 비사업용 토지에 해당하는가?

    증여자가 8년 이상 재촌·자경한 농지는 농지 보호 측면에서 비사업용 토지에서 제외해주고 있다.

Q2 만일 이 농지가 사업용 토지와 비사업용 토지면 양도세는?

물음에 따라 산출세액을 계산해보면 다음과 같다.

(단위 : 원)

구분	사업용 토지	비사업용 토지
양도가액	3억	3억
(-) 필요경비	2억	2억
(=) 양도차익	1억	1억
(-) 장기보유특별공제(10%)	1,000만	1,000만
(=) 양도소득 금액	9,000만	9,000만
(-) 기본공제	250만	250만
(=) 과세표준	8,750만	8,750만
(×) 세율	24%	34%
(-) 누진공제	576만	576만
(=) 산출세액	1,524만	2,399만

참고로 토지에 대해 양도세 중과세가 적용되면 장기보유특별공제 적용+16~55%'로 과세가 된다.

Q3 만일 위의 농지를 증여가 아닌 상속을 받은 경우라면 어떤 식으로 과세되는가?

8년 자경한 농지를 상속받으면 역시 비사업용 토지에서 제외되며, 피상속인의 자경기간과 합산해 8년 이상 자경한 경우에는 자경농지에 대한 감면을 받을 수 있다. 이때 상속 개시일로부터 3년 후에 양도한 경우에는 피상속인은 1년 이상 재촌·자경해야 감면이 주어진다.

Consulting

개인이 보유한 토지 중 비사업용 토지는 다음과 같은 식으로 판단한다.

구분	내용
농지 (전·답·과수원)	① [재촌+자경+도시지역 내 주·상·공 이외의 지역] 요건 및 사업용 기간 기준요건(아래 참조)을 충족한 농지는 사업용 토지임. ② 위 요건을 충족하지 않으면 원칙적으로 비사업용 토지에 해당함. → 다만, 농지법에서 소유가 인정되는 토지(5년 내 양도하는 상속·이농 농지 등), 종중소유농지(2005년 12월 31일 이전까지 취득분에 한함) 등은 중과세 대상에서 제외된다.
임야	① 2년 등 재촌 요건을 충족한 임야는 사업용 토지임. ② 위 요건을 충족하지 않으면 원칙적으로 비사업용 토지에 해당함. 단, 상속·종중임야는 사업용으로 간주함.
나대지, 잡종지 등	다음의 기간이 2년 이상 등이 되는 경우 사업용 토지로 봄. ① 재산세 비과세, 감면, 분리과세, 별도합산과세토지 ② 종합합산과세 대상 토지 중 사업·거주에 필수적인 토지(휴양시설업용 토지 등). 다만, 사업 영위를 가장할 우려가 있는 토지에 대해서는 수입금액 비율(예 : 주차장업 토지 가액의 3% 이상) 등을 적용해서 판정함.

※ 사업용 기간조건에 유의하자

비사업용 토지를 판단할 때 기간 기준이 상당히 중요하다. 이 기간조건을 두지 않으면 비사업용 토지 규정이 무용지물이 될 가능성이 크기 때문이다. 예를 들어 농지소유자가 한동안 재촌·자경하지 않다가 양도 직전에 거주지를 농지 소재지로 옮기고, 농사를 직접 지은 상태에서 양도하면 사업용 토지로 인정해야 하는지 문제가 된다. 그래서 세법은 부득이하게 사업용 기간조건을 두어 이 기간조건을 위배한 토지에 대해서는 양도 당시의 현황에도 불구하고 비사업용 토지로 본다. 기간조건은 토지 소유 기간에 따라 다음과 같이 세 가지 형태로 규정되어 있다.

토지 소유 기간	사업용으로 사용한 기간
3년 미만	다음 중 하나의 조건만 충족하면 된다. · 토지 소유 기간의 2년 이상 사업에 사용(토지 소유 기간이 2년 미만이면 이 기준은 사용하지 않고 아래 60% 조건을 사용한다) · 토지 전체 소유 기간의 60% 이상 사업에 사용
3년 이상 5년 미만	다음 중 하나의 조건만 충족하면 된다. · 토지 소유 기간의 3년 이상 사업에 사용 · 양도일 직전 3년 중 2년 이상 사업에 사용 · 토지 전체 소유 기간의 60% 이상 사업에 사용
5년 이상	다음 중 하나의 조건만 충족하면 된다. · 양도일 직전 5년 중 3년 이상 사업에 사용 · 양도일 직전 3년 중 2년 이상 사업에 사용 · 토지 전체 소유 기간의 60% 이상 사업에 사용

일반적으로 토지를 소유하면 전체 보유기간의 60% 이상을 사업용으로 사용하면 토지 소유 기간과 관계없이 기간조건을 충족한 것으로 본다. 그런데 60%가 되지 않을 때는 토지 소유 기간별로 다른 조건을 찾아봐야 한다. 만일 토지 소유 기간이 5년 이상이라면 양도일을 기준으로 직전 5년 중 3년, 3년 중 2년을 사업용으로 사용하면 기간조건을 충족한 것으로 봐준다.

| 실전연습 |

K 씨는 보유한 나대지를 비사업용 토지 상태에서 양도하는 것이 아니라 주택을 지어 분양하려고 한다. 이 경우 비사업용 토지에서 벗어날 수 있는가?

건축물을 착공하기 위해 산 나대지는 당해 토지의 취득일부터 2년 및 착공일 이후 건설이 진행 중인 기간(천재지변, 민원의 발생 그 밖의 정당한 사유로 인해 건설을 중단한 경우에는 중단한 기간을 포함함)은 사업에 직접 사용한 기간으로 본다(소법 시행규칙 제83조의 5 제1항 제5호). 따라서 이러한 조건에 맞으면 비사업용 토지에서 벗어날 수 있다. 다만, 사업용으로 사용하기 위해 건설에 착공했는지는 담당 세무서에서 제반 사항을 조사해 사실 판단한다.

☀Tip **비사업용 토지를 배우자에게 증여하고 5년(10년) 후 양도하는 전략**

비사업용 토지의 가액이 낮은 상황에서 양도세가 많이 예상된다면 감정평가를 받아 배우자에게 증여하고, 증여일로부터 10년(2022년 이전 증여는 5년) 뒤에 양도하면 양도세를 절세할 수 있다.

1. 부동산 거래 절차

부동산을 거래할 때 주의해야 할 세무상 쟁점을 알아보면 아래와 같다.

절차	세무상 쟁점
계약 전	· 사전 세금 컨설팅(양수자는 취득세, 양도자는 양도세와 부가가치세 등)
계약금 지급	· 부동산임대사업자등록 시점 · 양도세 감면주택 대상자 판단기준 시점(실거래가 신고 : 계약일로부터 30일 내)
중도금 지급	(세무처리에 영향을 주지 않음.)
잔금 지급	· 취득시기와 양도시기(원칙) · 양도세 비과세 기산점
등기접수	· 취득시기와 양도시기(잔금청산일보다 등기접수가 앞선 경우에 한함.)
취득세 및 양도세 신고	· 취득세 : 취득일(잔금 지급일)~60일 내 · 양도세 : 양도 월말~2개월 내

2. 등기절차

부동산 등기절차에 대해 알아보자. 이러한 등기는 본인이 직접 할 수 있다.

절차	내용
등기원인 사유 발생	· 매매, 신축, 상속, 증여, 임대차, 가등기 등 ≫ 세무상 중요한 의미가 있음.
신청서(첨부서류 포함) 작성	· 등기 시 필요서류는 아래 참조 · 등기신청서 양식은 대법원인터넷등기소에서 다운로드 가능
등기신청서 제출	· 담당등기소 서무계에 제출(신분증 지참) · 수입증지 첨부
등기 완료 통지서 수령	· 담당등기소에서 수령
등기사항증명서 발급	· 등기사항증명서 발급 및 확인

※ 등기신청 시 필요서류

- 등기신청서
- 등기원인을 증명하는 서류(매매계약서 등)
- 등기의무자의 권리에 관한 등기필증 또는 확인서
- 당사자(등기권리자인 매수인과 등기의무자인 매도인)들의 인감증명서
- 토지 또는 건축물대장등본
- 취득세 영수필 확인서 및 통지서
- 국민주택채권 매입증
- 위임장(대리인 신청 시)
- 주민등록등본 등

3. 양도세, 증여세, 상속세 신고절차

양도세, 증여세, 상속세 신고절차를 알아보자.

세목	신고절차
양도세	· 신고 및 납부기한 : 양도일이 속하는 달의 말일부터 2개월 이내 · 담당 세무서 : 주소지 소재 담당 세무서(국세청 홈페이지 검색) ※ 신고서류 · 양도세 신고서 · 취득 및 양도 시의 계약서(수용의 경우 수용확인원 등) · 필요경비 서류(취득세 영수증, 자본적 지출 증빙 등)
상속세	· 신고 및 납부기한 : 상속 개시일이 속하는 달의 말일부터 6개월 이내 · 담당 세무서 : 피상속인 주소지 소재 담당 세무서 · 세액 결정 : 담당 세무서장은 과세표준신고기한으로부터 9개월 이내에 상속세의 과세표준과 세액을 결정해 상속인에게 통지 · 고액상속인에 대한 사후관리 : 상속재산가액이 30억 원 이상인 경우로 상속 개시일부터 5년 이내에 상속인이 보유한 재산가액이 상속 개시 당시보다 현저히 증가한 경우 ※ 신고서류 · 상속세 신고서 · 채무/장례비 등 입증서류
증여세	· 신고기한 : 증여받은 날이 속하는 달의 말일부터 3개월 이내 · 담당 세무서 : 수증자 주소지 소재 담당 세무서 · 세액 결정 : 담당 세무서장은 과세표준신고기한으로부터 6개월 이내에 증여세의 과세표준과 세액을 결정하여 수증인에게 통지 ※ 신고서류 · 증여세 신고서 등

※ 허위계약과 비과세·감면제한

2011년 7월 1일부터 양수자가 허위계약서를 작성한 후 이를 양도하는 경우에는 비과세나 감면이 제한된다. 예를 들어 양수자가 허위계약서를 작성한 후 1세대 1주택으로 비과세한 경우, 다음 중 적은 금액을 비과세를 받을 세액에서 차감한다(소법 제91조).

① 비과세를 적용하지 안 한 경우의 산출세액

② 매매계약서의 거래가격과 실거래가액과의 차액

다만, 이 이전에 작성된 계약서에 의해 양도하는 경우에는 이러한 규정이 적용되지 않는다.

양도세를 신고하면 담당 세무서에서 전산입력을 하고, 담당자가 신고의 적격 여부를 검증하게 된다. 이 과정에서 신고한 내용에 오류나 탈루가 발생한 경우에는 해명자료를 보내게 된다. 납세자들은 이에 어떻게 대처해야 하는가?

Case

J 씨는 아래와 같은 양도세 해명자료 제출 안내문을 받았다. 다음 물음에 답하면?

Q1 양도세 해명자료는 왜 나오는가?
Q2 해명자료는 어떻게 준비해야 하는가?
Q3 해명자료를 제때 제출하지 않으면 어떻게 되는가?

양도세 해명자료 제출 안내

문서번호 : 재산 -

○ 성명 :　　　　　　귀하　　　　　　○ 생년월일 :

안녕하십니까? 귀댁의 안녕과 화목을 기원합니다.
귀하의 양도소득과 관련하여 다음과 같이 과세자료가 발생해서 알려드리니 이에 대한 해명자료를 <u>2020. ○○. ○○까지 제출</u>해주시기 바랍니다.

<table>
<tr><td colspan="4">○ 과세자료 발생 경위(해명할 사항)</td></tr>
<tr><td colspan="4">(보기)
• 이 자료는 귀하가 8년 이상 직접 경작한 토지를 양도한 것으로 신고했으나 직접경작에 대한 증빙 서류가 부족하여 발생한 자료입니다.</td></tr>
<tr><td colspan="4">○ 과세자료 내용(양도 물건)</td></tr>
<tr><td>양도 물건 소재지</td><td>양도일</td><td>취득일</td><td>비고</td></tr>
<tr><td></td><td></td><td></td><td></td></tr>
<tr><td></td><td></td><td></td><td></td></tr>
<tr><td colspan="4">○ 제출할 해명자료</td></tr>
<tr><td colspan="4">(보기) 농지 원부, 농약, 비료, 종자, 농기계 구매명세서, 직접경작 사실확인서 등</td></tr>
</table>

제출 기한까지 회신이 없거나 제출한 자료가 불충분할 때에는 과세자료의 내용대로 세금이 부과되거나 사실 확인을 위해 현장확인을 할 수 있음을 알려드립니다.

년　월　일

Solution

앞의 물음에 맞춰 답을 찾아보자.

• **Q1** 의 경우

신고한 서류에서 오류 또는 탈루가 발생하거나 사실관계가 명확하지 않을 때 나오는 경우가 일반적이다.

• **Q2** 의 경우

해명요구서에 나와 있는 내용을 근거로 자료를 준비해야 한다. 예를 들어 8년 자경농지에 대한 감면을 적용받을 때 '자경'에 대한 입증자료에는 '농지 원부, 농약, 비료, 종자, 농기계 구매명세서, 직접경작 사실확인서 등'이 있다. 참고로 2016년 개정세법에서는 자경 개념을 자기 노동시간의 1/2 이상 경작 등으로 명확하게 했으므로 이에 대한 입증 여부를 두고 실랑이가 벌어질 가능성이 커졌다(소령 제168의 8조 제2항).

• **Q3** 의 경우

과세자료에 나와 있는 대로 과세하거나 과세관청이 현장조사 등을 통해 사실확인에 나설 수 있다.

※ 양도세 해명자료를 요구하는 경우

☑ 필요경비에 대한 근거자료가 약한 경우 자금거래를 확인할 수 있는 증빙을 요구한다.

☑ 1세대 구성요건 또는 세대분리의 적정성을 확인하기 위해 해명자료를 요구하는 때도 있다.

☑ 8년 자경 사실을 입증하기 위해 해명자료를 요구하기도 한다.

☑ 신축건물에 대한 취득가액 확인을 위해 계약서나 자금 증빙을 요구하는 때도 있다.

☑ 거래금액의 적정성을 확인하기 위해 자금 증빙을 요구하는 때도 있다.

Consulting

양도세 해명자료 요구는 과세관청이 과세하기에 앞서 납세의무자에게 과세확인을 요청하는 절차에 해당한다. 따라서 이에 대한 요구를 거절하거나 잘못 대응하는 경우에는 바로 과세될 수 있는 때도 있으니 주의해야 한다. 그렇다면 양도세 해명자료를 요구받지 않기 위해서는 어떻게 해야 할까?

양도 월말~ 2개월 내 신고 시	• 양도세는 양도일이 속하는 달의 말일로부터 2개월 이내에 신고·납부 한다. • 이때 사실관계를 입증할 수 있는 서류들을 최대한 확보해 제출하는 것이 좋다.
▼	
수정신고 안내문을 받은 경우	• 신고 후에 담당 세무서 담당자들은 신고내용을 분석해서 문제가 있는 경우 해명자료를 보내는 예도 있고 수정신고안내문을 보내는 예도 있다. • 수정신고안내문에 따라 신고를 하면 가산세가 없는 예도 있으니 이를 선별해 신고에 응하도록 한다.
▼	
과세내용을 경정해 과세하는 경우	• 납세의무자의 해명자료가 부족한 경우에는 추가로 해명자료를 요구하는 경우에는 적극적으로 이에 응해야 한다. • 만일 추가 해명자료가 없는 경우에는 과세하게 되므로 이에 대해서는 이의신청 등을 통해 구제받도록 노력한다(조세 불복단계).

| 실전연습 |

K 씨는 10년 전에 취득한 부동산을 처분하고자 한다. 그런데 문제는 그 당시 실제 2억 원으로 취득했는데 계약서가 없고, 1억 원짜리 다운계약서만 있다는 것이다. K 씨는 좋은 방법이 있는지 수소문한 끝에 취득가액을 환산하면 취득가액이 1억 5,000만 원가량이 될 수 있다는 사실을 알게 되었다. K 씨는 취득가액을 환산해서 신고해도 문제는 없는가?

취득가액을 환산하는 방법은 잘 알려진 대로 세금을 절약할 때 요긴하게 사용할 수 있는 방법이다. 그렇다면 이 제도는 무조건 사용할 수 있는가? 다음 단계에 따라 결론을 내려 보자.

Step 1. 법 규정은?

취득 당시의 매매계약서 분실, 미작성, 취득가액을 입증할 수 있는 증빙 서류의 분실 등 여타의 사유로 취득 당시의 실거래가액이 불분명(인정 또는 미확인)한 경우에는 취득가액을 '매매사례 가액 → 감정가액 → 환산가액(취득가액)' 순으로 적용한다.

Step 2. 과세관청의 입장은?

취득가액이 불분명한지, 아닌지에 대해 담당 세무서장이 조사 확인해서 이를 인정하는 때에만 환산취득가액을 인정받을 수 있다.

Step 3. 결론

납세의무자가 환산해서 취득가액을 신고했더라도 담당 세무서장이 취득 당시의 실거래가액을 확인해서 입증하는 경우에는 이를 기준으로 양도세가 추징될 수 있다.

 10년 전에 작성한 다운계약서를 무시하고 실제 계약서로 양도세를 신고하면 10년 전에 양도한 사람에게 세금 추징이 될까?

아니다. 양도세는 탈세로 인한 국세부과 제척기간은 10년이므로 과세할 수 없다. 일반적인 국세부과 제척기간은 5년이며, 무신고 시에는 7년이다. 상속세와 증여세의 경우 탈세는 15년 기타는 10년이다. 자세한 내용은 다음에서 살펴보자.

☀Tip 억울한 세금에 대한 해법

세금이 억울하다고 판단된다면 적극적으로 구제받도록 하자.
☑ 과세 해명자료가 나오면 적극적으로 대응하자.
☑ 과세예고통지를 받은 후에는 과세전적부심사를 신청해보자.
☑ 과세통지가 나온 후에는 다음과 같이 정식적인 불복절차를 밟아 보자.
　 – 이의신청(생략 가능) → 심사청구 또는 심판청구

양도세 등과 관련해 국세부과 제척기간 및 국세징수권 소멸시효는 어떻게 되는지 알아보자. 이러한 내용은 과거의 세무신고 또는 무신고에 대한 세금 추징과 관계가 있다.

1. 국세부과 제척기간

양도세를 탈법적인 방법으로 내지 않았다고 하자. 그런데 이 사실이 적발되지 않으면 그 당시에는 세금 문제는 발생하지 않는다. 하지만 수년이 지나서 이 사실이 밝혀지면 세금이 추징될 수 있다. 이를 가능하게 하는 제도가 있는데 바로 '국세부과 제척기간'이다. 따라서 이 기간 내에 과세하면 막대한 세금이 추징될 수 있다. 물론 이 기간을 지난 후에는 세금을 부과할 수 없다. 다음을 보자.

세목	원칙	특례
상속·증여세	– 15년간(탈세·무신고·허위신고 등) – 10년간(이 외의 사유)	· 상속 또는 증여가 있음을 안 날로부터 1년(탈세로서 제삼자 명의 보유 등으로 은닉재산이 50억 원 초과 시 적용)
양도세·종합소득세·법인세 등	– 10년간(탈세) – 7년간(무신고) – 5년간(이 외의 사유)	· 조세쟁송에 관한 결정 또는 판결이 있는 경우, 그 결정(또는 판결)이 확정된 날로부터 1년이 지나기 전까지는 세금부과가 가능함.

양도세의 경우 일반적인 국세부과 제척기간은 5년이나 탈세의 경우는 10년이다. 상속 또는 증여의 경우 10~15년이나 탈세 목적으로 은닉한 재산가액이 50억 원을 초과하면 과세관청이 그 사실을 안 날로부터 1년 이내에 추징할 수 있다. 즉 탈세 금액이 큰 경우에는 사실상 제척기간이 없어진 셈이 된다.

| 사례 |

K 씨가 다운계약서에 의해 1억 원의 세금을 포탈했다. 이 경우 총 내야 할 세금은 얼마인가? 신고불성실가산세는 40%를 적용하며, 과소납부 기간은 365일이다.

구분	금액	비고
본세	1억 원	
신고불성실가산세	4,000만 원	
납부지연가산세	803만 원	1억 원×2.2/10,000×365일
계	1억 4,803만 원	

원래 신고불성실가산세는 무신고는 20%, 과소신고는 10%로 적용하나 부정행위에 의한 무신고나 과소신고는 40%를 적용한다. 한편 납부지연가산세는 미납부 또는 과소납부한 기간에 하루 2.2/10,000(연간 8.03%)을 곱해 부과한다.

2. 국세징수권 소멸시효의 완성

'국세징수권 소멸시효의 완성'이란 국가에서 세금을 알렸으나 납세자에게 재산이 없는 등의 사유로 세금을 징수할 수 없어 체납상태로 남아 있는 경우, 국가가 독촉 등 세금을 징수하려는 조치를 일정 기간 취하지 않으면 세금을 징수할 수 있는 권리가 소멸하는 것을 말한다.

국세징수권은 이를 행사할 수 있는 때부터 '5년(5억 원 이상의 국세는 10년)간' 행사하지 않으면 그 징수권이 소멸한다. 여기서 '행사할 수 있는 때'란 예를 들면, 신고 세목인 소득세의 경우에는 법정 신고·납부기한의 다음 날(6월 1일)부터, 정부부과 세목인 상속세 및 증여세는 그 납세고지서에 의한 납부기한의 다음 날을 말한다.

신방수 세무사의

부동산 세무
가이드북 |실전 편|

제1판 1쇄 2015년 2월 16일
제5판 1쇄 2024년 1월 10일

지은이 신방수
펴낸이 한성주
펴낸곳 ㈜두드림미디어
책임편집 배성분
디자인 김진나(nah1052@naver.com)

㈜두드림미디어
등 록 2015년 3월 25일(제2022-000009호)
주 소 서울시 강서구 공항대로 219, 620호, 621호
전 화 02)333-3577
팩 스 02)6455-3477
이메일 dodreamedia@naver.com(원고 투고 및 출판 관련 문의)
카 페 https://cafe.naver.com/dodreamedia

ISBN 979-11-93210-38-3 (03320)